U0035312

ISBN:978-986-83908-8-1

所有修學佛法者，都有一種普遍存在的感想：「佛法浩瀚無邊，當從何處入門？三藏十二分教，隱晦難解，如何正確入理？」產生如是感受的原因，皆因不知佛法粗分五乘之理所致。**人乘**者謂五戒十善：受持五戒、不犯眾生。**天乘**者謂五戒之上加以孝順父母，慈濟眾生，行於十善，得生欲界天中；或進而增修四禪八定，得生色界天乃至無色界中。**小乘**者謂解脫道：斷除我見、我執及我所執，以四聖諦為主旨，四念處為觀行之法，八正道為實行之道，可得阿羅漢果而出三界生死。**中乘**者謂緣覺道：依佛之教而修學十因緣觀，然後及於十二因緣觀，成辟支佛；或於無佛之世自修此二種因緣觀，自成辟支佛而出三界生死苦。**大乘**者謂：參禪實證第八識，了知此識是名色之本，亦是涅槃之本際，故知法界實相而生般若智慧，成三賢位實義菩薩僧；若能進修一切種智而成就道種智，即成諸地聖位實義菩薩僧；若道種智修證圓滿時即是佛地一切種智，其第八識改名無垢識——佛地眞如。知乎此，則有最初抉擇分，能善選法門及眞正善知識，不被假名善知識之大名聲所惑，則於佛法之實修，知所進道矣！

—正智出版社—

大乘佛法之入門，號稱八萬四千法門，但門門所入者皆同一第八識如來藏之本有自在性、本有自性性、本來清淨性、本來涅槃性。凡已親證如來藏者即能現觀如是四性，因之而生實相般若，成第七住位不退菩薩，名爲**實義菩薩**，已非單受菩薩戒而未證實相之**名義菩薩**。此時實相般若在胸，已能粗知般若諸經中的法義，不待人教。然而如此階段之智慧，實仍未足以了知諸地智慧，以未了知成佛之道次第及內涵故，以尚未通達實相般若故。若欲通達實相般若而速進初地者，悟後必須深入了知一念無明與無始無明之異同，以了知二者間之關聯，然後知所進道；如實而修，則欲入地者亦得速達。《勝鬘經》所說者，即是此二種無明也；凡欲釐清佛道及二乘道之異同所在者，皆應深入理解此經義理；於此已有實質上之理解者，不論對於選擇三乘菩提，或對於選擇大乘入道之善知識及道場，皆已胸有成竹，則有能力自己選擇**眞正善知識**及**眞能助己實證佛法之道場**。然後次第入道，終不久修佛法而一生唐捐其功也！由是可知此經之重要。然此《勝鬘經》義理深邃難知，古來少有能作深入淺出而完全正確之解釋者；今此講記中，確有如是功德，能令讀者深入理解而建立正知見；對於久修佛法而深覺茫無所趣之老參，誠屬難得一見之講述實記，允宜熟讀而助入道。

——正智出版社——

目次

第五輯：

第六輯：

自序

所謂原始佛法，必須函蓋前後三轉法輪的成佛之道全部佛法；因爲，只有這樣具足函蓋三乘菩提以後，才能顯示　釋迦佛已經圓滿化緣了——四阿含諸經並不曾說到成佛之道，只說到成就羅漢解脫於分段生死之道的法義；也因爲前後三轉法輪的法義全部都是　釋迦佛親口所說，才能具足了成佛之道，而非如同四阿含諸經一樣地嚴重欠缺成佛之道的原理與實行之法道。但印順法師不瞭解前後三轉法輪諸經的意涵，連聲聞羅漢們所結集出來的四阿含諸經的意涵，都嚴重地誤會了，當然更無法如實理解大乘諸經的意涵。印順又因爲信受部派佛教時期的聲聞凡夫論師們的六識論錯誤觀點，所以全面否定大乘法，認定大乘非佛說；並將大乘諸經的義理曲解爲同於二乘解脫道的法義，再以聲聞凡夫論師的六識論邪見，套用在原本爲八識論的二乘解脫道上面，於是連二乘解脫道本質的四阿含諸經中的義理，都嚴重的誤會了。立足於這種誤會解脫道及佛菩提道的前提下，只承認四阿含所說的解脫道爲原始佛法，認爲大乘諸經皆非佛說，故只將四阿含定義爲原始佛法，將第二、第三轉法輪諸大乘經排除於原始佛法之外，意謂大乘諸經都非　釋迦佛親口所說，這是嚴重扭曲佛教歷史之後所作的不正確定義。一開始學佛時若是信受了印順這樣偏差的觀點以後，將無可避免地落入六識論的邪見中，於是連斷我見都成爲奢談了，遑論實證大乘實相般若！

復次，大乘法之證悟，不許外於教門；若外於經典聖教開示，而言「所悟雖異於教門，然亦是宗門之悟」，當知即是錯悟，謂其所悟必定已經異於宗門之悟，經教所說法義正是說明宗門所悟內涵故；明得此理，始知宗門之悟，一向不得外於教門也。但若已經求證於大乘經典，印證自己確實證悟已，欲了知悟後進修之道，欲憑藉所悟如來藏而生起深妙般若智慧者，及欲快速進入初地者，皆應先行深入《勝鬘經》眞義，由此了知大乘道與二乘道之異同與關聯，然後對於自己應如何求得眞正之大乘般若開悟，以及悟後應如何含攝二乘道，進而快速進修般若別相正義而具備入地之資，即能自知而無所疑也！

二乘人所證智慧爲出離三界分段生死之智慧，只是聲聞法中的解脫道智慧，所斷者僅爲我所執、我見、我執，不曾及於法界實相之了知與親證，是故一切不迴心大乘之阿羅漢，不論爲慧解脫、俱解脫、三明六通大解脫，皆無法生起實相般若；此謂不迴心阿羅漢，雖知一切法界皆唯如來藏之所生，然唯是親聞 世尊如是聖教而未能實證，是故凡遇親證之菩薩時，皆無從開口共論般若。乃至諸菩薩與言無餘涅槃中之實際者，亦皆茫然無措而不能回應，唯有迴避不言一途。諸不迴心阿羅漢，之所以致此者，皆因未證名色本、名色因、名色習之如來藏心所致也！譬如阿含中佛語聖教分明：「解名色本，即得應眞。」謂名色之根本乃是如來藏心——十方三界一切有情之名色，皆從如來藏心中出生，並皆以如來藏爲本；是故，證或不證名色因、名色本之如來藏者，即成是否能入大乘別教而成實義菩薩之分野；惜乎今人能知此者極爲稀有，皆坐密宗應成派中觀六識論邪見所崇，致使當代諸大山頭大法師等，悉被釋印順六識論邪見所崇而盲目追隨，同聲否定大乘及阿含經教中所倡八識論正理，則彼諸大法師及其徒眾即失大乘見道因緣，兼亦成就謗菩薩藏之大惡業，成一闡提。

然而，已經實證如來藏之實義菩薩，雖已位階不退位之第七住已，是否即能了知成佛之道內涵？實猶未必！謂此時之第七住實義菩薩雖有般若實相智慧，亦唯有總相智爾，尚未具足別相智故。般若實相智慧之別相智者，其義廣繁，非如二乘解脫道之見惑、思惑意涵狹隘易知故；是故親證如來藏而發起實相般若智慧已，仍須親隨眞善知識修學，方能快速而深入理解三乘菩提之異同，方能快速現觀三乘菩提之關聯而了知二乘菩提之侷限，而能了知二乘菩提含攝在大乘菩提中之定位，然後深知無始無明含攝二乘菩提所斷一念無明之眞實義，則能了知三乘菩提之關聯與全貌，欲求通達實相般若之別相智，斯有期冀；則能將長劫入於短劫中，數世之中即得圓成三賢位第一大阿僧祇劫之實修，滅盡大乘見道應斷之廣闊異生性，樂意培植入地應有之大福德：爲人所不能爲，**説人所不能説，行人所不願行，乃至喪身捨命亦在所不惜，要護正法、要救眾生及諸表相大師，乃至生起增上意樂而眞發十無盡願，入如來家、成眞佛子。**凡此，皆要以親證如來藏爲先，確實理解無始無明爲次，實際救護廣被誤導之學人而進成大福德爲後，始有入地進修第二大阿僧祇劫道業之可能。一切求欲實證佛法者，於此皆應了知。

凡欲深入了知如是正理者，於《勝鬘經》皆必須深入研讀，並將其中法義實際現觀，實證勝鬘夫人所說法義，即能印證自己所悟是否確實契合法界實相，亦能藉此而建立三賢位所應通達之智慧，然後付諸實行而快速圓成第一大阿僧祇劫之道業。若屬尚未實證如來藏而未發起實相般若者，不論已斷、未斷三縛結，皆可依講記而了別三乘菩提之異同，則能自行抉擇而入道：或依《識蘊眞義、阿含正義》而深入理解、實際觀行，實證二乘菩提；或依《眞假開悟、心經密意、宗門正眼、宗門密意、眞實如來藏、楞伽經詳解、悟前與悟後、宗通與說通……》等書，依大乘正理多聞熏習乃至實修；若得實證如來藏已，即入菩薩數中，成眞菩薩，名菩薩僧，位階不退菩薩位中，庶免受生一世而唐修佛法也。《勝鬘經》雖然文義深邃難解，今余已將此經法義深入詳說，整理成文而爲講記，付梓流通以利大乘學人及諸方大師，若願反覆細讀此書而詳加思惟理解者，無不受益。今以出版之時將屆，合述緣起，即以爲序。

佛子 **平實** 謹序

公元二〇〇八年大暑 於竹桂山居

《勝鬘師子吼一乘大方便方廣經》

〈經題釋義〉

我們先來講解這部經典的經名，剛才發給諸位的那一張資料先別忙著看，因爲那是第二頁才會講到的。《勝鬘師子吼一乘大方便方廣經》，這經題裡面有很多意思；把這些意思先瞭解以後，就如同瞭解了這部經的綱要。在這部經的經題中，已經把緣起者、說法者（也就是經主）點出來了，並且顯示這部經是唯一佛乘大法的經典，是屬於大方便經，並且是針對二乘小法以及外道凡夫而加以破邪顯正的經典，而且它所說的法函蓋的範圍很廣，所以經名中才會有方廣二字出現。

我們先來說明一下：「勝鬘」，是指勝鬘夫人，她是這部經的經主，佛陀則是法主。「鬘」的意思有兩種：一種是戴在頭上圓形的花圈，另一種是掛在胸前的花圈。你們如果看過以前夏威夷的觀光廣告，那些廣告女郎胸前不是戴著一長串的花鬘嗎？也就是把花瓣一片一片拆下來，然後用線、細繩一瓣一瓣穿起來，成為漂亮的大花圈，然後掛在脖子上或頭上，這叫作花鬘。如果看過以前夏威夷的觀光廣告，你就知道花鬘是什麼了。所以，這裡講的花鬘，有兩個意思，其一，指的是身上的莊嚴道具。諸位可以想像一下，中國皇朝的後宮內院，皇后頭上戴的、身上佩掛的，也就知道了。其二，鬘是殊勝的，大多是戴在頭上的，不是一般的莊嚴具。

勝鬘夫人為什麼會取這個名字？當然要從她的母親說起。她的母親就是波斯匿王的夫人，波斯匿王的夫人叫作末利夫人；末利是音譯，就是花鬘的意思，所以「末利」翻譯成中國話就叫作鬘。末利夫人與波斯匿王生了個女兒，他們希望這個女兒將來比末利夫人還要漂亮、還要莊嚴，希望她長大以後勝過末利夫人；末利夫人就是「鬘夫人」，她希望這個女兒勝過鬘夫人，也就是勝過她的媽媽，所以叫作「勝鬘」，這是她名字的由來。

「師子吼」，就是獅子吼。以前有個文學作家說日本有個能劇，那個戲劇中宣示出來的偉大聲音就叫作獅子吼。那顯然是誤會了，其實獅子吼的意思是說像猛獅一樣出來一吼，所有邪魔外道都害怕而銷聲匿跡了；不管哪些動物如何的猖狂吵鬧，只要雄獅出來一吼，就全部跑光了，因為都怕被牠吃了。當獅王想睡覺時，牠嫌其他的動物們太吵了，所以就大吼幾聲，動物們就跑光了，牠就可以睡覺了，這就是獅王的威德。這部經爲什麼叫作「師子吼」呢？也就是說這一部經破斥種種凡夫的邪見，也破斥二乘聖人對實相不知而產生的種種誤會，讓他們都無法反駁，二乘凡夫當然更無法反駁，所以叫作師子吼。這部經還沒有講出來以前，二乘聖人可以說他們的法是如何的勝妙，勝妙到如何絕頂，可是當這部經說出來以後，所有二乘聖人就不能再一味的表顯二乘法是最上乘法。這部經有這個大威德，所以叫作師子吼經。

「一乘」是表明：這一部經典是唯一佛乘、唯一大乘的勝妙法。一乘的道理也有不同的說法，有的人說大乘就是唯一佛乘，因爲大乘法含攝了二乘法的緣故。也有人說：**「唯一佛乘的說法其實只是相對於二乘而說是一乘。」**但這種說法是有過失的，因爲他們不懂唯一佛乘的法確實是含攝二乘法的，是說：成佛之道唯有如此一法，沒有別的法門可以成佛，而二乘法解脫道是從成佛之道中分析出來的方便法。並不是與二乘法相對待而說它叫作一乘法。也有人說，一乘法不等於大乘法；但是這個說法仍然是有過失的，這是印順法師的說法，我們在後面〈一乘章〉裡面將會提出辨正。

我們在講解這部經的過程中，將會舉證印順法師對這部經典的註解有什麼錯誤，因爲他曾註解了這一部經典；他既然講錯了，就應該讓後人知道他的說法錯在何處，以免繼續被他誤導而走錯佛法修學的路頭。所以我講這部經典時會比講解《維摩詰經》辛苦，因爲講《維摩詰經》時我不必準備資料，可是講解這部經時，我就得要準備印順的資料作爲負面教材，相當麻煩。

這部經典既然表明是一乘法，一乘法當然就是唯一佛乘、唯一大乘的簡稱。既然說是唯一佛乘，當然就包括了二乘法在裡頭，不可能是相對於二乘法而說唯一佛乘。如果是相對於二乘法而說一乘，那就表示二乘法不包含在大乘法中，但其實大乘法是函蓋二乘法的。所以唯一佛乘的意思，不是說「大乘法相待於二乘法而全然不同」，而是說大乘法就是唯一佛乘，大乘法是函蓋二乘法的。這「一乘」兩個字也表示：這部經中所說的不是人天善法，也不是指二乘解脫道的羅漢法、緣覺法。所以一乘法的意思是說，它是函蓋二乘法，而把二乘法在佛法中的地位作了界定，宣示了成佛之道與二乘解脫道之間最大差異的所在。

印順法師書籍中的法義，較早期所寫的內容大多是依文解義，毛病算是比較小、錯誤不很嚴重；他是在一九五一年時講解這部經典的，那是在香港宣講的。他那時還沒有大膽到完全推翻大乘法，當時的他仍然認爲　佛陀有勝妙於二乘聖者之處，所以他的《勝鬘經講記》裡面有這麼一段話，我抄錄出來唸給諸位聽。他說：「**聲聞乘和緣覺乘不是究竟的，所證的涅槃也不是眞實無餘的涅槃，眞得究竟涅槃即是成佛。**」當時他這個說法還是正確的。換句話說，當時的他認爲二乘聖者所證的無餘涅槃仍然不足以成佛，也不是究竟的涅槃，只有　佛陀所證的無餘涅槃才是究竟的涅槃，當時他學習密宗應成派中觀的六識論邪見還沒有很深入，所以還是這樣認定。

可是他後來因爲確定以應成派中觀的六識論邪見作爲中心思想，所以他的理路發展演變就越來越偏離　佛陀的正法了，這個在後面我們將會漸漸爲諸位舉證出來。所以「一乘」的意思是說唯一佛乘，換句話說，成佛之道只有一條路，沒有兩條、三條乃至無數條路。成佛之道就是唯一佛乘一條路，所以開悟的內容也只有同樣的一種，不會有第二、第三種不同的實證可以被稱爲開悟。這部經典所講的就是這樣的「唯一佛乘」。

「大方便」的意思是說，在這部經典中會使大家瞭解：菩薩所修的整個佛菩提道，與阿羅漢的解脫道之間，有什麼樣的關聯性。學佛最大的盲點或困擾，就是因爲不能如實理解佛菩提道與解脫道有什麼關聯；所以學佛學了十幾年、二十幾年，乃至印順法師遊心法海到死亡爲止七十餘年，仍然不能了知佛菩提道與解脫道的異同。

由於不瞭解二者的相異處、相同處，又因爲誤認密宗應成派中觀六識論邪見爲正確的理論，否定八識論的究竟正理，所以對羅漢道與佛菩提道不能如實理解，才會把阿羅漢所修的二乘法解脫道，認定爲菩薩所修的成佛之道——佛菩提道。他在這個錯誤的大前提下，作了錯誤的區分：**如果能發大願而永遠不取無餘涅槃，生生世世願意以凡夫身繼續在人間利樂有情；這樣來修學解脫道，就是菩薩，三大阿僧祇劫這樣修完了就可以成佛。**他認爲凡夫的菩薩行就可以使人成佛，不必開悟明心，也不必修學一切種智。

可是這樣的成佛，結果將會是累積了許多福德以後，而他的智慧依然只是解脫道中凡夫的智慧，證不了初果；而且也沒有佛菩提道中所證的法界實相的智慧，永遠都不會有般若實相及中道觀行的智慧。諸位這麼一聽，當然就理解了：原來他的成佛之道只是不取無餘涅槃，生生世世都以凡夫身繼續度眾生修證解脫道而已。但是，當他自己無法實證初果功德時，所度眾生當然也都無法實修解脫道，同樣是不會有結果的，佛法的實證就更不用說了。所以他的說法並不正確，這表示他雖然講過《勝鬘經》了，可是他對這部經典的內涵其實沒有領受、沒有如實理解——沒有產生勝解；所以後來他寫的成佛之道，才會錯把阿羅漢的解脫道認定爲成佛之道。如果已經眞的理解這部經典的眞義，絕對不會錯將羅漢道認定爲菩薩所修的佛菩提道，絕對不會以羅漢道取代成佛之道而否定大乘經典。

而這部經典，假使能如實的理解，你就會瞭解佛菩提道與二乘菩提之間有什麼關聯，也會瞭解二乘菩提的解脫道在佛菩提道中是處在什麼樣的地位。這部經典就是有這種大方便，能讓人如實理解三乘菩提的異同與關聯，所以它又叫作「大方便經」。

諸位有沒有細讀《護法集》呢？可能很多人不太耐心去讀。《護法集》中我有附了一張表解，說明一念無明與無始無明的關係，那個表的內涵就是根據這一部《勝鬘經》（又名「大方便經」）的內涵來製作的。把那一張表詳細瞭解之後，就會知道這部經為什麼會稱為「大方便經」了。所以這部經典在成佛之道中，確實有它的重要性，而「師子吼」三字的由來，也是因為這部經具有「大方便」的內涵而顯示出來的。

假使不是有這個「大方便」，這部經就不能稱為「師子吼經」。大方便的意思是說，這部經中有詳細而善巧的說明，讓人瞭解二乘菩提不等於佛菩提，所以它才叫作「大方便經」。換句話說，這部經典其實是**由實出權**、**匯權歸實**；它由實相智慧中出生了許多權巧方便，來為大眾說明整個佛菩提廣泛的內涵；可是很廣泛的佛菩提內涵，卻又能經由權巧方便的說明以後，最後再匯歸於實相，所以說它是「大方便經」。

「方廣」是什麼意思？在大乘法中常常講到「方廣」或者「方等」，方等與方廣意思是一樣的。方廣經典其實就是大乘經典的通名、通稱。「方」就是四至，是全面都到的意思。譬如說土地丈量，地政法規裡規定，丈量地界時得要丈量四至，譬如說一塊四方形的土地，它的最邊邊就是四個最遠的點，這叫作四至，至就是到達的意思。譬如這塊地有多大，我想要丈量；那麼方形的土地有四個方頂，它就是最邊際的所在。所以四至的所在，就已表示這塊地的邊界所在了；不管它是圓形的、橢圓形的、不規則的、長方形的，都可以四至來代表，所不同的只是四至的點超過四個而已——每一個邊界的折曲點都屬於四至所函蓋的範圍。

所以方的意思，就是說明全部佛法的界線範圍，這就叫作方。這部經典就是在說明全部佛法的函蓋面，並不是在加以一一細說上面著眼，而是在說明佛法的函蓋面，也在說明羅漢道、緣覺道都是含攝在唯一佛乘（大乘）法中。所以在這部經典中，你不要期望我像講《維摩詰經》那樣講，也不要期望我如同宣講《瑜伽師地論、成唯識論》那樣講，因爲它主要是在講大乘菩提的函蓋面——範圍。「方廣」中的廣字，意思是說「普到」以及「廣攝」。換句話說，佛法的範圍有多廣泛，在這部經中說明了佛法函蓋了二乘菩提；主要是在說明這個含攝面，而不是注重在講佛法的細相，這叫作「方廣」。

「經」就是把法義貫串起來，能夠首尾兼顧。所以，這部經典就是勝鬘夫人所說的破斥邪見的師子吼經，講的是唯一佛乘、成佛之道，並且運用種種非常善巧的方便說法，讓大家瞭解佛法的函蓋面到達什麼地步。這就是這一部經典的經名所宣示的主要意涵。把經名略作解釋以後，諸位就瞭解了：

你即將接著聽聞的這部經典是在講什麼內容了。

這部經典是劉宋時期，中印度來的三藏法師求那跋陀羅所翻譯的。我們請經、演經時，絕對不能把翻譯者的功德給忽略掉，這也是飲水思源的心態。假使不是他幫我們翻譯了，我們今天不可能有這部經典可以爲大家講解，而要等待當代或未來有另一個人能夠正確的翻譯，否則諸位就沒有因緣可以聽受；所以一定要把譯經者提出來，並且讚歎他。我們對譯經者要心存感恩。「求那跋陀羅」翻譯爲中文就叫作功德賢，他眞的有功德，而且眞的賢能，才能如實翻譯。

有一些譯師翻譯經典時沒有如實翻譯，往往加上了自己的意思去翻譯，這樣翻譯成的經典就不具足公信力了。求那跋陀羅翻譯的經典，有一個特性是跟 玄奘菩薩的翻譯相同的，就是具有公信力。爲求公信力，他有時甚至採用直譯的方式；譬如他直譯的《楞伽阿跋多羅寶經》，不用中國文法的方式來翻譯，所以你讀它的時候，得要用梵文、英文的文法來讀，否則一定產生誤會。這部《勝鬘經》雖然沒有像《楞伽經》那樣直譯，但仍然是非常眞實的譯法，所以非常值得採信。這是他的大功德，我們應該感念他。

本經的第一章是〈如來眞實義功德章〉，當然一定是在講諸佛如來的眞實義，並且是讚歎諸佛如來的偉大功德。到底諸佛如來與阿羅漢有沒有不同？印順法師在香港講這部經的時候，他仍然承認二乘聖人所證的涅槃是不究竟的，只有諸佛所證的涅槃才是究竟的。是不是他深心之中本來這樣相信呢？或者是因爲這部經是這麼講，所以他不得不隨順而說二乘聖人的涅槃不究竟，那就只能問他了。而我們現在也問不到他，因爲他已經走了。本來我還有一個妄想，還有一個期待：希望也許三年後、也許十年後會冒出一封他的親筆信，說他以前的說法確實講錯了。這會不會只是我個人的單方面妄想呢？我們就拭目以待未來吧！我們現在就開始正式進入經文。

〈如來真實義功德章〉第一

【如是我聞　一時佛住舍衛國祇樹給孤獨園，時波斯匿王及末利夫人信法未久，共相謂言：「勝鬘夫人是我之女，聰慧利根通敏易悟，若見佛者必速解法，心得無疑。宜時遣信，發其道意。」夫人白言：「今正是時。」王及夫人與勝鬘書，略讚如來無量功德；即遣內人名旃提羅，使人奉書，至阿踰闍國，入其宮內敬授勝鬘。勝鬘得書，歡喜頂受讀誦受持，生希有心，向旃提羅而說偈言：

我聞佛音聲，世所未曾有；所言眞實者，應當修供養。
仰惟佛世尊，普爲世間出；亦應垂哀愍，必令我得見。】

講記：第一段說「如是我聞」，這是依聞法者的所知來說明這部經，這屬於證信，取證這部經典的眞實，讓人家信受說「這部經是我親自聽聞的」。當然，如是我聞四個字，古今已經有很多人詳細講解過了，現在我們不在這上面多作說明，就直接進入經文來講。

「一時」，是說在這個時候，並不說明它是什麼王朝、什麼年代；因爲聞法者不是只有人類，同時也有諸天天人、鬼道眾生以及神道的阿修羅、夜叉等等，都參與勝會而同時聞法，而不同的業道及不同的世界當然不是同一種計時定位；既然也有他方來的菩薩同時聞法，你總不能夠說「現在是釋迦佛十三年、二十五年」，因爲這個時候在別的佛世界也有不同的年代；所以不講年代，只說「當時」，或者說那個時候。

當時　釋迦牟尼佛住在舍衛國的祇樹給孤獨園中，這時波斯匿王以及他的夫人——鬘夫人——信受佛法還不是很久，他們互相說道：「勝鬘夫人是我們的女兒，她很聰明、很有智慧；她的根性很利，於種種法能夠通達；而且她的思維很敏銳，很容易悟入種種法。如果她能有因緣可以親見佛陀，一定可以迅速的證解佛法，心中可以沒有疑惑。我們現在應該派人送書信給她，告知佛陀的上勝，發起她修道的心意。」

「波斯匿王」是音譯，意思叫作「勝軍之王」，也就是說勝利的軍隊之王。末利夫人（鬘夫人），本來是大明長者家中的婢女，不是屬於貴族種性。她本來是不可能嫁給國王的，但是有一天大明長者宴請波斯匿王時，特地派遣這位婢女來專門服侍波斯匿王。在那一天，波斯匿王動個念想要吃某一種食物，他眼睛才剛剛看了一下，末利婢女立刻就觀察到了，隨即幫他送上去；每一次，只要他想要作什麼，她都能觀察出來而隨即爲他作好；所以波斯匿王就很喜歡她，因此向大明長者要求把這位末利婢女送給他作夫人。這就是古代版的麻雀變鳳凰。

爲什麼她能這樣作？這表示她很有智慧而善解人意，所以她就成爲波斯匿王的大夫人。而勝鬘夫人是他們生的女兒，有這樣的父親與母親，就能有那樣的女兒，能爲我們講出這部經典。波斯匿王把他的意思表明了，鬘夫人就說：「**現在正是寫信的時候了。**」意思是說，應該要趕快寫信去引發她修道的心意，所以波斯匿王及鬘夫人就寫了一封信給勝鬘，信中大略的讚歎了釋迦如來的無量功德。寫好以後就派宮中的太監——內人（太監是內宮使用之人，所以在這裡被稱爲內人。以後你們男眾稱呼你太太就不要叫內人了，因爲內人在這裡其實是太監；以後改個名稱叫作同修，不要再叫內人了。）這位內人，他的名字叫作旃提羅；這位旃提羅受命而成爲寄送書信的使者，他把這一封書信恭敬的帶著，到達阿踰闍國來交給勝鬘夫人。我把闍字讀作

「ㄉㄨ」，不讀作「ㄕㄜˊ」；是因為這個闍字，本義是一個高臺。阿踰闍的意思，意譯就叫作不可克，是沒有辦法被攻克的意思。因為這個都城的城牆上處處都有高臺，築得很高，所以別國的軍隊都打不進去，不能攻克，所以叫作阿踰闍。都是因為它的城牆有高臺而不可攻克，所以這個國家就依首都的城名而建立名稱叫作阿踰闍國，叫作不可攻克的國家。

使者旃提羅到了阿踰闍國，進入皇宮中（他沒有經過一些婉轉的過程，譬如稟報、通報等等。因為勝鬘夫人的丈夫是波斯匿王的女婿，而這個阿踰闍國也是在波斯匿王管轄範圍之內，是大國中的小國；所以這位使者不必經由通報，直接就進入宮中），把波斯匿王與末利夫人的書信，恭敬的交給勝鬘夫人。勝鬘夫人得到父母的家書，很歡喜的捧過頭頂來受持。這是一個恭敬心，不但是王宮如此，世人家中接到父母的來書時也應當如此。

所以將來你們在未來 彌勒菩薩成佛時，在 彌勒尊佛座下將會親炙 彌勒尊佛，要懂規矩。我現在要先把你們教好，免得到時候 彌勒尊佛說：「這蕭平實眞不會教導，教出這種不懂規矩的人來當我的弟子。」將來 彌勒尊佛授給你任何事物，你們接過來的時候都要伸出雙手，過頂而接；不可以像面對平常人一樣伸手就拿，也不可以只是兩手平伸來拿，得要雙手過頂而接過來，對諸佛都應當如此。今天跟諸位教了，未來世要記得，不然萬一我被彌勒尊佛責備說：「你眞不會教導！」那我就只能當面赧然了。勝鬘夫人也是如此，接過家書時，是高舉過頂接過來的，這叫作頂受。

她打開來讀誦以後，就立即信受而加以實行了。然後她心中生起很稀有的想法，就向旃提羅說偈：「聽聞到佛陀這個名字的聲音，我認爲是世間所不曾聽聞過的聲音。假使這書信中所說，釋迦牟尼佛的功德是眞實不虛的話，那麼我今天對你旃提羅就應該給與供養；因爲如果不是你旃提羅送這個家書來，我還不知道世間有佛陀，也不知道佛陀的功德是如此的殊勝微妙廣大。所以如果書信中說的佛陀眞實有這樣的功德，我應當因爲你特地爲我送這封信來，而對你作供養。」本來旃提羅是下人，只是送書信的太監、使者而已，勝鬘則是波斯匿王的公主，應該說是「頒賜」財物給旃提羅才對，不應該叫作「供養」；但因爲她認爲這封書信對自己來說確實太重要了，將會由這個因緣而對自己產生很大的功德，所以她反而對旃提羅生起恭敬心；只因爲他送了這封信來，使她瞭解 佛陀的功德，所以說應當要對這位使者修行供養。供養是用修的，不是用頒賜的，所以顯然勝鬘夫人對這個因緣非常重視。

對旃提羅的心意表達過了，然後轉而面對 佛陀的方向說：「**我仰望一切人中就只有佛世尊，才能夠普遍的為一切眾生而出現於世間。**」為何這麼說呢？仰，當然是仰望；惟，就是讚歎說只有 佛世尊一人，才稱為惟。只有釋迦佛才肯普遍的為眾生出現在這時候的五濁人間，所以 佛出現在人間，不是單為一類人，而是普遍為所有人來示現在人間的。如果是天神，天神出現在世間只為一類人，不為所有眾生，然而 佛出現是為所有眾生的。

可是，勝鬘夫人說這句話，必定要有所本，不能空口白話而說。我們就來看看， 佛是不是真的如此。釋迦佛來人間示現，最後講了成佛之道——方廣經典。在這之前，宣講了般若，度菩薩眾入三賢位中；在般若期之前，則是講了阿含經，其中有緣覺法、有聲聞法，度了眾生證得解脫道，出離三界生死。可是不但如此， 佛在阿含期中還宣說了天乘之法：持五戒而行十善，可以往生欲界天，修禪定可以往生色界天、無色界天，都屬於天乘之法。也同時開示說如何保住人身：持五戒不犯而不傷害眾生。這樣可以保護一切眾生，使眾生得以保住人身。所以，佛陀對一般人，對於想生天者，對於想修解脫道二乘法的人，對於菩薩乃至最後如何成就佛道，都已經為大家宣說了，所以眞的是普爲眾生而出現於世間。因此勝鬘夫人就開口請求：**「既然佛陀是普爲世間而出現在人間，也應該垂下哀愍之心，讓我可以親見。」**你看，她也敢請求　佛陀示現。但是她爲什麼敢請求，當然有原因，且聽下一段經文分解。

【即生此念時，佛於空中現；普放淨光明，顯示無比身。
勝鬘及眷屬，頭面接足禮，咸以清淨心，歎佛實功德：
「如來妙色身，世間無與等；無比不思議，是故今敬禮。
如來色無盡，智慧亦復然；一切法常住，是故我歸依。
降伏心過惡，及與身四種；已到難伏地，是故禮法王。
知一切爾焰，智慧身自在；攝持一切法，是故今敬禮。
敬禮過稱量，敬禮無譬類，敬禮無邊法，敬禮難思議。
哀愍覆護我，令法種增長；此世及後生，願佛常攝受。」

「我久安立汝，前世已開覺；今復攝受汝，未來生亦然。」

「我已作功德，現在及餘世；如是衆善本，唯願見攝受。」

講記：勝鬘夫人因爲接到父母親的來書，讀後很歡喜，所以不但要對送來家書的太監旃提羅作供養，而且還希望 佛世尊能夠示現大身，讓她引生大信，所以她開口求 佛現身接引。當她唸完八句讚歎的偈以後，心念中求 釋迦佛示現接引，於是 佛就在空中顯現了，並且普遍的放射出清淨的光明，因此而顯示出無與倫比的莊嚴身來。

這意思是說，由於勝鬘夫人有具足的大信心， 佛陀才這樣示現；若是爲其餘眾生，就必須另外再作別的示現。這是促使大眾發起具足的信心，才能使勝鬘夫人在弘法的事業上面可以成就，所以這是以昭大信的示現。

「佛於空中現」：這表示 佛不是以色身來到此地，而是以變化身來示現。既然是化身，就不必下地，所以是在虛空中示現化身。**「無比身」**，是表示和應身肉體所示現的色身不一樣，不同於人類的小身，所以稱爲無比身。當然無比身也可以解釋爲智慧無比、解脫無比，所以稱爲無比身，那就牽涉到自性法身的義涵。但是這時所說的無比身，只是從事相上來說的，說明 佛陀這時的示現絕非佛地的自性法身，因為諸佛的自性法身是常寂光法性身，是唯佛與佛才能相見的，所以這屬於化身。這也不能解釋作莊嚴報身，因為勝鬘夫人當時的境界，並沒有到達色究竟天面見莊嚴報身的階段，所以應該只是化身。假使要說是莊嚴身，最多也只可能是初地菩薩所能看見的**他受用身**；但是因為現場還有她的眷屬同在而同見，所以不可能是初地菩薩們所見的莊嚴身，而只是一般性質的化身；只是智慧無比、解脫無比，所以說為無比身。

接下來說，勝鬘夫人和她的眷屬們見了 佛陀化身示現，所以大眾行頭面接足禮，全部都以清淨心來讚歎 佛的眞實功德。頭面接足禮，本來有一定的規矩，就是頂禮時要把自己最尊貴的額頭輕輕貼在佛的腳掌上面，這叫作頭面接足。還有一種恭敬的禮拜，是頭面捉足禮，這有一點小差異。頭面捉足禮，是進一步把兩個手掌伸到受禮者的腳後跟輕輕貼著——不可以抓住，只是輕輕貼著。換句話說，你要把五指伸過佛的腳後跟，用你的五指輕輕貼著佛的腳後跟，含有膜拜的意思，所以這又叫作頭面捉足禮。但在這裡是用來表示恭敬的意思，因為 佛以化身在空中示現，不是踩在地面上，所以這個頭面接足禮的意思，是以額頭及手掌都貼地。

土地是以肉身示現的應身佛所踩的，我們把額頭貼著地面，就等於是與佛的腳掌相接觸的意思；所以這是指額頭貼地，禮拜於 佛陀足下的意思。佛陀如是示現，勝鬘夫人以及眷屬們當然全部以清淨心來看待 佛的示現，這表示她的眷屬也都是與佛法有緣的人。若是與佛法無緣，就不會在看見 佛陀化身示現時，心中生起清淨心來。

最後一句是讚歎 佛的眞實功德。爲什麼不說解脫功德，不說緣起功德，而說眞實功德？這意味著 佛所證的是眞實法——實相法，不是只證得虛相法，所以才叫作實功德。實就表示有某一法眞實不虛，不是蘊處界等諸法緣起性空滅盡之後的無法，所以這個功德叫作「實功德」。二乘菩提的功德是虛法功德，不是眞實功德，因爲二乘菩提法稱爲世俗諦，意思是世俗法中的眞諦——緣起性空而無實法——是虛相而非實相。

對一般人來說，世俗法的眞諦可能就是「電流會電死人、一加一必定等於二」，這是世俗人所知道的世俗諦。但佛法中的世俗諦，不是從一般的世俗法中來說，而是說：解脫道的眞實理，是依世俗法蘊處界的緣起性空來觀察，而觀察出來世俗法的蘊處界都是緣起有生之法；既是緣起而有生，生則必滅；有生必有滅的緣故，暫有而無常、無我，就是蘊處界的眞實理。所以緣起性空法是依蘊處界而有的，離蘊處界就沒有緣起性空正理；而緣起性空所依的蘊處界是世俗法，不離三界，所以蘊處界的有生必滅，一切都是緣起性空，這個道理就稱爲世俗諦。

可是這個世俗諦，爲什麼要說它是虛相法？因爲世俗諦的蘊處界空即是緣起性空，蘊處界諸法無有一法可以常住，而且阿羅漢們捨報以後入無餘涅槃時，蘊處界必須全部滅盡。既然五蘊、十二處、十八界法，在入無餘涅槃後全部要滅盡，不再留存任何一法，成就二乘菩提親證無餘涅槃的功德。可是這樣子證無餘涅槃而滅盡蘊處界之後，不再有任何一法存在；而阿羅漢們入無餘涅槃之後，也並不知道無餘涅槃中有什麼法存在常住不滅，他們都不能了知。也就是說，涅槃本來不是斷滅法，涅槃之中有實際、有本際獨存不滅，這才是常住法；這個涅槃中的常住法才是實相，是眞實存在而常住不滅的法性，所以不是虛相法；但這個實相法卻不是阿羅漢所能證知，只有菩薩追隨諸佛才能證知，阿羅漢只能證知蘊處界的緣起性空而不能證得常住不變的實相，所以說解脫道是虛相法而不是實相法。

這不是因爲我們正在說大乘法，所以這麼說；而是在原始佛法初轉法輪的四阿含中就已經如此說了（註）。譬如 佛說：**是什麼緣故使眾生常處於漫漫長夜而不能到達涅槃的本際**？初轉法輪的阿含期中， 佛陀已經有這麼說了；這就表示無餘涅槃之中眞實有本際常住不壞，所以入了無餘涅槃之後，蘊處界全部滅盡了，並不等於斷滅空，仍然有眞實法繼續存在而常住不滅，所以不是虛相法，不是世俗法上所顯示的緣起性空。（註：「阿含」亦譯爲「阿笈摩」，原意爲「諸佛展轉傳來的成佛之法」。主持五百結集的四十餘位阿羅漢及其餘四百餘位聲聞三果以下的聖人及凡夫們，都曾與聞佛陀第二轉及第三轉法輪等大乘經，他們將前後三轉法輪所聽聞的佛法結集之後，自認爲已經將佛所說法義全部結集完成了，故命名爲「阿含」。但因當時五百結集中的四十餘位阿羅漢及其餘四百餘人，都是屬於聲聞人，他們都尚未證得無餘涅槃中的本際——第八識如來藏，因此即無實相般若智慧，對佛所說的般若勝義並無勝解的功德，當然無法如實憶持大乘成佛之道的法義，只能記得一些大乘法句名相而無那些法句中的實質內容。由於他們也曾聽聞第二及第三轉法輪時期所說的大乘法義，故他們所結集的四阿含諸經中處處都可以看到大乘法的影子，以此緣故，他們所結集的四阿含諸經雖然函蓋了他們所與聞的大乘法，本質上卻嚴重缺漏大乘法的內容；如是，假使有人窮盡一世讀之研之以後，仍將無法證悟成佛之道——連大乘法中的眞見道功德都不可能生起，何況能使人成佛？所以他們將自己所結集的四阿含經典命名爲「阿含」，其實名不符實；也因爲這個緣故，所以菩薩們知道聲聞人所結集的內容時，對於他們命名爲「阿含」是不滿意的，於是在結集完成而誦出時，當場表示異義：「吾等亦欲結集。」隨後即在七葉窟外作了千人大結集，將大乘經典另外作了如實的結集。其中的道理，請見《阿含正義》中的舉證與解說，此處不作詳細說明。）

可是這個無餘涅槃中的本際，只有菩薩能證，一切不迴心的二乘聖人都沒有智慧能親證；所以他們所證的涅槃，就像《法華經》說的——只證一半，所以叫作半途化城。換句話說，他們沒有到達究竟涅槃，他們對涅槃的修證只走到半路，然後就取無餘涅槃，就住在那個化城當中永遠不再前進了。爲什麼會這樣？因爲二乘聖者取證無餘涅槃以後，他們已經永遠不存在了；當阿羅漢、辟支佛的蘊處界都滅盡而永遠不存在時，就更無法去證得無餘涅槃中的本際了；所以他們入無餘涅槃後，永遠不可能證得本際，因爲他們的蘊處界都已經滅盡而不存在了。

菩薩不然，菩薩是在思惑煩惱猶存之時，就先證得無餘涅槃中的本際；那個本際就叫作眞實心、如來藏，或名阿賴耶識、異熟識，或者叫作心、實際、如來、自心等等，有無量諸名；阿含部的經中也說這個本際是入胎、住胎的識。菩薩還沒有斷盡思惑就先證得這個無餘涅槃中的實際，所以這個涅槃就稱爲本來自性清淨涅槃，不同於二乘聖者所證的有餘涅槃、無餘涅槃。

所以菩薩很清楚的觀察二乘聖人入無餘涅槃以後，剩下的就是眞實不壞的第八識本際，所以涅槃是眞實法、常住法，不是虛妄法，不是斷滅空。但是涅槃又是虛妄法，因爲涅槃無法，涅槃這個法只是依第八識本際不再出生蘊處界的情況，而施設那個境界叫作無餘涅槃，但無餘涅槃中其實就是第八識獨住的境界；所以涅槃只是名詞，用來表示第八識自住的狀況。

菩薩因爲親證無餘涅槃中的本際，根據這個本際心而漸次修證佛道，最後終於能成就佛道，所以說菩薩所證的法是眞實功德法。聲聞阿羅漢們因爲不能證得無餘涅槃中的實際，所以他們所證得的解脫相是虛相，與實相無關；是把蘊處界都滅盡以後而使自己不再存在——沒有未來世的蘊處界任何一法現起。他們也聽聞 佛陀說過涅槃中有實際常住，可是不能證得這個實際；而且因為是決定性的聲聞種性，所以雖然沒有證得涅槃中的本際，但因為不想再來人間受苦，也不願發大心來受生於人間利樂眾生，所以捨報時一定入無餘涅槃；因此他們對「涅槃實際」的境界完全無所了知，只是畏懼生死而不再受生於三界中，因此他們是滅盡一切法而入無餘涅槃。

入無餘涅槃後，既然蘊處界已經全部滅盡，當然不可能再有後世的色身，也不可能再有後世的意識心以及解脫智慧，所以 佛說二乘聖者是灰身泯智，因此說他們的解脫功德是虛妄的功德，不是眞實法的功德，只是全無執著而滅盡一切法的功德，所以說是虛相功德。但是菩薩證得的是眞實法、常住法，所以不能用虛相法的功德來讚歎諸佛與諸菩薩；因此，勝鬘夫人與眾人都以清淨心來讚歎 佛的**眞實**功德。接下來的經文就是他們的讚歎：

「如來妙色身，世間無與等」：如來的勝妙色身，三界世間沒有任何一個有情能與祂相等。對這兩句經文，我們又要加以法義的辨正了。法義辨正的事情，我們會在這部經講解中常常來作，不是因為我喜歡作，而是因為這部經本來就是在作法義辨正的，它本來就是在破邪顯正的。

上一週我們有講過經名了，這部經有一個名稱叫作《師子吼經》。師子吼就是破邪顯正的意思，換句話說，勝鬘夫人出現在佛世的因緣就是爲了幫助 佛陀破邪顯正。因爲勝鬘夫人是這部經的經主，釋迦佛是她的法主；而這部經既然又名爲《師子吼經》，當然要隨處辯論、辨正法義，特別是在大乘菩提與二乘菩提的異同之間來作辨正。

也因此故，剛剛我們說二乘聖人是灰身泯智的。泯就是消滅、隱沒的意思。二乘聖者入無餘涅槃後，色身荼毘了，變成灰了，所以說是灰身。既然色身已經荼毘成骨灰了，他就不再有意識心重新出生，因爲他們不受後有；不受後有，是說不再去受生接受下一世的蘊處界有；既然不受後有，就不再有來世的意識覺知心重新生起，所以就不可能再有解脫道的智慧可以爲眾生宣說，因此叫作泯智。所以經中凡是說到**灰身泯智**就一定是講二乘聖者，絕不會是說菩薩們。

如來妙色身，是常住於三界中的，我們先從經教上來證明這一點，然後再來說明如來的妙色身是否常住。請大家看一下補充資料第一點：

《雜阿含經》卷四十四：**【佛告梵天：「如是，梵天！如是，梵天！雖有眞金色，普照梵天宮；當知眞金色，則是煩惱事；智者解脫色，於色不復樂。」】**

這是同屬原始佛法的前後三轉法輪中的初轉法輪時期《雜阿含經》裡面所說的，諸位讀了這一段，應該馬上會聯想到印順法師的主張：**大乘經典是佛滅後的佛弟子們由於對佛陀的永恆懷念，而長期創作結集出來的經典，不是佛陀金口親說的**。印順法師這些話的意思是說，兩千五百多年前 佛世尊入無餘涅槃以後，就已經灰身泯智如同灰飛煙滅而成爲斷滅空了，所有人都不可能再於三界中與祂感應到或者再見到祂。他的言外之意，就是如此了。爲什麼他會這樣主張？這要從他的基本思想來說起。

在他的想法中認爲：**釋迦佛的證量與智慧是和諸阿羅漢一樣的，是沒有差別的；阿羅漢所證的是解脫道，佛所證的也是解脫道。至於大乘法中菩薩所修、所證的也是解脫道；但是菩薩們會被稱爲菩薩，只是因爲他們證得解脫之後不入無餘涅槃而發起大願心，生生世世不斷的在世間以世間法來利樂有情，所以他們是菩薩**。這就是他的看法；而且他認爲凡夫的菩薩行，持之久遠以後就可以成佛。所以他主張的人間佛教，不是以解脫道來利樂有情，更不是以佛菩提道來利樂有情，而是只要能生生在世間以凡夫的心境而在世間法上來利樂有情，就是行菩薩道——凡夫位的**人菩薩行**。這就是他的基本思想，他的四十一冊書籍都是以這個基本思想爲中心而開展出來的；是以凡夫的智慧與心境，從人類在世間法上的生活改善、社會祥和等理念，來廣行菩薩道，就認爲是可以成佛的。

具體的實行者是證嚴法師，少分實行者是星雲法師，至於昭慧法師仍然算不上是他的具體實行者，因爲她主要是作學術研究的，尚未依印順的主張完全實行。印順法師這麼說，是把二乘聖者等同於 佛，卻又主張凡夫行的菩薩道也可以使人成佛，所以才會主張**凡夫行**的**人間佛教**思想。他因爲誤會天界沒有阿羅漢，只有人間才有阿羅漢，所以認爲天界沒有佛教。他認爲：人間佛教是以人爲本， 釋迦佛同樣只是凡人，不是神、不是天，不具有神與天的靈通，所以他的私心之中其實很懷疑 佛到底有沒有神通，不管他在書中或口中是如何說的。

他把 釋迦佛當作世間人一般，只是認爲 佛陀有智慧罷了！所以他認爲釋迦入滅後是全然滅盡而且已經不存在了，和阿羅漢的灰身泯智是相同的，所以後世的佛弟子也不可能再感應到 釋迦佛的接引或教導，因此他不認爲佛所證的境界與阿羅漢有所差別。因此，當後來現代禪的李元松老師對他提出了不同的意見來批判他，卻仍然被他以簡單的一篇小文章就處理掉了，因爲他與李老師都不懂得佛菩提道，都誤認解脫道（羅漢道）即是佛菩提道（成佛之道）。所以當年李老師批判他時，他只以一小段話就把李老師解決了，他說：「**原來李老師說的大乘菩薩的修證，也是初果到阿羅漢，那就跟我所說的沒有差別了。**」這樣一小段話，就把李老師解決掉了，由此可見印順法師眞的很有世俗聰明才智。

由這裡，大家應該要瞭解：大乘法的修證固然也同時具有二乘菩提的解脫道證量——也具足羅漢法，但是大乘法的修證內容不以解脫道爲中心，而是在佛菩提道上用心及實證，解脫道的四果證量只是大乘菩提實證過程中的副產品而已。大乘菩提的修證，是以一切種智爲中心的；一切種智的修證是諸地大菩薩的事，並非三賢位菩薩已開悟時的般若實相智慧所能實證的，所以一切種智的修證非常困難。因此 佛陀必須爲弟子們施設方便，所以就有三賢位所修證的般若實相智慧，在原始佛法的第二轉法輪時期宣演開來，那就是第二轉法輪的般若系列經典，同屬原始佛法。

可是般若的修證，仍然是非常困難的，因爲眞如法性的修證，要從親證如來藏之時才能初始發起。然而親證如來藏也是非常困難的事情，而且眾生也難以信受；假使 佛陀一開始弘法時就解說阿羅漢們所不知的如來藏的法性，以及親證如來藏後才能發起的實相智慧，而那時也還沒有度人成爲阿羅漢，那麼當時所有的凡夫與外道們都會誤認爲：佛說的常住如來藏，就是他們所瞭解的意識心。而且佛道的修證，三界生死的解脫，兩者都是眾生難以信解的，所以只好在宣講般若之前，先教導大眾取證二乘涅槃；經由解脫道的涅槃修證，來證實 佛所說解脫生死的法確是眞實可證的，讓大眾具足對佛的信心；十餘年後再轉第二法輪，教導大眾轉入佛菩提道，並且藉著教外別傳的方法，幫助四眾弟子親證如來藏；經由親證如來藏而發起實相般若智慧，才能進入三賢位中，才有智慧能次第進修到達初地，才能進修一切種智；如此施設，四眾弟子們才有可能實修成佛之道。

由於有某些證得解脫道的阿羅漢們迴心大乘，隨同 佛世尊的教導，顯現般若實相確實可以親證，實相般若智慧生起了，然後才能有原始佛法中第三轉法輪時期的唯識方廣經典的宣講。最後菩薩們終於瞭解：成佛所依憑的智慧是一切種智，一切種智函蓋了四智圓明；然而一切種子的智慧要從親證如來藏的一切種子而發起。由此緣故，大眾就可以瞭解，原來佛道的內涵是如此：是由斷我見、斷三縛結開始，進而親證法界萬法根源的如來藏而發起般若實相智慧，有了根本無分別智；然後進修相見道位中應有的後得無分別智，後得無分別智圓滿而進入初地時，才能進修一切種智，最後終於具足了知如來藏中含藏的一切種子，發起具足的四智，方能成佛。

所以由般若及一切種智的修證就可以證實：佛取涅槃之後，並不是如同聲聞阿羅漢的灰身泯智境界一樣，而是有眞實法常住，可以利樂眾生永無窮盡。但是大乘經典這樣的說法，並不是後來才有的，而是在原始佛法的初轉法輪時期的四阿含中，佛就已經預先埋下伏筆了（編案：其實四阿含諸經中，有許多經典都是聲聞阿羅漢們親聞大乘經典之後結集下來的，只是無法證解其中的般若與種智內容，所以只能結集成爲解脫道的內容。詳見《阿含正義》七輯的舉證與說明）。

說完這些道理，我們回到《阿含經》這首偈來。佛告訴梵天說：「就像你講的，沒錯啊！梵天！如同你說的，眞的沒錯啊！梵天啊！雖然你已經有了眞金色的梵天身，這個眞金色的梵天身放射出很大的光明，普遍的照耀梵天的宮殿；但是你應當要知道，你這個眞金色而有廣大光明的梵天身，其實是煩惱事啊！因爲你這個初禪天天王的梵天身仍然是緣起法，不是究竟法，等到福報享盡了，那時梵天王的金色身以及光明仍然是要壞滅的，捨報後究竟要往生到哪裡去呢？還是不免三界中的輪迴，所以梵天王的金色身仍然是煩惱事。但是有智慧的人，他有解脫的色身，所以他對一切的色身就不再有任何的愛樂了。」

智者解脫色，是說他有解脫的色身（世世的色身都是解脫的），因爲不必滅掉色身就已經是解脫了，又何必要滅掉色身呢？無妨生滅不斷的色身一世又一世的延續，但本來就已經是解脫的，所以對色身就不必執著了。外道鍊氣功，目的是求長保色身不壞，是求長生。請問：「現在最有名的氣功是什麼？」其實法輪功、九九神功、大乘禪功的修鍊者，都一樣只能存活百歲，所以那些氣功都比不上梵天王。問題是：他們鍊氣成就之後，色身能維持多久？眞的能夠長生久視嗎？能不能使他們多增長一歲、十歲、二十歲？不行！只要壽算到了，照樣得離開人間。

壽命可以計算，所以叫作壽算，算一算壽命時間到了也就走了。你要是不信的話，把李洪志的生辰拿去用紫微斗數排一排命盤，看他有幾歲；或是以鐵板神術算一算，看他有幾歲；當他的歲數到了，法輪功也幫不了他，照樣得死。所以鍊精化氣、鍊氣化神、鍊神還虛，當他們鍊成神以後還是得要還虛，還虛時色身也是要滅掉的。因爲色身會滅，不能長壽，所以他們就發明一個鍊神還虛，捨壽時就叫作羽化登仙；講得很好聽，本質還是死，最多只是往生欲界天罷了。

這是事實，當他們捨報時，都不知道自己死後要到哪裡去，他們往往以爲說：「我可以一念不生，這樣覺知心就可以長生久視，永遠不死。」他們後來聽到佛法以後，又認爲：只要能這樣常住於一念不生境界時，就是證得佛家的無餘涅槃。這其實都只是我見未斷者的修證境界。可是這樣的修鍊方法，想要求長生不死，都是不可能成功的。請問這些氣功大師們，有哪一個能公開宣稱他可以長生不死？沒有一個人有這膽量敢說。我們再把層次降低好了，只要他們能保證自己活兩百歲就好了。他們敢保證嗎？都不敢！一心要求長生不死，結果壽算到了時，還是照樣得死。因此他們心中很清楚自己對生死是完全沒有把握的。

佛說這種人是愚癡人，所以有人向 佛請求說，有沒有不死藥可以把他死掉的兒子救回來。佛說：「有。」他問：「哪裡去求？」佛說：「有一種人家，他家裡一定有這種不死之藥，你去找他們求。」他就很歡喜，請問：「是什麼樣的人家有這種藥？」佛說：「你一家一家去問，他們家裡幾代以來都沒死過人的，他家就有這種藥。」結果就是找不到。因為找不到，回來再請問，佛就為他開示：**凡生必有死，一切生者無有不死。**

但是有智慧的人可以在生死中來來去去，自己可以決定生處，不必求這一世的色身長生不死。當你在生死中現見自己的如來藏本來沒有生死，而五陰終究不免一死，於是有了解脫道的智慧，也有了佛菩提道的實相智慧，所以就不必再執著此世的色身要永遠不死了。

只有對生死沒有把握的人，生不知如何生，死不知如何死，死了將會生到哪裡去，對去處也不知，因此他心中才會有恐懼。有恐懼，所以才要求色身的長生不死，但是終究無法達到他的目標，因為凡有生者必有死。

菩薩、阿羅漢、凡夫，就在這裡有了分野：阿羅漢是怕再來生死，太痛苦了，所以他不願再來三界中，因此死時入無餘涅槃，永不再來三界中；菩薩遊戲人間，苦也是遊戲，樂也是遊戲，就在受苦受樂當中遊戲於十方三界中，繼續自度度他。當他悟後知道自己將來要怎麼死，死亡的過程已經了知了，也知道自己想要往生任何佛世界都可以如己所願，他知道往生的去處是由自己把握的，所以不必再執著此世這個色身，也不必辛苦去鍊內丹、煉外丹、鍊氣功，都不用練，所以死時快樂而灑脫的去投胎；下一世哇哇大哭出生以後又去修行，修行以後又快快樂樂去弘法，即使被愚癡眾生蹧蹋時心中也是法樂無窮的；然後該走的時候到了，瀟瀟灑灑又走了，都不必罣礙這個色身。凡夫不知聖境，只求長生不死；縱使有人能修得地行仙的功夫，在人間住世一千歲、一萬歲以後，終究還是得死；死的時候憂愁悲苦，因爲不知道死後要到哪裡去，所以這些修丹鍊氣的人都是愚癡人。

有智慧的人，他知道每一世的色身都是有生有滅的；但對菩薩來講，那是解脫身；因爲菩薩可以藉著那個色身而修行、而解脫於一切法，所以那個生死身就稱爲解脫身。因此菩薩對於每一世都會生滅的色身，就不再有所愛樂；因爲那只是菩薩修證佛法以及度化眾生的工具而已，純粹是修道、弘道的器具，所以簡稱道器。

菩薩如是，難道諸佛不能如此嗎？就好像游泳教練能教導學生如何游泳，難道他自己不會游泳嗎？所以菩薩有解脫色，於色不復樂；諸佛當然更有解脫色，於色更不復樂。所以 釋迦佛入無餘涅槃時只是一種示現，祂另外有常住身。但這個常住身，就得要分開來說了，那就得要先從「智者解脫色」的應身來說，也要再從智者解脫色的化身、莊嚴報身、自性法身來說了。

但是在說這些部分之前，我們應該要瞭解：**諸佛如來的法道，絕對有不共二乘聖者之處，這才是《勝鬘經》所要表達的主題**。二乘聖者的法道即是解脫道，又名羅漢道，不是佛道；他們是修四聖諦、八正道等法，而這些正知正見是以四念處觀的方法來觀行，而四念處觀所觀行的對象是世俗法蘊處界，所要觀察證實之標的則是蘊處界的緣生故無常、無常故空、空故無我，如是斷除我見與我執而取證解脫果，所欲達到的目標是不再來三界中受生，這就是聲聞法的主要內容。緣覺法是從緣起法來現觀，由因緣法的現觀而照見一切諸法緣生緣滅、無有自性，因此而取證解脫果不再來人間；前提是必須先修十因緣觀，推知名色（蘊處界）確實有一個常住不變的所依，推知名色確實是從本識中出生的（編案：詳見《阿含正義》中的舉證與開示），否則即無法成就因緣觀。羅漢法解脫道中，固然也要修習緣起法，但他們必須藉音聲

而聽聞 佛陀的開示以後才能修證，不同於緣覺聖人不從他聞、自行觀察而得親證，所以仍然是聲聞人。但是，菩薩不只同時修證二乘法，菩薩必須另外親證法界萬法根源的如來藏，並繼續深入觀行而能通達，方能圓滿後得無分別智而具足三賢位的果證，並且進入諸地修十波羅蜜而熏習一切種智；此外，還要再加上一個重要的法，是二乘聖者所不曾修證的，就是修除習氣種子的隨眠，才能成就佛道；所以佛菩提在般若、種智、習氣種子的修除等三個部分，是與二乘的解脫道不共的，因此 釋迦佛的果證絕對不同於二乘聖者的果證。絕對不可像印順法師一樣，把 釋迦佛的證道內容等同二乘聖者，就妄說阿羅漢的證境等同於 佛的證境。因此， 佛有常住不滅身而稱爲妙色身，這不是世間任何聖人或出世間聖人的阿羅漢們所能相提並論的，所以說世間無與等。「因爲如來的妙色身，一切世間凡聖無人能與祂相等，所以說爲無比身，是不可思議的境界。由於這個緣故，所以我勝鬘夫人率同眷屬如今向 佛敬禮。」

第二個四句偈說：「**如來色無盡，智慧亦復然；一切法常住，是故我歸依。**」這是自歸依，不是由佛說歸依再由她來接受，而是自行歸依。「如來色無盡」一句，請大家來看參考補充資料的第二點：

【印順在一九五一年時說：「小乘如說一切有部等，說佛入無餘涅槃，即灰身泯智，不可談有色有心。如上座部等，說佛入無餘依涅槃，色是沒有了，但能斷煩惱的淨智，是有的。這即是有心而沒有物質的。與大乘近似的大眾部說：『如來色身實無邊際，……如來壽量亦無邊際』；『佛徧在』；所以，入無餘依涅槃（也可說不入涅槃的），不但有智，也還有色。大眾部等，和《法華》、《勝鬘》等經的思想極近。常住妙有的大乘，評破聲聞乘者說如來涅槃是無色的，所以特重視『解脫有色』。本經（編案：本經二字是指《勝鬘經》）讚佛的功德中說：『如來色無盡，智慧亦復然』，即顯如來有色義。」（正聞出版社．印順法師著《勝鬘經講記》p.36）】

這就是他的《勝鬘經講記》第三十六頁所說的。但是他這些說法，都是扭曲事實的。他認爲：只有《勝鬘經》才這麼說，原始佛法中的小乘經四阿含中並沒有說**如來色無盡**。但他的說法是不正確的。小乘的說一切有部以及其他的許多部派都說：佛入無餘涅槃以後就灰身泯智了，所以三界中已經不再有佛陀的色身與心存在了。這是聲聞部派佛教時期小乘法中的錯誤觀念。他們有這個觀念，其實是因爲有一分私心才會產生這樣的說法。部派佛教時期的聲聞人們認爲：我們歸依的師父阿羅漢證量與佛是一樣的，佛入滅了，現在就要歸依阿羅漢，不再歸依佛，也不歸依菩薩們。這就是他們的一分私心，只是不方便公開說，今天我替他們公開說出來。

這是因爲：他們如果這樣公開說的話，菩薩們會斥責他們：「你們忘恩負義。佛入滅了，你們就認爲自己很行，接受眾生的歸依而把佛排擠掉了。」所以他們就反駁說：「你們那些說佛永恆存在的人，只是由於對佛不捨，產生了永恆的懷念而說出來的話。但是佛已經灰身泯智了，你歸依已滅的佛陀作什麼？」所以印順法師說的「大乘法教是佛弟子對佛的永恆懷念而創造出來的」，這一句話背後的意思就是如此。

所以當人家說一句話出來，你要先理解他背後的心態是什麼？可是事實眞的是他們所說的這樣嗎？其實不是這樣的。因爲在攝屬原始佛法初轉法輪時期法義的四阿含中，　佛已經處處埋下伏筆了（事實上只是聲聞人所記下的殘缺不全的大乘法句）。看來　佛已經預料到，佛弟子們未來會如何說，所以原始佛法的第二、三轉法輪諸經中，都已完整解說，而使聲聞人結集的四阿含中處處埋下伏筆，到處都可以讓你找到一些大乘法義的蛛絲馬跡，很多地方都可以用來證實後來部派佛教時期的小乘部派佛教的說法是錯得一塌糊塗的。其中上座部的說法雖然稍微正確一點，也還是有過失的。

印順法師在第二行說：「上座部等，說佛入無餘依涅槃，色是沒有了，但能斷煩惱的淨智，是有的。」請問：色身毀壞了，五色根已經不存在了，如果還能存在三界中，那就只有一界，就是無色界；但是無色界的天人，他們還有在修行嗎？他們是住在什麼境界中呢？他們都只有住在四空定的境界中，那完全是不起一念、不起一想的，這種境界如何有智可說？上座部怎能說佛滅後無身而仍然有智？

而且佛也一再指責四空天的境界是愚癡境界，不讓佛弟子們生到四空天去。上座部說佛已入無餘涅槃，既然已入無餘涅槃，色身既然沒有了，有智慧的覺知心意識還能存在嗎？既然意識心不能存在，又如何能夠還存有淨智？可見部派佛教時期的上座部那些長老們，也是沒有證得有餘涅槃的，因爲他們不懂有餘、無餘涅槃的眞實義。在他們的想法中，必然是認爲意識心還能存在無餘涅槃中，所以仍然有意識心所擁有的淨智。大家由他們這些見解來判斷：**他們有沒有斷我見？懂不懂涅槃？**由他們這些說法中顯示出來的蛛絲馬跡，都可以判定他們的證量如何了。

印順對他們的評論倒是正確的，他說：「**這即是有心而沒有物質的。**」有心而沒有物質，表示他們所認知的無餘涅槃中還有意根與意識存在著，所以才有淨智。但是這個**淨智**仍然要被推翻掉，因爲這是染污的智慧，不是淨智，是因爲他們的我見還沒有斷，才會說出這種錯誤講法來。已斷我見的初果人，都不會主張入無餘涅槃時意識覺知心還在，因爲他知道意識是虛妄法，入涅槃時一定要滅除掉。而上座部的長老們卻主張：**入無餘依涅槃時，色身滅了，覺知心還在，所以還有清淨智慧。**因此印順判他們說是**有心而沒有色身**，他沒有判錯。所以當時上座部的長老們是還沒有斷我見，還沒有斷三縛結而未證初果的，從這裡很清楚可以證明出來。

接著，印順說**與大乘佛教近似的大眾部**（你們如果閱讀大眾部的論典，會發覺他們的論點跟大乘法非常相類似），印順引據大眾部所說：「**如來色身沒有邊際，如來的壽量也沒有邊際。**」這是正確的，剩下的問題只是造論的人是不是有親證如來藏的問題。有一個現象是自古以來就存在的，有許多證悟的菩薩，一生都不造論、作文；反過來，有的菩薩一世又一世長在人間，有時候他也許認爲因緣到了，不寫論不行，就只好一直寫；可是他這一世寫了許多論以後，也許接下來十世、二十世、五十世都不再寫了；也許再過許多世以後的哪一世，因緣環境又使他不得不繼續寫，但是絕對不會每一世都寫。

與這種菩薩同時存在的另一個現象則是：**凡夫菩薩特好寫論，每一世都會不斷的寫**。古時的安慧法師，不但連二乘解脫道的初果都還沒有證得，佛菩提果中更沒有見道；可是他很喜歡寫論，而且所寫的論都很喜歡冠上大乘二字。寂天法師也是個凡夫，我見、三縛結俱在，他也喜歡寫論；在安慧之後的佛護、清辨、月稱等人，也是一樣；至於寂天之後的蓮花生、阿底峽、宗喀巴等人也都一樣，都是身在凡夫位而自命成聖，寫下了許多荒腔走板的論著。

且不說古代，說點近代的好了；譬如月溪法師，他也是個凡夫，竟然敢寫《大乘絕對論》，論的名稱眞的很響亮。如果我們沒有破他，而我們也沒有出來弘法，也沒有諸位親自證得這個如來藏妙法，也許一百年後有人重編《大藏經》時，可能就會把月溪的絕對論亂編進去了。《大正藏》密教部中的外道雙身法《大日經》、《金剛頂經》……等，不就是這樣被編進去了嗎？所以《大正藏》的編輯者顯然都是凡夫，因爲他們看不懂那些經典裡面有什麼過失，也沒有能力檢查那些經典的編造者到底有沒有悟得般若。他們都沒有慧眼，那更別說法眼了。因爲如果有了慧眼，若是還沒有生起法眼時，也會因爲對經典崇敬的緣故而被《大日經》給蒙蔽了。除非慧眼的進展已經到了某一個階段，並且有人提示那些經典是僞經的理由，然後才會仔細去加以探究，才可能弄得清楚。

所以大眾部這個思想才是正確的：**佛入涅槃以後不但仍有智，也還是有色的**。可是入無餘涅槃也可說是不入涅槃的（印順知道有這個說法，可是他也只能想像而無法瞭解），爲什麼 佛陀入了無餘涅槃，結果卻沒有入無餘涅槃？這個法義印順連想像都想像不來，所以才會在後期的著作中，把 佛陀視同阿羅漢，認爲 佛陀已經不在三界中了，已經灰身泯智了。但其實 佛陀已出三界而仍然在三界中廣利眾生，並沒有間斷過，入無餘涅槃只是個示現罷了。所以在聲聞部派佛教中，大眾部的說法是與大乘法比較相近的，常住妙有的大乘當然會評破聲聞乘者所說「如來涅槃是無色的」，因爲在五百結集的四阿含中就已經談到**如來色無盡**的眞實義了。也許印順派的人還不太認同，但是隨著時間的過去，我們會一一的逐漸列舉出來，等到因緣成熟了他們才會相信（編案：後來已在《阿含正義》中舉證出來了）。

所以，「**如來色無盡**」並不是到了第二、第三轉法輪時期的大乘經中才說的，而是在初轉法輪時期聲聞法的中阿含部經典中，就已經說過的。如來色身爲什麼無盡？以應身來說，一佛如來的化區是一個三千大千世界，一個三千大千世界中需要有很多的應身。一佛住持的三千大千世界中有多少太陽系？有多少星球的眾生需要度化？當因緣成熟時就得要去應化，應化時當然就要在當地入胎受生才能度眾生。

假使二千五百多年前，世尊來這裡度眾生，祂是以化身而不是應身，請問：**佛能度得多少人？有多少人能親近祂？**先作個民意調查：我們三個講堂，你假使有天眼可以接受檢驗的話，就表示你也能親近 佛所變化的化身。假使 佛陀以神通應現化身來此，你能看得見祂，請你舉手！（無人舉手）第二講堂、第三講堂呢？都沒有嘛！假使今天我有神通，我用化身變現來這裡說法，你們看得見嗎？聽得見嗎？不行。你能親近到我嗎？也不行。那我要如何說法度眾？能度得了多少人？所以一定要用應身，應身的化現，就是去投胎而取得一個肉胎，然後九個多月、十個月長成了，才出胎成人而示現成佛，再來度眾生，因此人類就可以隨時來親近學法。

可是二千五百年前 佛陀示現在這個地球，三千年前是示現在哪個星球？五千年前又在哪個星球？一千年前又到哪裡去應化示現？現在又在哪個星球應化示現？諸佛都是要這樣去度眾生的。這是應身的受生化現，諸佛都是如此而行，永遠不會斷壞入地時所發的十無盡願，在某一世界化緣圓滿而示現入涅槃以後，仍會應現在其他因緣成熟的世界中，如是永遠度化眾生而無窮盡，絕對不會像聲聞羅漢一般，捨壽入涅槃就灰身泯智了。

初轉法輪的阿含部經典中，有一部《央掘魔羅經》。央掘魔羅問 佛是否常住？ 佛告訴他說：「汝今當與文殊師利俱，至北方過一恒河沙剎，有國名無量樂，佛名無量慧功德積聚地自在王如來，應供等正覺，在世教化。汝等俱往問彼佛言：『釋迦牟尼如來云何住無生際，而復住於娑婆世界？』」於是他就和 文殊師利菩薩去問，問了以後，那一尊佛對他說：「釋迦如來就是我身，你回去問釋迦牟尼佛就知道了。」於是又回來問佛。佛又說：「你再去北方過二恒河沙數世界有佛名某某某，你們去問祂。」問了以後，那邊的佛又叫他們回來問 釋迦佛，這樣來來去去，乃至去北方過十恒河沙數世界，請問 日初出佛，也是如此。就像這樣，東方、西方、南方、東北方、東南方、西北方、西南方、上方、下方等，都一樣去過一恒河沙數乃至過十恒河沙數世界請問，這樣去問過一百個佛世界的佛，最後一尊佛告訴他們：「你回去問釋迦牟尼佛，祂就會告訴你——釋迦牟尼佛就是我。」最後回到娑婆來，向 佛稟白：「那些佛都說：您就是祂，祂就是您。」所以 佛告訴他們：「我釋迦牟尼佛在這裡應化，也同時住持於一百個佛世界中。」請問：如來是不是色無盡？（眾答：是。）所以 釋迦佛應身示現滅度以後，並不是灰飛煙滅而成爲空無。

每一個佛世界，都要這樣不斷的以應身去度化眾生，而且諸佛因地在三賢位滿心即將入初地時，都要發十無盡願才能進入初地，其中一個願就是要一直度眾生，直到眾生度盡才可以入無餘涅槃。可是眾生無盡、虛空無盡，所以這個願自然也就無盡。在十無盡願所持的情況下，請問：佛陀可以入無餘涅槃嗎？（眾答：不可以。）當然不行！不能像阿羅漢那樣逃避責任——這是講應身。

如果是化身，哪一個有緣眾生隨時需要，就化現去了。也許幾百年前，有人發願生到極樂世界去；可能他的緣特別好，蓮花很早開了；或者說他的緣比較不好，還在蓮苞裡面，可是他們也許有一天這麼想：「我從娑婆來到這裡，可是今天還是在這個五百由旬的廣大宮殿中出不去，每天在聽苦、空、無常、無我的『錄音帶』。」他也許就想起這個問題來：「釋迦牟尼佛！請您跟我開示——我怎樣可以提早出去見阿彌陀佛。」也許　釋迦牟尼佛感應到了，就示現化身爲他開示。釋迦佛的化身還是有人會感應到，並不是沒有；至少我這一世已經感應過兩次了，一次是無形無色的化現，另一次則是有形色的化現。這樣，怎能說如來色有盡呢？

應身、化身如此，還有莊嚴報身。如來有莊嚴報身，這個莊嚴身不是在大乘經中才說，而是在最原始的阿含部經典中就已說過了：如來有三十二大人相。所以如來的莊嚴報身，有自受用身，也有他受用身的部分。自受用身是諸佛如來相見時才用的，他受用身是諸地菩薩所見的。諸地菩薩由於他們各自的證量差別、心量廣狹的差別，所見的如來他受用身各不相同，隨著諸地菩薩的證量差異而導致地地所見各不相同。之所以會諸地所見各不相同，除了法上的證量以外，其實是跟菩薩的心量廣狹有關：心量廣大，所見才大；心量小，所見就小。有人說：「**念佛啊！要用功；大念見大佛，小念見小佛。大念就是大聲念，小念則是小聲念。**」這叫作胡說八道。大念，是講心念廣大，不是大聲念啦！

既然有莊嚴報身，而這個莊嚴報身可以維持多久？雖然祂也是有生之法，但祂可以維持多久呢？最原始的阿含部經中早就講過了——七百無量數劫。在這七百無量數劫的過程當中，繼續不斷對眾生作最大的布施，而且是七百無量數劫的布施。想想看：**成佛是三大無量數劫，成佛後莊嚴報身是七百無量數劫，祂能利樂多少有情？想想看，這樣的莊嚴報身會壞滅嗎？**由佛地的無比功德，在七百無量數劫中廣大利樂有情，那個功德比三大無量數劫利樂有情所得的功德是不是大過很多倍？祂的莊嚴報身可以再有多久？那不是無窮無盡嗎？所以**如來**莊嚴報身當然是**色無盡**。

再說自受用法身——毘盧遮那佛，那是自受用法身的境界。自受用法身，是成佛之後與法性身的無垢識同時並存的，怎麼會有盡呢？當然是**如來色無盡**嘛！既然如來色無盡，當然如來的八識心王就同樣是一世又一世而且是恆時的存在，當然如來的智慧就不會有斷滅的時候了，所以說「**如來色無盡，智慧亦復然**」。

「**一切法常住，是故我歸依**」：一切法，在大乘經中常常把它與如來藏畫上等號，所以說「**如來藏即一切法，一切法即如來藏**」。這是從如來藏的立場來看待一切法，以如來藏為中心，將一切法攝屬於如來藏，把一切法全都攝歸如來藏。從如來藏的自住境界來看，如來藏所生的諸法在如來藏心體的表面起起滅滅，所以一切法本來就是屬於如來藏所有的；而如來藏恆住不滅，所以一切法不滅。如來藏恆時寂靜，所以一切法本來寂靜，所以經中才會說「一切法，性自寂滅」，說一切法的本性本來就是寂滅的，這是攝歸如來藏時來看待一切法。

一切法，從二乘法來說，都是生滅法。諸位都可以現前看得見：蘊處界都是生滅法，蘊處界相應的種種法也是生滅法，沒有一法不是生滅的。可是當一切法攝屬於如來藏而附屬於如來藏時，一切法就沒有生滅了，所以說一切法常住。一切法常住，就表示一切法都是以如來藏爲根本因——全都附屬於如來藏而沒有生滅可說；這表示乃至凡夫眾生流轉生死當中的蘊處界等一切法，也都是常住法；因爲一切法都歸如來藏所有，從如來藏來看一切法，一切法就沒有生滅了，所以說一切法常住。你看：**一切法常住**是大乘經才說的嗎？我們再來看補充資料第三點，這也是最原始的阿含部佛經中說的。

【《央掘魔羅經》卷二：「

如眞琉璃寶，謂如來常住；如眞琉璃寶，謂是佛解脫。
虛空色是佛，非色是二乘；解脫色是佛，非色是二乘。
云何極空相，而言眞解脫？文殊宜諦思，莫不分別想。
譬如空聚落，川竭瓶無水；非無彼諸器，中虛故名空。
如來眞解脫，不空亦如是；出離一切過，故說解脫空。
如來實不空，離一切煩惱，及諸天人陰，是故說名空。
嗚呼蚊蚋行，不知眞空義。……」】

這是誰說的呢？是央掘魔羅講的，在阿含部這一部經中，乃至 文殊師利菩薩都被他罵是蚊蚋。我們來解釋一下這首頌文，他說：

「就好像眞實的琉璃寶，這個不壞的琉璃寶，講的是說如來是常住不滅的。如同眞實的琉璃寶，這是在比喻佛的解脫。虛空色是佛陀所示現的，滅盡色蘊的無色境界才是二乘聖人所入的境界。」虛空色，是說佛的受用身，以及自性法身；因爲這種色法不是四大所成的肉身，如同影像一般，所以叫作虛空色。名爲虛空色，表示這個色身只是由佛地的無垢識化現出來的常住不滅影像，所以叫作虛空色。佛入無餘涅槃後，就有虛空色示現。二乘人沒有虛空色，卻一定會滅除色身而入無餘涅槃，所以說無色是二乘法。當他們不迴心於大乘來行菩薩行時，一定會在捨壽時滅掉色身進入無餘涅槃，也不再有覺知心出生了，所以非色是二乘。

「解脫色是佛，非色是二乘」；佛是不會入無餘涅槃的，入無餘涅槃只是 佛陀的一個示現。爲什麼說是示現？因爲 佛陀入無餘涅槃時其實並沒有入。這就是印順在猜測的「也可說不入涅槃的」。但是 佛明明入了無餘涅槃，爲什麼說祂沒有入無餘涅槃呢？因爲 佛仍然繼續有解脫色住持正法於三千大千世界中。可是 佛既然沒有入無餘涅槃，爲什麼又說祂入無餘涅槃？因爲祂比阿羅漢、辟支佛更有資格入無餘涅槃。因爲入無餘涅槃，只需斷我見與我執就足夠了；但是成佛不但要斷我見與我執，還要把我見、我執相應的習氣種子全部斷除；所以 佛更有能力入無餘涅槃，但是卻不入無餘涅槃，只作一個入涅槃的示現；決定性的二乘聖人不知，就誤以爲 佛陀眞的入無餘涅槃而灰飛煙滅了；事實上，是 佛陀繼續以種種色在三界中救度有情。可是 佛的解脫是究竟解脫，不是二乘聖者所能想像，所以說**解脫色是佛**。但是二乘聖者一定會滅蘊處界而入無餘涅槃，死後不再有色身出現於三界中了，所以說**非色是二乘**。

「爲什麼極空之相而說是眞解脫呢？文殊啊！你可要很詳細的思惟，可不要都不思惟而隨便想一想就算了。」其實 文殊菩薩只是配合他演一場戲而已，就是演一場挨罵的戲，讓央掘魔羅來罵他。 文殊是七佛之師，並且本來成佛，難道不知這個道理嗎？但他是在沒有委屈自己當中來委屈自己，來成就央掘魔羅的說法功德。央掘魔羅說：「爲什麼極空之相而說是眞解脫？」極空就是把五蘊、十二處、十八界全部滅盡，蘊處界滅盡就沒有任何一法再存在了，這叫作極空之相。可是極空之相爲什麼會說它是眞解脫？央掘魔羅就作了一個說明：

「譬如空聚落，川竭瓶無水；非無彼諸器，中虛故名空」：「譬如已經空虛的聚落，所有的人都已經走光了，就說它叫作空聚落；可是這個聚落中的人固然都離開而空盡了，但是聚落還在，不能說這個聚落已經不在了。」聚落空了，是說因爲人走空了，所以說聚落空了，可是聚落還在。「這好比如來藏，一切法都不再出生於如來藏心體的表面了，只是蘊處界不再出生了，而如來藏心體還在，因此就把這個不再出生一切法的如來藏說爲空（空如來藏）。」

如來藏如果把蘊處界又生出來了，就叫作不空如來藏；所以空、不空如來藏，其實同樣是一個如來藏。因此，極空之相就是一切法不生，這叫作極空之相。極空之相只是蘊處界及一切法都不生的時候，卻仍然有如來藏心體繼續存在；不因爲不再出生蘊處界，如來藏就跟著蘊處界斷滅，祂是繼續存在著的，所以不是斷滅，這樣說如來藏即是眞正的空。這就如同聚落中的人都走掉了而說聚落空了，可是聚落本身是還在的，不因爲人走光了就使聚落也跟著不存在了，是依人空來說聚落空。

川竭瓶無水的道理也是一樣，由於河川的水空了而說河竭了、川竭了，可是河、川還是在，只是水竭了而說河空了、川空了；又如同瓶子中沒有水了，而說瓶子空了，不是因爲瓶子不在而說空；只是因爲其中的水空了而說空，但瓶子還是存在的——水空了並不等於斷滅。因此說，並不是沒有聚落存在，也不是沒有河川存在，也不是沒有瓶子了；只是因爲裡面空了，所以說它叫作空。「如來的眞解脫，祂的不空也是這樣的道理；如來只是空掉了一切過失——空掉見惑、思惑、塵沙惑，所以叫作解脫空。如來其實不空，是眞實法，只是因爲空掉了一切煩惱，空掉了一切天的五陰、四陰，離開了一切天五陰，離開一切人的五陰，所以叫作空；如來是空掉蘊處界及塵沙惑而說如來空，不是如來的自心無垢識跟著蘊處界斷滅而說爲空。」如來二字講的就是自心如來，就是無垢識，也就是因地時的阿賴耶識。「所以只有好比蚊子那一類的小根小器修行者，智慧小到像蚊子那樣的人，才會不知道眞實空的道理。」所以應成派中觀這一些人的智慧就是蚊蚋之智。

由此來看，空與不空之間，其實是一體兩面，如來藏出生了五蘊，出生了十二處、十八界，然後就有了六入，接著就有萬法隨後產生。萬法都從蘊處界而來，如果沒有蘊處界，哪來的萬法？諸位可以這麼方便來到正覺講堂聽經，請問你怎麼來的？當然是坐火車、坐汽車、騎摩托車、騎腳踏車，這些交通工具是誰發明的？是蘊處界發明的，所以都從蘊處界來。或許有人說：「**我走路來的嘛！**」但走路還是得要有蘊處界呀！仍然是由如來藏生的。

今天我們在這裡說法，諸位聽得歡喜說：「**啊！這個法，今天要到哪裡去聽得到？就只有正覺講堂才有，太好了！**」可是請問：你聽到這些法，領納這些妙法的是誰？是覺知心，還是蘊處界。我說了這些法，是由誰說的法呢？是由我的五色根加上我的覺知心等八識心共同來講堂說出來，八識心王若缺了一識就作不到，就得靠別人幫忙了。那不是很清楚證明了嗎：一切法都從蘊處界來，而蘊處界是從如來藏出生的。二乘解脫，就是把一切法滅掉，把蘊處界滅掉，剩下如來藏獨自存在。而如來藏離見聞覺知，不再生起任何一法，這時就稱爲涅槃的本際，又叫作空如來藏。

如果我執沒有斷盡，沒有入無餘涅槃，一念生起又有中陰身而去投胎了，這時又有法界出現了，又有蘊處界出現了，這就叫作不空如來藏；就說這個人沒有具足證得空，所以他還要繼續投胎，解脫道沒有完全修成功，這就叫作不空，或如凡夫完全沒有證空。可是具足證得空的人是離五陰、滅盡一切法，離開諸法，見惑、思惑煩惱都滅盡，離開天陰、人陰而說是空；可是如來藏本際仍然存在，所以並不是斷滅空。因此說，證得空是把天人陰空了，把一切法空了，把蘊處界空了，叫作證得空；可是這個空其實不空，因爲空如來藏仍然存在、仍然常住。解釋過阿含部《央掘魔羅經》中所說如來空與不空的眞實義以後，我們可以回到《勝鬘經》中這一段經文了：

「如來妙色身，世間無與等；無比不思議，是故今敬禮。如來色無盡，智慧亦復然；一切法常住，是故我歸依。」「因爲如來所證的是一切法常住，釋迦如來您所示現的是勝妙不壞的常住色身，三界世間沒有誰可以與您相等不二；是一切人天所無法比擬的，所以我勝鬘夫人及諸眷屬，頂禮於如來。如來的虛空妙色永無窮盡的示現於三界中，如來的勝妙智慧也是像這樣不斷示現在三界中；這就是眞實如來所生一切法常住的眞實義，由於這個緣故，所以勝鬘及諸眷屬都歸依您釋迦如來。」

「降伏心過惡，及與身四種；已到難伏地，是故禮法王。」這四句是說：「如來已經降伏自心的種種過失與罪惡，並且色身也沒有任何過失，釋迦如來的證境已經到了一切有情都難加以降伏的地步了，所以我勝鬘夫人如今敬禮法王。」關於心過惡及身過惡等四種，印順法師說的是殺盜淫妄四種過失。但是如果講殺盜淫妄，顯然跟這四種並不相符，因爲殺盜淫三法屬於身，妄語屬於口，那就不周遍了，因爲這四個法只含攝身業與口業，只是身業的全部以及口業四種中的一種；口業四種之中還有其餘三法尚未含攝在裡面，所以他的說法有過失、不正確。

並且偈中既說是**降伏心過惡**，那就應該意業已全部降伏才對；可是意業講的是貪瞋癡，不是印順所講的身業的殺盜淫，所以他的解釋並不如理。所以勝鬘夫人說的應該是指心所有的種種過失，但不是指貪瞋癡三個法，也不是單指身業的殺盜淫三個法，而是色身與心配合共同顯現出來的一念無明住地的四種煩惱；這樣來說「**心過惡及與身**」等「**四種**」，才不會有過失。

一念無明煩惱在後面就會講到，這裡暫且不說。這兩句頌是指解脫生死的煩惱，總共是四種，都已經完全降伏了，過失已經不存在了；所以身與心等四種過惡，講的是一念無明四住地煩惱，這個四住地煩惱在後面就會細講。我們講到四住地煩惱時，就會發給一張雨傘圖，讓諸位容易理解這部經中所講的四住地無明及無始無明的關係。這是因爲大家讀《護法集》的一念無明、無始無明的表解時，可能都會覺得比較難懂，所以我們在詳解這部經時，就會加上一張雨傘圖，讓大家更容易理解。

後二句所講的「已到難伏地，是故禮法王」，是講無始無明塵沙惑已經斷盡。因爲勝鬘夫人是這部經的經主，她後面將會講到的，正是四種住地煩惱（合稱爲一念無明，就是阿羅漢所斷的煩惱），這是五陰的身與心產生的四種住地煩惱。但是 佛陀的證境並不是只有解脫道的修證而已，還包含無始無明（也就是所知障）的斷除。如果只是斷盡一念無明等四種住地煩惱，雖然可以稱爲阿羅漢，那仍然不是到達難伏地的法王；必須再斷盡無始無明上煩惱（塵沙惑）時，才是難伏地的法王。

因爲：假使今天還有阿羅漢，他們來到你們明心者面前，也沒有辦法開口，所以顯然阿羅漢是可降伏的，不是已到難伏地的聖者。因此，**「已到難伏地」**，講的就是無上正等正覺的境界；而無上正等正覺的境界，不單是斷盡一念無明四種住地煩惱就成了，還得要進斷煩惱障所攝的煩惱習氣種子；並且對所知障（也就是無始無明）中的過恆河沙數上煩惱，也必須同時斷盡，這樣才能稱爲法王，這才是難伏地（難以降伏的境界），所以法王這個名稱不能隨便濫用。

你們看西藏密宗，動不動就自稱是法王；可是先不說佛的證境，只說解脫道的見道以及佛菩提道的見道，藏密各大法王就已經無法完成了，連見道都做不到，何況能說是法王？解脫道的見道就是聲聞初果，生起了斷除我見、三縛結的智慧；這只是聲聞解脫道的見道智慧，他們連這個也不曾證得，都仍然落在意識境界中，才會與雙身法相應。所以聲聞法中已斷我見的見道者，都會公開反對雙身法，因爲那只是意識的境界；連意識都是虛妄法了，何況意識所住的觸塵與法塵境界，怎會是見道後所證的境界？他們眞是自欺欺人了。

如果是說佛菩提的見道，也只是三賢位中的第七住，還得要有相見道位的種種實修滿證以後，才能進入初地。菩薩所證的佛菩提道見道時生起的般若智慧——七住菩薩眞見道的智慧——他們更沒有證得，更別說十行、十迴向、諸地乃至佛地的智慧了；所以藏密各派別的所有法王名號，都是凡夫們自己冊封來嚇唬人的，都是說著好玩的，沒有絲毫實質。只有 佛陀才是眞正的法王，因爲已到難伏地的緣故；藏密那些法王們，有幾個人能夠與你們已經明心的人對談？一個都沒有！

勝鬘夫人，她講這部經的時候，是從四住地煩惱以及無始無明煩惱兩方面來作比對說明的，所以她說的「降伏心過惡，及與身四種」，是指一念無明的四種煩惱，因爲一念無明所攝的四種住地煩惱，都是與色身及覺知心等七轉識相應的；「難伏地」三字講的則是無始無明上煩惱已經全部斷盡了。勝鬘夫人宣說這部經的目的，主要就是讓學佛人確實瞭解佛菩提含攝了二乘菩提，佛菩提不僅僅是二乘菩提解脫道的法義而已；所以單修解脫道只能成爲阿羅漢，永遠都不可能成佛的。這就是她講這部經的最主要宗旨所在，所以才會稱爲「師子吼經」，才會稱爲「一乘經」，才會稱爲「大方便」的「方廣經」，原因就在這裡。

所以這部經的本質，其實正是破邪顯正的經典；藉著破斥邪說而顯示出正法的眞實義來，佛法的內涵就可以如實理解了。這是因爲二乘聖人不懂大乘佛法，所以他們只講二乘法解脫道；然而二乘法中的凡夫們，卻偏偏很愛不懂裝懂而大講佛法，不單是愛講二乘法解脫道而已。所以勝鬘夫人在佛的加持下，講出這部勝妙經典，來摧破二乘凡夫們亂講的佛法。佛法講的是成佛之道的佛菩提法，聲聞法講的卻只是阿含諸經中的解脫道，只能使人成阿羅漢，不能使人成佛，所以只能名爲羅漢法，不名佛法。因此，勝鬘夫人這四句偈中的前兩句所說四種過惡，講的必然是四住地煩惱；後兩句講的難伏地，必然是指所知障所含攝的無始無明煩惱已全部斷盡，勝鬘夫人因此而恭敬禮拜法王 佛陀。所以印順的註解是完全錯誤的，證明他對佛法與羅漢法的分際是完全不懂的，怪不得他會將羅漢法當作成佛之道來註釋及解說。

由這四句頌的內涵來看，顯然等覺菩薩還當不起法王這個名號，只有諸佛才能稱爲法王。所以以後你們遇到藏密上師的時候，如果他是法王，侍從威儀無比莊嚴，你就說：「請法王來禮拜我，作我的徒弟，我幫他開悟實相。」他一定不服氣，你就藉這個作因緣，問他：「解脫道所斷的三縛結以及我見，你如實瞭解了沒有？」他一定不曾如實瞭解，但卻一定會說已經如實瞭解了。他們其實都不曾如實瞭解，因爲他們都用離念靈知當作眞如佛性，落在意識心上，未斷我見。如果問他：「如來藏在哪裡？你既然成爲法王了，應該是已經成佛了；而且你們也標榜即身成佛了，請問你：佛地的果德在哪裡？

且不說佛地果德，我先問你：你的如來藏何在？」只問這個就夠了，因爲他們都不知道如來藏在哪裡，怎麼可能有大乘法的見道智慧。

也許他跟你狡辯：「有，我有證如來藏。」「在哪裡？」他說：「就在我的中脈裡，那個明點就是如來藏。」那你就給他五爪金龍，他根本就是以假代眞。所以法王這個稱號，不管他們自稱爲四大派法王，五大派法王，都是僭越的行爲，那是天下第一等的大妄語，你就教他懺悔。他們如果懂得懺悔，就有救；如果不懂得懺悔，就沒有救。所以先問他：「你既然自稱法王，」或者說他的位階沒有那麼高，譬如說他叫作喇嘛或者仁波切、格西，「請問你：斷了我見沒有？」只要先問這個，其他的以後再談；先看有沒有斷我見，這是學佛人的基本。可以事先判斷的是，他們一定都還沒有斷我見，因此法王這個名號不能隨便使用。

以前也有人寫信來稱我爲法王，我不敢接受，我都說：「我距離法王的地位還太遠、太遠了，不敢接受。」可是那一些密宗裡的凡夫眾生們，一個個自稱法王，這是很嚴重的事情。但是果報還沒有現前之前，大家都不怕；等到果報現前的時候又開不得口，所以就只好接受果報去了。所以對法王這個名號，大家要有個基本的理解，特別是在《勝鬘經》聽完之後，就不該再讓凡夫眾生們隨便使用法王的名號。假使你有因緣遇到了密宗的法王，你就要把他的法王封號取消掉。當然不是強行取消，你要為他們說明了，讓他們自己去取消，這樣你便救了他們。如果他們能得救，菩薩道中，我們也就多了一個伴，所以這個是很重要的事。

現在請大家把上回發給諸位的那一張補充資料取出來，請看第四點：【印順說：「佛是超世間而到達究竟的，所以現在『世間』的凡夫聖人，是從來『無』有可『與』佛相『等』的。」（正聞出版社．印順法師著《勝鬘經講記》p.34）】

這是他的《勝鬘經講記》第三十四頁裡面說的，顯然他在香港講這部經的時候，仍然承認　佛與阿羅漢是不同的，證德與智慧都不相同。既然如此，在其他的著作中又怎麼可以說，解脫法聲聞道、求解脫的緣覺道就是成佛之道呢？假使諸位有詳細去讀過印順法師的著作，你會發覺他主張的成佛之道其實就是阿含佛法的聲聞解脫道。他所說的一切般若的道理，也都是用解脫道的緣起性空來解釋，而且是依斷滅性質的解脫道來說，他一向如此。既然如此，他就無可避免的會被人質疑：「你的意思，是不是主張佛與阿羅漢是完全一樣的？」所以他爲了避免這個質疑，就又另外作了說明：菩薩證得解脫果以後不入無餘涅槃，生生世世繼續在人間受苦受難度化眾生，功德圓滿所以成佛。阿羅漢是死了就一定入涅槃，所以不能成佛，所以佛與阿羅漢不同。永遠不入無餘涅槃中，當然就不是斷滅空了。

這就是他所建立的理論基礎，他認爲 釋迦佛的修證也是解脫道，阿羅漢的修證也是解脫道，實質上沒有不同。有所不同的就是：諸佛成佛之前都有菩薩性，所以不取無餘涅槃，世世在生死中度化眾生，因爲這個功德圓滿而成佛。如果這樣的說法正確，應該 佛所說的法只能談到解脫道，不該講到般若，也不該講到一切種智。阿羅漢們不證如來藏，依印順的判教，佛也就應該同樣不能證得如來藏；阿羅漢沒有般若智慧，則 佛也應該沒有般若智慧。如果 佛等於阿羅漢，那麼華嚴的五十二個菩薩位階又從哪裡來？爲什麼解脫果的修證圓滿以後，阿羅漢、緣覺都仍然不能證得五十二個位階之一呢？這顯然表示是有兩條路：一條是佛菩提道，另一條是解脫道。兩條路並行去修的是菩薩所修的佛菩提道，最後必定成佛；單修解脫道而斷盡我執的則是阿羅漢，單修因緣觀而成爲辟支佛的則是緣覺道；有 佛在世時的所有阿羅漢則同時聽聞 佛陀宣演因緣法，但仍不能成爲辟支佛，只是阿羅漢。在這部經裡面，針對這個部分的法義有特別著墨之處，大家要特別注意這個地方。

「**敬禮過稱量，敬禮無譬類；敬禮無邊法，敬禮難思議**」：這裡講的敬禮對象是 佛的法身。過稱量，意思是說不可以用重量來稱，也不可以用長短方圓來量。是什麼法超過稱量？絕對不是阿羅漢、辟支佛或者 釋迦佛顯現的應化身，因爲這些都可以稱量。未來世諸位成佛時，仍然跟眾生一樣有一個五陰，這個五陰從小時候出生三公斤，漸漸長大成五公斤、十公斤；長到很魁梧了，八十公斤、七十公斤，都是可以稱重的；身高多少公分，也是可以量的。可是這裡說的是超過稱量的，是既不能用重量來稱，也不能用長短方圓來測量。世間如果有這種東西，它要稱作什麼呢？世間如果勉強說有這種東西，只有一個法——叫作虛空，只有虛空是不可稱、不可量的。

在法界中也只有一個法是「過稱量」的，祂叫作如來藏。如來藏就是第八識，在因地時稱爲阿賴耶識，斷盡我執以後改稱爲異熟識，成佛時改名爲無垢識，宇宙中就只有這個法是實際存在而不可稱、不可量的。阿羅漢與辟支佛的解脫境界都是可思議、可稱量的；因爲都以世俗法的蘊處界作爲觀行的對象，所觀行的對象不曾超過三界世俗法；而三界世俗法都是可以稱重或可以思量的，都不能及於實相——觸不到萬法背後的實相。只有實相法是不可稱也不可思量，而萬法都從實相法中生起，接著就在實相所生的蘊處界等萬法中，有了緣起性空的二乘涅槃等可思量法，所以初轉法輪的解脫道——羅漢法及緣覺法——都仍然是可思量的。假使如同藏密應成派中觀的印順法師等人的見解，認爲阿羅漢所證的解脫道就是佛菩提道、就是實相法義，那麼第二轉法輪以及第三轉法輪的經典，也應該是可稱、可量，而成爲可思議的世俗法了，就都成爲戲論了。所以他的立論（解脫道即是佛菩提道）基礎是很虛妄而不眞實的，與法界的實相是違背的，與成佛之道的佛菩提道也是違背的。

既然印順在解釋這些經文時，說 佛是超世間而到達究竟的，然而世間的凡夫與聖人沒有任何一個人所證的法與道，是可以和 佛一樣相等的，那已顯示 佛並不是只有因地不入涅槃而生生世世不斷度化眾生的福德而已，應該是在所證法上另外還有別的功德，是阿羅漢們所不能知的才對。當他在書中這樣主張：佛與阿羅漢的不同處，只是不入涅槃而生生世世不斷度眾，在法上的實證則與阿羅漢相同無異，同樣是蘊處界緣起性空的實證，這就是實相的實證，不曾涉及蘊處界出生的根源，同樣都不曾觸證如來藏，因爲如來藏妙理是後人創造發明出來的，不是 佛的所證，不是 佛的聖教。就與自己註釋這段經文時的說法互相矛盾了。

印順的說法，你從表面上看起來似乎是正確的，其實似是而非，一般人都不會注意到他的問題所在。**似是而非**是《妙雲集、華雨集》的最主要的特色，所以才會有很多智慧不夠的人會越讀越相信他。時間久了，遺毒深厚，想要把他們救回正道中來——要救他們回歸正法，是相當困難的事。正好因爲他有註解《勝鬘經》，我們就藉這一部經的宣講，順便把他註解中的錯誤拿來作比對；藉由正確與錯誤的一一比對，讓諸位可以很清楚的把解脫道與佛菩提道的分際，以及二者之間互相的關聯，都可以很清晰的理解。在這種同時作法義辨正比對的情況下，當你把這部經典的解說聽完了，你對佛菩提的法道就已經了然於胸了，從此就不會再落在二乘法中，錯把二乘羅漢法當作佛菩提道。

這並不是只有少數人才會發生的問題，而是佛教界百年來的大問題；所以當代有很多人修大乘法而參禪時，當他們認爲已經開悟了以後，都不是以菩薩階位來印證，而是用聲聞果位來印證自己；雖然後來也已證明他們都是因中說果，但是佛菩提的修證果位難道就只是聲聞果嗎？假使眞的只是聲聞果的話，那就不應該另外還有佛菩提，就不該另外再轉、三轉法輪而解說如來藏等八識心王的妙義了，也應該說全部的佛法就只有「阿含」解脫道，阿羅漢們也都應該是已經成佛而非只是阿羅漢，佛陀入滅後也應該有阿羅漢紹繼佛位來率領僧團，也不該會有阿羅漢被菩薩訶責不懂佛法中的般若與種智。所以印順法師以解脫道取代成佛之道，否定以如來藏爲中心的佛菩提道，是完全不正確的說法。

四阿含諸經中所說的只是阿羅漢道與緣覺道，只是聲聞法與緣覺法；其中雖然也有許多本來應該是大乘的經典，卻被阿羅漢們結集成爲只說解脫道的經典，所以經名與大乘法中經典相同；那只是因爲阿羅漢們在第二、第三轉法輪時，聽不懂大乘經中的實相法義，只能聽懂大乘經中與聲聞法有關的解脫道法義，當然他們結集時就只能結集成解脫道的經典了；這就是四阿含中有些經典的經名與大乘經中相同的原因所在，但那些大乘經中原有的實相般若正理，阿羅漢們是聽不懂的，所以被他們結集入四阿含中的時候，當然也就只剩下解脫道的部分了。

實相般若智慧是不可思議的，假使四阿含諸經中所講的解脫道就是成佛之道，那麼第二、三轉法輪等大乘經典中的所有法義，應該只有解脫道而無佛菩提道，也不該有實相般若及一切種智是阿羅漢們所不懂的。實相般若及一切種智的妙理是不可思議、不可稱量的，而其他一切法都是可以衡量的，因爲都不會超出三界世俗法的範圍。也許有人提出一個問題來：**覺知心也是不可稱、不可量**。可是我說覺知心還是可以稱量的，譬如說，你覺知心能作什麼？有一個辦法可以來衡量祂。譬如說細菌的覺知心，祂能了知什麼？祂所了知的範圍就只有這麼一點點，這就是可衡量。一隻螞蟻或者一隻蟑螂，牠的意識可以了知多少？眞的可以衡量嘛！祂們的功能範圍就是這個定量——有一定的量存在，牠們的意識法界量，就只有這麼一點點功能。

如果以人來說，一般古人的意識也有法界的定量，他們所知的就只是人間的事情。現代人的意識法界定量就比較廣，可以知道地球是圓的，天上的星球也是一顆一顆的圓形，是跟地球一樣的星球體，不再認爲是平面的。現代人的意識法界量比較大，甚至可以有更多的想像、構想。如果到了外世界——到了另一個銀河系去（因爲現在太空望遠鏡很厲害，看到另外有別的像我們這個娑婆世界一樣的星雲漩系），或是對別的世界有了初步的瞭解，心量又比古人大了，所以現代人意識心的法界定量比古人大。但是，大到哪裡？就只是大到所能觀見的物質世界而已，仍然是可以衡量的。

如果是佛弟子，特別是你如果有種智以後，會發覺自己根本不敢去測量諸佛的智慧。也許剛悟的時候，你意識心又有了不同於世人的法界定量，阿羅漢所不知道的實相，你已經能夠知道，阿羅漢會覺得你的說法很玄（很玄，就是印順與昭慧他們對大乘法的感覺，他們覺得大乘法很玄）。譬如，昭慧有一次在香港演講說：**如來藏既是自性清淨心又有染污，這怎麼講得通？既是自性清淨，就不可能有染污了嘛！**她的大意就是如此。這就是說，自性清淨而有染污的如來藏心境界，超越凡夫及阿羅漢意識心的法界定量，是他們不能理解的；印順與昭慧既然未斷我見，仍在凡夫位中，當然會對超過他們意識法界量的如來藏妙義覺得很玄：你們禪宗說開悟了，祖師把這個人印證，又把另一個人否定，其實都是祖師們的自由心證。禪既是不可說、沒有定量可說，你們憑什麼可以說你開悟了？憑什麼可以爲人家印證？又憑什麼否定別人的開悟？既然是不可說的，是凡夫所不能理解的，那麼凡夫修學再久也永遠不能理解，那麼修學禪宗的禪顯然就沒有意義了。這就是他們的基本觀念，所以他們才要走學術研究的道路，不樂意進入禪宗學禪、參禪。因此覺知心的法界量，其實還是可以測量、衡量的。

譬如說你證悟以後，遇到了一條狗，可以大略瞭解牠的覺知心的法界定量的寬廣範圍。你如果遇到一個凡夫，也會瞭解他對斷我見的境界是不如實知的；遇到阿羅漢、辟支佛，你知道他們對法界的實相也是不如實知的，他們意識心的法界定量，都是你可以測量、衡量的。可是悟後不久的短時期中，你會發覺如來藏是可以稱量的，知道祂有些什麼功能，大概就是這樣。但是等你悟後起修一直深入以後，才會發覺你根本無法測量祂；你越深入就越覺得無法測量祂，只有諸佛才能說已經徹底的稱量如來藏的法界量。

只有諸佛才能完全稱量如來藏，因此，對菩薩們，對所有阿羅漢、辟支佛、世俗聖人及凡夫來說，如來藏法身都是超過稱量的。這個如來藏，你要用什麼來譬喻祂？要把祂歸位到哪一類中，而使未證的人都能夠瞭解呢？都不可能。所以如來藏這個法，祂有許許多多的名相，因此把祂叫作梵天也可以，叫作大梵也可以，叫作我也可以，叫作神也可以，叫作上帝、叫作阿拉都可以，因爲所有神、鬼、人都是祂，所以外道所說創造萬物、創造有情的大梵天——造物主，其實也都是祂。但是我們可以這麼講，印順法師的所有門人或信徒卻不可以跟著我這麼講。如果他們說：如來藏就是外道神我，就是外道梵我。那我就會訶責他們說：「你們講錯了！因爲你們所看到的是外道神我、梵我的意識心，那是第六識。我所說的梵天、大梵、如來、我，乃至天主、天神、鬼神都是祂，都是如來藏。我說的是他們的第八識，不是講第六識。」所以我可以講，他們不可以跟著我講。

但是這個法身，如果從另一方面來說，又說祂叫作所知依，一切所知諸法的所依都是祂。一切所知諸法到底是哪些法？最切身的就是色身。自己的色身是色界、欲界一切有情的所知法。覺知心是意識，修行人的離念靈知也是意識，這也是所知法；乃至一切建築、山河大地、飲食等等諸法也是意識所了知的，這也是眾生所知的法；但是這些所知諸法，如果不依如來藏，就不可能存在；一切所知法都依如來藏而出生、而存在，並且要依如來藏的不斷地支援才能存在與運作，所以如來藏又名所知依。

如來藏又叫作心，爲什麼叫作心？因爲只有心才能生諸法。如果不是心，就不能生諸法；既然祂能生諸法，並且出生了眾生所不知的意根，出生了眾生所知的意識，也出生了色身，也出生了山河大地；一切眾生所知法，都是由祂所生，祂當然叫作心。如果是完全沒有任何功能，純粹只是個名詞，那就不能叫作心了。

所以，當印順法師他們在講經說法時，依照祖師們的判教，說般若最重要的經典就是六百卷的大般若經，再把它濃縮下來就成爲《金剛經》，如果《金剛經》再濃縮下來，叫什麼經呢？（眾答：《心經》。）喔！原來是《心經》，不是一切法空經，而是叫作《心經》。原來所有般若諸經的終極濃縮即是《心經》，顯然般若是以眞實不壞心爲根本法義而宣說的。既然有個非意識、非意根的眞實心，這個心總不能沒有任何功德體性吧！如果《心經》不稱爲《心經》而名爲《一切法空經》，就顯然沒有眞心如來藏，也沒有這個眞心的功德體性存在了，當然就不能出生萬法，也不能實行因果，那才能叫作唯名無實——性空唯名。意識心是生滅法，當然不可能是金剛心，也不可能是持種者，當然就不可能由意識心來實現因果業報而顯現因果律了。假使般若諸經是以意識爲中心而宣演出來的，而意識心緣起性空而無實質，這樣才能說般若的主旨是性空唯名——意識性空而且攝在「名色」的名中。否則，印順判第二轉法輪的般若主旨爲性空唯名，當然是錯誤的。

既然《大般若經》濃縮爲《金剛經》，再濃縮爲《心經》，講的是心；而這個眞實心、常住心又是所知諸法的所依（眾生所知諸法都依祂而有，所以稱爲所知依），所以又稱之爲心，顯然祂是眞實法、不壞法，當然不可能是性空唯名，不是諸法緣起性空、只有「名」的法相，所以這一個眞心還眞的很難把祂歸類爲哪一個法。外道所認知的造物主，事實上既是大梵，也是如來，也是鬼神，也是天主，也是凡夫，也是畜生、地獄有情，其實都是如來藏心；只是外道、凡夫們都不知道祂，只憑推理而知道必定有一個能造萬物及有情的法，就依各自的想像推理而施設爲天主耶和華、阿拉、大梵天、盤古……等，其實本來都是如來藏。

如來藏又是眾生所知諸法的所依，簡稱爲心。如果你想要把祂歸類，能把祂歸類到哪裡去？不可能歸類的，因爲祂是眾生所知諸法的所依，是所知諸法的根本，怎能反而歸類到祂所生的諸法中？就譬如說一個人有五官、四肢合名爲身體，只能把眼睛歸類在頭部，把手歸類爲四肢，但你不能夠把整個身體歸類在身體中的眼睛裡面，或者歸類在手腳裡面；同理，如來藏不可能被歸類在祂所生的諸法中，所以說祂無譬類。

你不能用別的任何一種法單獨把祂作譬喻，而可以譬喻成功的；必須要用無量無邊的譬喻去說明祂的每一個面向、每一個小部分，使人對祂稍微有一些理解；但是還沒有證得祂以前，當人家作種種譬喻時，未證者聽了以後就會像瞎子摸象一般，摸到象鼻、摸到象腿、摸到象肚時，對大象的理解都是各不相同的，都無法如實了知，所以說是瞎子摸象；對如來藏的理解正是如此，直到親證如來藏而能現觀祂的時候，才能脫離瞎子摸象的誤會狀況。

就如同住在熱帶的人，他從來沒看過白雪，你爲他說明：**「白雪啊！白雪就像棉花一樣的白。」**從此以後他就把棉花一類當作白雪。你知道他誤會了，就為他說明：「白雪是很冷、很冰的。」他就想：「那麼冰就是白雪了。」所以如來藏這個法，你如果從不同的方向來作說明，眾生就會產生那一個部分的誤會，所以如果作了一千種的說明，一千個人聽了以後，他們對如來藏的理解是一千種，不是一種。未悟之人對如來藏的理解已經是如此了，對於已悟如來藏的人所無法眼見的佛性更是如此；當眼見佛性者為已明心者宣講所見的佛性境界時，已明心者尚且無法理解而必然產生誤會、自以為已經眼見，何況是尚未明心而落在離念靈知意識境界中的凡夫，又如何能理解？同理，假使有一天你悟了，證悟者為你施設一萬種的說明，你聽了還是只有同一種的了知，卻又能函蓋無邊的面向。所以如來藏沒有辦法用譬喻或者歸類來把祂說清楚，因為**過稱量、無譬類**，所以應當敬禮，勝鬘夫人就是敬禮這個法身。

無邊法當然也是在講這法身，這是說諸法無量無邊，但是諸法都不可能稍離如來藏法身而可以出生或者存在，乃至不可能會有變異及壞滅的現象，因為諸法的生住異滅都依如來藏來進行。也許有人不信，那我們來說說看好了，也許你說：「我來熬一杯很好喝的飲料。」好，你去熬。但是且先不說那個物質怎麼輾轉而來，光說這種飲料要怎麼樣去構想出來，該由誰來構想？當然要由覺知心意識來構想。可是人們的意識能離意根而存在嗎？能離色身五根而存在嗎？不行。而意根與色身五根又都是從如來藏中出生而且要依附於如來藏才能存在，意識的種子也要藉意根與色身才能從如來藏中流注出來運作。追根究柢的結果，顯然這一杯飲料仍然不能離開如來藏而出生或存在。

如果說遠一點好了，你說這一杯飲料要有很多材料去作，請問這些材料從哪裡來？難道是你覺知心去把它們生出來嗎？不行。這得要靠所有共業眾生的如來藏感應出生了這些物質在這個星球上，才能讓我們所用，這當然也是要依如來藏而有。說得更遠一點好了，以前在廣島、長崎投下兩顆原子彈，強硬的日本軍方終於嚇壞了，願意無條件投降了；現在看來那兩顆不算什麼了，因爲接著氫彈、核子彈、質子彈、中子彈都一直發明出來了，所以各國領袖很恐怖，不敢發動戰爭，變成恐怖平衡；可是這一些法是從哪裡來的？製造炸彈的原料當然是由共業眾生的如來藏共同變生出來，這些原料再由人類研究構思而製造出來的，當然都是由意識心去設計出來的；但是意識心，剛剛講過，還是要從如來藏中生出來；所以無邊法當然是要以如來藏爲身，因此如來藏名爲法身。

將來的科技還會怎麼發展，法還會怎麼演變，很難想像。以前電腦剛開始造出來時，好大一台，體積很大，卻只能作一些很簡單的功能。現在一個小小的記憶卡、隨身碟，可以容納許多資料，以前我們眞的想像不到，如今就這樣隨身帶著用。再繼續發展下去會怎麼樣，你沒有辦法去限制它，因爲只要有意識就能設計更多東西；而意識歸結到最後，還是從如來藏來。假使如來藏中沒有這一些功能差別，意識也是設計不出來的，所以說無量無邊法都依如來藏而有。

如果這樣解釋，還覺得不夠切身，那麼就講個切身一點的好了。小孩子出生了，上了幼稚園，每天唱著「只要我長大」，他覺得長大了是很好的事。可是長大以後希望「我永遠不要老」，行嗎？不行啊！一定得老。是誰幫你長大？又是誰幫你老了？老了以後當然得要死，那時億萬家財帶不走；假使還養了小妾，並且還有乖孫子，全都捨不下，心中很不情願死亡而離開。可是他不想死，如來藏仍然幫他死掉了，仍然是由如來藏心來執行生、長、老、死的過程。這些都不是覺知心所能控制的。

即使傳說中的彭祖活了七、八百歲，他覺得很滿足了；可是地行仙活上一萬歲、兩萬歲，他還是沒有辦法與生死相抵抗，時間到了，他的如來藏還是使他死了。到了 彌勒尊佛降生時，也許有人說：「**活到八萬三千歲了，我活膩了！**」活膩了就能死嗎？不能死，除非自戕——用毒藥或者拿刀子自殺，否則還是無法自己死掉。有好多植物人一心想死，他們其實還是很痛苦的，他們仍然有痛苦的覺受，除非睡著了。植物人也有醒時、睡時的不同。他睡著了就沒痛苦，但他醒過來時又是痛苦；可是由於無法動身及說話，無法表達意思，沒有一絲一毫辦法可以表達身上的痛苦狀況；他一心求死，但是無法動彈來自殺，所以也死不掉，這其實就是如來藏在讓他繼續受苦。

所以你看，這些法都攝在**無邊法**裡面，而這些法都由如來藏中出生與存在。有的人遇到因果該實現的時候，他設法逃避，可是卻避不開，於是就怨天尤人；他們都沒有想一想：往世是怎麼造業的？年老受報時也沒想到年輕時如何造業，只是一味的不願接受果報。可是時節因緣到了，如來藏就幫他實現因果，完全逃不掉的。所以如來把手伸出去，孫悟空最厲害吧！筋斗雲一翻，十萬八千里；他翻了好幾翻，還是在如來掌中——都逃不過自心如來的手掌。因爲無量無邊法都在祂裡面，惡法如是，善法也如是，無量無邊世間出世間法都在如來藏裡面，祂具有無量無邊佛法。

像這樣擁有**無邊法**的法身如來藏，是 佛陀所證、所授的妙理，勝鬘夫人覺得很可貴，所以要敬禮。這些法身的特性，**過稱量、無譬類、無邊法**，所有人都會覺得極難思議，特別是你的證量越高時，就會覺得越難思議。**能稱量、能譬類，具足知無邊法**而**能思議**法身如來藏的人，就只有諸佛；而諸佛的證德都是從法身佛的實證及圓滿而來的，所以法身佛是勝鬘夫人所一心敬禮的。這意思也就是說，她已經同時敬禮 釋迦牟尼佛了，因爲 釋迦牟尼佛已經具足了法身的功德了。

「**知一切爾焰**」：爾焰是什麼？爾焰在阿含中叫作渴愛，猶如口渴時極貪愛清水一樣。很多人學法時安不下心，原因就是爾焰作祟；他們一心要追求，可是不知道自己究竟要追求什麼，永遠都不能滿足；所以有的人摸索了三、四十年，才決定要走上藝術的路，走工藝的路，走工程的路，走文學、美術、聲樂、科技等等不同的路，一般人在三十歲以前往往是摸不清楚的。可是這一些人都同樣有一個特性，他們共同的爾焰就是錢不怕多，希望錢越來越多。可是你問他：「有什麼用錢的計畫嗎？」沒有，只要錢多就好，並不曾設定有了多少錢以後準備作什麼；只是希望越來越多，財產越多就好，這也是爾焰的一種。

等到後來遇到一些挫折，想一想：人生不如意事十之八九。所以開始想：只要心安就好。可是等到他開始尋求平安與心安，他又覺得悶得慌，心中一直想要抓個什麼法；但是到底要抓個什麼，他自己也不知道。菩薩也有爾焰，菩薩一出生就開始想：「**我到底生來要幹什麼？死了是要到何處去？**」在世間法中混來混去，已經「五子」（房子、金子、車子、妻子、兒子）登科了，卻始終都不滿意；直到後來終於遇到佛法——原來我要的是這個。知道這是他往世學過的，也是他生生世世都要修學而永不終止的，於是就一頭栽進去了。

聲聞人就是厭惡爾焰，所以急著了脫生死，所以當他得到聲聞法時就很精進努力降伏爾焰。可是他們對爾焰的瞭解，其實很有限，只是知道一小部分而已；但是菩薩證悟後知道爾焰的內涵非常多，從世間法爾焰的理解，進而尋求五明的具足了知；所以菩薩對解脫道的迷惑，佛菩提道的迷惑，也開始很深入的理解，次第進修、分分斷除，最後才能了知一切爾焰。

爾焰的範圍是很廣的，對解脫道的修行者來說，爾焰就只是外我所的貪愛、我見的存在，以及對自我及內我所的執著（註），這就是他們所有的爾焰。但是對菩薩來講，過恆河沙數修道所斷的上煩惱，也都是爾焰。但是這些爾焰，對一般學佛人來說，只能用四個字來形容：陳義過高。因為他們都不會與這種爾焰相應。他們也不需要了知這些爾焰，因為你若要把這個法來加以說明，一定是曲高和寡，妙音少人賞，所以我們不如來講淺一點的爾焰好了。

（註：內我所，詳《阿含正義》解說。）

很多人打禪七修禪，其實都只是在修定，與禪宗的禪無關。他們每天打坐，每一座是兩個鐘頭，兩個鐘頭中希望語言文字的妄想不會再出生。可是努力修了許多年，歷盡千辛萬苦，後來終於可以一念不生了；有一天卻忽然不想再打坐了，沒來由的就是煩，就是不想坐。按理來說，可以一念不生、常住於離念靈知中，應該很喜歡打坐，因為靜坐中的滋味、定中的滋味已經出現了。可是爲什麼他有時候會覺得煩、就是不想坐？當你問他：「你爲什麼昨天很煩，都不想靜坐？」他說：「就是不想坐，我也不知道我要幹什麼，可是我就安不下心來。」那也是爾焰，對他而言，這是莫名奇妙的爾焰。又如有人想要常住於二禪中，卻住不了，因爲常常一個妄念（連語言文字都沒有的一個妄念）突然出現了，他就退回初禪去了。很努力再修，好不容易熬了半個鐘頭而進入二禪了，沒有幾分鐘又來一個不知道什麼意思的微細念，又讓他離開二禪等至位，這也是爾焰。他想要讓這種爾焰降伏下來，就是降伏不下來；所以他要不斷的去降伏、降伏、降伏……，藉著修定的方法讓自己意根一再的習慣於不起任何煩惱的狀態，才終於能常住二禪等至位中，然後繼續進修到四禪去。

但四禪、四空定中就沒有爾焰嗎？還是有啊！所以一萬大劫乃至八萬大劫以後一念出生時，無色界天人就下墮三惡道去了，這種念也是爾焰。這些爾焰全部合起來就叫作一念無明；只要爾焰不斷而有一念出生了，色界、無色界天人就得要下墮了，永遠不離生死。這雖然也是一念無明，但一念無明並不是只有這個，要先聲明在先。因此，凡夫有凡夫的爾焰，修行者有修行者的爾焰，聲聞、緣覺各有他們的爾焰，菩薩也有爾焰。三乘菩提中的聖人所有的爾焰，可就沒這麼簡單了，因爲太深奧了！聲聞聖人不知道自己的爾焰是什麼，緣覺卻知道聲聞聖人的爾焰；菩薩知道聲聞與緣覺聖人的爾焰，諸佛具足了知一切爾焰，永斷一切爾焰，所以說 佛陀**智慧身自在**。

智慧爲什麼有身？是因爲祂有作用、有行相。行相的行，是指心行的行、行爲的行；由於有行相，所以稱爲身；由於智慧有作用、行相等兩個法，就稱爲智慧身。又譬如四阿含中說六識身、六想身、六思身、六受身，也是這個意思。意思是說有六種識的作用，也有六種識的行爲過程的法相，所以稱爲六識身。同理，六識的六種思，也就是作決定的那一個心態，祂是確實存在而在運作的，所以叫作六思身。同樣的道理，有了智慧時，這個智慧是會伴隨著心而運作的，是有作用而且有運作過程，所以稱爲智慧身。因爲智慧有作用，它會在心的法相上面產生不同於凡夫的心行，所以稱爲智慧身。

譬如，你斷了我見之後，不會再落入三縛結中，不再有異生性了，因此你的覺知心與智慧相應時，就能了知斷我見的見地是什麼，也能對於諸方大師有沒有斷我見可以不疑，也不會因爲解脫道上的疑惑而造作使自己會再出生於三惡道異生中的惡業。當諸方大師與外道對徒眾們施設禁戒時，所設禁戒是否如法？那些禁戒是否能幫助受戒者達到解脫？你也都可以了知。了知以後就不會再被誤導，也不會去對錯誤施設的禁戒加以認同，已不再落入戒禁取見中了，因此顯現所獲得的智慧對你已經產生作用了，你得到智慧的受用了；這證明智慧是有作用的，因此稱為智慧身。

佛地的智慧身是自在的，因此能具有四無所畏。如果不是於智慧身得自在，就不可能具足四無所畏。而 釋迦牟尼佛具足了知一切爾焰，智慧身圓滿自在，因此能攝持一切法。攝持一切法，講的就是念心所的具足圓滿。有了念心所的具足圓滿，才能具足佛法總持。

對學佛人來講，五遍行、五別境好像都沒什麼關聯。五別境心所法（欲、勝解、念、定、慧）中的念心所，看來好像與修道無關——似乎與一般學佛人無關。一般學佛人都是這樣感覺的。但是，念心所其實是學佛過程中非常重要的一個法。念心所的具足圓滿，是已到達佛地時；在等覺位以下，都不具足圓滿。但是念心所的具足圓滿，固然表示已經能攝持一切法了，但能夠攝持一切法的原因，其實是因為念心所的圓滿而完成的。念心所要如何能具足圓滿？其實道理是很簡單的；正是諸位都聽過的聞、思、修，經由追隨眞善知識，在善知識說法時多聞熏習；然後自己常常加以思惟整理，並且付諸於實行而去實修；實修以後念心所仍然不具足，還要有親證；在親證了以後，你對善知識所教導的那一個法，才能親自去經歷它、體驗它、實驗它、檢查它，然後你就對那一個法具足理解了。具足理解就稱爲勝解，有了勝解，你對這個法的念心所就具足了。

對於每一個法都要經由聞思修證，然後起了勝解；因爲你體驗過了，有了親自體驗，就不必用記憶死背的方法來具足念心所，記憶與死背的方法都是會忘失的，這部分的念心所在將來還是會失壞的。假使你沒有體驗，聽聞之後像錄音機一樣速記下來，然後再請你上台說法，還是沒辦法說出大部分的法；只能錄音整理成文字以後，再拿著稿子一個字又一個字唸誦。有很多人說法時不正是這樣子講的嗎？放個筆記本或電腦螢幕在那邊，看著上面的文字一個字又一個字的唸出來，這表示他對所講的那個法還沒有生起勝解，自然就沒有念心所，所以他必須要靠記憶來講；記憶不足之處，就用文字記錄而唸出來，沒有辦法不看文字記錄而從自心中直接滔滔不絕的講出來，這表示他的念心所的最基本的第一分都還沒有完成；原因是他對那個法還沒有勝解，沒有勝解的原因則是還沒有親證。

這意思就是說，他還沒有親自經歷過那個境界，所以最多就只是聞、思、修；只到修爲止，還沒有親證。念心所的具足，一定是經過聞思修並且親證，證後不斷的深入加以一一體驗、領受、觀察。每一法都全部親自證實而觀察之後，他就不必用記憶的方法來爲人解說，因爲於一一法都已經加以體驗領受過了。親自體驗領受的就不會輕易的忘記，因此他的念心所具足了，就能攝持一切法。具足攝持一切法的人就是諸佛，智慧當然已經圓滿具足了。勝鬘夫人說：由於這三個緣故，所以我勝鬘夫人如今敬禮 釋迦牟尼佛。

接下來說：**「哀愍覆護我，令法種增長；此世及後生，願佛常攝受。」**既然讚揚了 釋迦牟尼佛的種種功德，而自己顯然距離佛地還很遙遠，未來世還有無量阿僧祇劫要修行，如果不求 佛哀愍遮覆保護，在還沒有離開胎昧的情況下，如何能順利的修行呢？所以勝鬘夫人說：**「請釋迦牟尼佛哀愍我、覆護我。」**求佛的目的，是要讓自己的法種增長。法種，是說一切法的功能差別。種子又稱爲功能差別，又稱爲界。各種功能差別一定會有界限，譬如眼識一界，會有侷限：一般情形下，眼識不能去分辨聲音，眼識不能去辨別香塵、味塵、觸塵以及法塵，所以眼識的種子就是眼識的功能差別，就是眼識界。表示種子（功能差別）有一個界限，不能超越這個界限；除非你在某一種三昧狀態中六根互通了，否則在人間一定是有界限的，這叫作功能差別，又名為界。所以眼識成為一界，耳識又成為一界；眼根乃至意根，色塵乃至法塵，各自有界限，所以合稱為十八界。法的種子就是諸法的界，又稱為法界；所以法種就是法界，法界、法種其實就是諸法的功能差別。只要它還沒有現前時，就叫作種子——法種；現前了，就叫作功能差別——法界。

勝鬘夫人求　佛哀愍覆護的目的，是希望　佛加持，使她的法種增長。法種有本有的，也有增長而得的；一切法種都是本來具足，但是要經由熏習加以增長廣大。求　佛加持增長法種的目的，當然不是為她自己，而是為眾生。假使菩薩學任何一法都是為自己，就不是真實義菩薩；縱使到了菩薩法中學菩薩法，他仍然是聲聞人。假使他是為眾生而學，為眾生而求佛加持，他就是菩薩。即使他修學的是解脫道的法，但由於是為眾生而學，永不入無餘涅槃，他也稱為菩薩，他是大乘通教的菩薩——通於聲聞法。既然是菩薩而永不入涅槃，他終究有一世會接觸到別教的唯一佛乘大法，有一天終於也能實證，那當然更是菩薩。勝鬘夫人求 佛之後，表明她皈依於 佛，所以說：我勝鬘此世以及未來的無量生中，希望 佛世尊常常攝受我。這就是歸依佛的意思。

然後 佛就開示：「我釋迦牟尼很久以來就不斷的安立你，而且你前世已經開悟、覺悟過了，這一世我又攝受你，未來世仍然將會繼續攝受你。」從這裡，請大家來判斷一下，勝鬘夫人因爲 佛示現攝受加持，把她忘失的佛菩提智慧又引發出來了，請問她當時有沒有離開胎昧？（眾答：沒有。）是還沒有。請問離開胎昧是幾地滿心的境界？（大眾回答：三地）是三地滿心嘛！諸位都知道了。可是現在會外有誰知道「離開胎昧是三地滿心」？沒有！就只有你們知道，所以你們現在的智慧眞的已經很厲害了。

我們現在來看勝鬘夫人究竟是哪一地的菩薩。有人說她是八地菩薩，這不是只有印順一個人如此說；古時到現在的祖師們眞是眾說紛紜，也有說她是七地菩薩。請問那些人的說法對不對？（眾答：不對。）都不對嘛！因爲三地滿心時有了無生法忍、四禪八定、五神通，就已經離開胎昧了。勝鬘夫人在二千五百年前見　佛時，她還沒有離開胎昧，所以顯然那個時候她還沒有滿三地心，當然是在三地滿心以下。那些大德們中，有人說她是七地菩薩、八地菩薩等等，顯然他們都還沒有道種智，所以無法作判斷。假使有了道種智，你就能判斷她當時還是在三地滿心之前的階位中。但絕對不是初地境界，因爲剛入初地而被加持不久之時，還沒有辦法去理解無始無明、一念無明之間的微細差別，沒有辦法像她這樣一悟就能說法；最重要的是，她所說的又是深妙法，不是單單只有初地入地心的智慧；更不是像禪宗祖師說禪那樣粗淺的智慧，所以應該是二地心或三地初心。她在這部經中所說的，已包含了法種的內涵了，她很清楚的向　佛祈求：**幫助我勝鬘增長法種**。顯然她對法種的證解是很深入的。

我們再來看看這個法種，印順是怎麼說的。請大家看參考資料第五項：

【印順說：「法種，是法身的種子。一切眾生本有法身的種子，所以人人皆可以成佛，使本有的功能，生長發展起來，才有成佛的希望。」（正聞出版社·印順法師著《勝鬘經講記》p.40 ~ p.41）】

一般人讀了，不會感覺他的說法有什麼錯誤，但是他講「法種是法身的種子」，其實是有絃外之音的，這就像他有些書裡面的類似說法「阿賴耶識是由許多種子集合而成的」，意思是暗示說：阿賴耶識是合成之法，不是自己存在而本有的，也不是能生萬法的心體，阿賴耶識心體是緣起性空的。這就是他所暗示的意思。這裡，他對法身的解釋也是一樣，說法種就是法身的種子而不是法身的功能差別，他的絃外之音、言外之意，是說：法身在因地是不存在的，法身是佛地才有的，法身是修行而成的，要經由法身種子的增長以後才有法身。這就是他心中的想法，但他只用暗示的手法來說。

但是大乘法的經典、論典中並不是這樣說的；法身是本來就已經存在，而法身的種子是指法身的功能差別，這與種子積集而成爲法身，變成說法身是由種子合成而爲變異法，意思完全不同。法身的功能差別——法種——在因地時由於所含藏的七識相應種子尚未究竟清淨，所以使得法身的功能差別仍沒有完全顯現；要到達佛地，法身的種子才能完全顯現出各種功能差別。所以法身是因地就已經存在的，並且也有法身自己的功能差別，只是沒有辦法完全發起運作而已。

法身就是第八識，第八識不但含藏著七識心相應的法種與善惡業種、無記業種，祂並且有自己的法種，也就是有自己在諸法上運作的各種功能差別，這就是法身的種子，簡稱法種；所以，法身就是第八識如來藏，法身的種子即是第八識的功能差別。但這個第八識不是成佛以後才有，而是因地就已經存在了，在因地就可以證得，不是成佛時才證得的。所以有些人主張：**明心就是開悟，開悟了就不用修行，因爲已經證得法身時，就已具足證得法種了**。所以他們才會講：**一悟了，就成爲究竟佛了**。他們也講得振振有辭：**「你們沒看見嗎？釋迦牟尼佛悟了就成佛了。」**可是問題來了，那麼多的禪宗祖師證悟了，爲何沒有成佛？當來下生 彌勒尊佛早已證悟了，文殊、普賢、大精進、持世……等菩薩也都早已證悟了，爲什麼祂們都還沒有成佛？這就有問題了！

這是個很顯然易見的問題，爲什麼他們都沒有注意到呢？我當年明心見性兩關一起過的時候，不到兩、三天我就注意到這個問題，我想：**「明心我也明了，佛性我也親眼看見了，可是爲什麼我還不是佛？」**我要探討這個問題，因爲我很清楚知道自己還不是佛啊！可是那些還沒有悟以及悟錯的人，卻往往公開說他已經成佛了。他們爲什麼不探討：他成佛了，爲什麼跟佛的境界相差那麼遠？但是我馬上注意到這一點。所以法身不是成佛時才有，法身是本來就存在，第八識法身有祂自己相應的法種，同時又蘊藏其他無量的法種；但不能夠在初悟時就顯現出全部的功能，而要經由悟後不斷的進修，使心清淨以及各類法種增長圓滿之後，才能顯現祂的所有功能差別。

所以法種是本來就存在的，但是你無法全部運作它；要經由悟後漸次修行才能去運作。如來藏還有許多祂自己的法種，由祂自己在運作，眾生都不知道，悟了以後也都還有很多部分是不知道的。說一個最簡單的好了，淨土宗是佛門最普遍的行法，修念佛法門大家都懂，佛在淨土經中也說：**你在這邊信有極樂世界　阿彌陀佛，求願往生；即使發了願要往生極樂世界以後，都沒有再繼續念佛，但心中這個願還在，極樂世界七寶池中就會有一朵蓮花生出來在等著你。**但是那朵蓮花是誰製造的呢？就是這個想要去極樂世界的人，他的如來藏自己製造的，不是　阿彌陀佛幫他造的。可是念佛人有誰知道這個正理呢？都不知道。

且不說他知不知道，單說有幾個人看見他們自己的蓮花？也是非常、非常少。如果看見過他自己的蓮花，就絕對會相信：確實有極樂世界的存在。心中絕對不會有絲毫懷疑。但是那朵蓮花爲什麼會出生？又爲什麼會滅？都是因爲這一位念佛者的心願想不想去極樂而決定的嘛！如果有一天讀了印順法師的書，心想：「原來沒有極樂世界，那我不去了。」不去了，極樂世界七寶池中的那朵蓮花就消滅了，不存在了！那又是誰的功能差別導致這種作用的？還是他自己的如來藏。這個功能差別（這個法種）是如來藏所擁有的，法種可以有時顯現而運作，也可以有時不顯現而不運作；這個法種含藏在如來藏法身中，由如來藏法身來發動這個法種，所以法種不等於法身。

法身擁有的法種，若想要全部都能顯現而出生廣大功德，必須依靠悟後進修而使法身中的種子清淨了，才能開始大量出生；所以清淨法種、無漏有爲法種的增長，一方面要靠多聞熏習，一方面一定要付諸於實修。並不是證悟了就沒事了，證悟之後還要進一步深入次第進修。三地滿心之後就不再有胎昧，三地滿心之前都還不離胎昧，不離胎昧就會把前世所悟的實相智慧暫時若忘——好像忘了一樣；因爲一投胎了，前世意識就滅了，由意根與如來藏住於母胎中而出生了此世全新的五色根、轉到此世；但此世的意識卻是全新的，因爲是依靠此世的五色根爲緣而出生的；但是經由 佛的加持，可以使他往世所悟的無漏法種次第生顯，這是我個人的親身體驗。所以勝鬘夫人因爲一念淨信而導致 佛的感應與加持，所以使她前世所修的無漏法種一時現前了。這顯示她還有胎昧，因此她其實還沒有到三地滿心；但是 佛的感應加持，使她把往世的無漏法種發起了。

請問，她這個時候是頓悟還是漸悟呢？（眾答：頓悟）是頓悟嘛！從這一世來說是頓悟，因爲你證得如來藏而發起這些無漏法種，不可能是漸漸知道的。當你找到如來藏的時候，不可能是：我先找到如來藏的手，然後找到如來藏的腳，找到祂的尾巴，再找到祂的身體，最後才找到頭，沒有這回事。譬如說，孩子跑出去玩了，你出去找了他很久；最後終於找到他了，那時你總不會說是「**我先找到他的手，再找到他的人**」吧？當你找到時就一定是整個人都找到了。所以當你找到如來藏時，也是一樣的道理，一旦你找到如來藏時就是全體找到了；所未知的只是祂心中含藏的各類法種，要悟後漸次深入證知而已。

所以開悟明心這件事，永遠不可能會有漸悟的事。有一個很有趣的禪宗典故，在這裏拿出來跟諸位討論一下。禪宗有一個很有名的十牛圖，很多人讀過，也看過人家畫的十牛圖的圖樣。那個十牛圖中說：先要尋找牛跡，然後見到牛走過後留下的腳跡；繼續再找了很久，好不容易終於才找到牠的尾巴，然後才找到牠的後腿、身體，然後才看見牛角，最後才全部放下，入廛垂手接引眾生。這個十牛圖，眞的是千古荒唐言！請問：你們找到如來藏的時候，你有先找到祂的尾巴，最後才找到全部嗎？都是直接就找到全體了。

所以有人說：禪宗的開悟有漸悟與頓悟兩種，漸悟就是一點一滴慢慢的知道了如來藏。可是我奇怪，我們會中現在明心者人數已經三百出頭了，並沒有誰是一點一滴經過五年、十年才具足找到如來藏的，都是找到時就全體現前了。所以，開悟明心以及眼見佛性這兩回事都是頓悟，從來沒有漸悟的。假使有人說：**禪宗的開悟是漸悟**。那你就知道這種說法是胡說！宗門下的開悟事，哪有什麼漸悟的事情可說？因此，如果要說漸悟，只有一個情況下可以說，就是從往世無量劫前第一次的開悟累積到現在，不斷的一世又一世的頓悟之後，每一世都悟後進修而不斷的增長智慧，這個才可以說是漸悟。

因爲佛菩提並不是一悟就能究竟圓滿的，是要悟後無量劫中不斷的熏習、進修、增長才能夠圓滿的；所以要從無量劫前第一次的開悟一直累積到今生，才能使你或者到了十行位，或者到了十迴向位，或者到初地、二地等等；這樣把往世的證悟以及世世重新證悟以後的修行不斷的累積起來，才可以說是漸悟。但是，凡是在還沒有離開胎昧之前，每一世的初學佛後證悟如來藏時都是頓悟；因為當你找到如來藏的時候，如來藏就全體示現了，並沒有一分又一分而漸漸出現的事情。所以應該說，在每一世中都是頓悟漸修，沒有漸悟這回事情。漸悟的事情是三地滿心以後，已離胎昧而能夠把往世修習的無生法忍聯結到這一世來，否則都是沒有漸悟這回事。

但是關於頓與漸，那就又牽涉到頓教與漸教的大問題了；而頓教與漸教的問題，在佛學學術界中一直都有人爭論不休，各執一詞。可是如果你沒有親證如來藏、沒有根本及後得無分別智、沒有道種智，對於頓教與漸教是無法釐清楚的。什麼叫作頓教？華嚴就是頓教。在《華嚴經》中（不論是四十華嚴、六十華嚴或八十華嚴），在《華嚴經》中已經把解脫道、佛菩提道以及成佛的次第，全部一起具足圓滿的解說了，這叫作頓教──頓時開示全部佛菩提的法教。是從許多方面來解說佛菩提的內涵之後，再作一個綜合的次第性說明，才會有善財童子的五十三參，從凡夫位次第到達等覺位。

所以善財童子是等覺大士，不要像鄉下人家的民間信仰一般，畫一個小孩子站在觀世音菩薩身邊。拜託！祂是等覺大士，不是無知調皮的小孩子。他們都把**童子、童女**二字給誤會了。在佛法中，凡是獨身而不成家立業的人，都叫作童子或童女，即使活到八十歲了還是叫作童子、童女；譬如有一些般若經說「文殊師利童子」，難道就要把 文殊師利畫成小孩子嗎？因此，一般人對佛法的誤會是很多的。但是我們從華嚴頓教中就可以瞭解，凡是具足圓滿而在同時間裡把全部佛法解說完畢，那個法就叫作頓教。三藏所有經教中，只有華嚴是這一類的教法，所以《華嚴經》中的法義就是頓教的法。

什麼叫作漸教呢？當 佛陀成佛之後繼續坐在菩提樹下諦觀菩提樹，整整七天目不轉眴（都沒有眨眼），那就是正在深入把所有的佛法都加以觀察而全部現前了。佛法全部現前之後才發覺麻煩大了：**這些無明眾生要怎麼度？佛法是這麼深妙，要如何為眾生說法？不可能直接為眾生宣說啊！**

你們明心之後，終於體驗到這個味道了，出去會外向人家說：**明心是可**

能的，如來藏是怎麼樣、怎麼樣的。可是眾生聽得進去嗎？聽不進去！如果你沒有被人家罵神經病、大妄語，就得自己慶幸一番了！光只是一個明心就如此了，如果再要說到眼見佛性，那就更難了。佛性無形無色，怎麼可能眼見？牆壁上也看得見，山河大地上也看得見佛性，這怎麼可能？這更沒有辦法相信。可是等你們見性了（如果有因緣的話），就知道我說的都是實話。事實上，在見性之前告訴你說佛性其實是什麼，你根本不可能相信。何況是諸地與成佛的智慧境界，要如何為眾生說呢？

所以二千五百多年前，佛陀思惟到最後時，覺得要為無明眾生解說佛法確實太難了，只好決定作罷，準備入涅槃去了；因為確實太難完整宣講，而且眾生實在很難理解的，事實上也確實是這樣。最後，好在釋提桓因來請求 佛陀住世，請轉法輪，求 世尊千萬不要入滅。不然我們哪有 釋迦牟尼佛可以追隨？從那時開始的二千五百多年下來，我們如今還在追隨祂。佛陀受請之後，不得不想辦法，那就參考一下以前諸佛是怎麼說法的：喔！原來也有一會說法的，也有兩會說法的，也有三會說法的。再觀察此界五濁眾生的根器，就只能選用三會說法來弘法；所以就先來個聲聞會，初轉法輪；

再來是般若會，二轉法輪；再來則是方廣會，三轉法輪；這樣，才終於具足教導成佛之內容與次第。像這樣，在次第弘化的過程中圓滿了成佛之道的所有法教；這些法教的全部內容與法門，加上次法的教導內容，就叫作漸教。

所以在五濁惡世時，一定要有頓教及漸教。漸教即是漸次說法：從解脫道開始說，然後再說實相般若中道，最後再說一切種智；這就是前後三轉法輪的三乘教法，由聲聞法而說到實相般若，再說唯識增上慧學一切種智，是漸次而說的，故名漸教。在聲聞教時，當你爲眾生說明如何是涅槃，解脫是確實可證的，離生死是可能的；爲眾生把這個法說明之後，終於有一些人成爲阿羅漢了，確定自己可以出三界了，對佛就有具足的信心。這時再轉入第二會來轉法輪，宣說實相般若。在初講般若時，迴心於大乘法的阿羅漢們都聽得迷迷糊糊的；於是 世尊在講經以外就配合一些教外別傳、直指人心的頓悟法，終於有一些已證聲聞果的菩薩們證得如來藏了，終於有幾個人可以聽懂般若了；這時才會有解空第一的須菩提，悟了如來藏而確定轉入菩薩道中，於是漸漸有更多聲聞聖人轉入菩薩道中。第二會宣說實相般若時，終於有人知道原來蘊處界以及萬法的緣起性空，都是從不念心、非心心來的，都是從這個無住心來的，原來這個無住心可以無住而不斷的生其心——應無所住而生其心。喔！太妙了，太妙了！所以大眾都很歡喜。很歡喜的緣故，願意繼續深入受學了，於是就有第三會的宣說方廣諸經、成佛之道，幫助大家進入諸地實修。從初轉法輪的聲聞解脫道，到第三轉法輪方廣諸經增上慧學的成佛之道唯識種智，從始至終是漸次深入的說法，所以名爲漸教。

到最後，再講《大般涅槃經》《無量義經》以及《法華經》，把整個成佛之道的法義收攝圓滿起來，這叫作收圓，也就是終教（四阿含所載的聲聞及緣覺法則是始教）。一貫道們一天到晚在講收圓，但是收圓的道理他們不懂，只有我們懂：是把整個佛法收攝圓滿。他們講的收圓，說是要由老母娘把以前放出去的原人圓滿的收回來，說這樣叫作收圓；佛法可以講成這樣，也眞是會胡扯！這樣，前後三轉法輪的意思就叫作漸教。在華嚴時期將全部佛法簡要的說完就是頓教，所以頓教要從人間講到天上，在短短二十一天時間內全部把它講完，才不會有人在後來的第三轉法輪時誹謗說：「以前在說解脫道時的佛陀，其實還不懂般若、唯識；是後來懂了所以才於現在開始宣講。」

可是頓教並不是一般眾生能信受的，所以大部分內容選在天界先宣講；若有人不信的話，天人可以來人間爲大眾證明：釋迦佛已經在天界講過成佛之道的般若與唯識諸法了。像這樣廣爲開演三乘菩提，方便施設三會說法，所以佛在《長阿含經》裡面自稱是三會說法，就已經很清楚預告說：第二會般若、第三會方廣，都是 釋迦佛金口親說的，這在阿含部的經中就已經表明過了。

因此 佛說：「其實我早就安立妳了，前世就已經開悟過妳了；今天因爲你父母的因緣，現在當然也要攝受妳，未來世還會再繼續攝受妳。」勝鬘夫人聽了就回答說：「我勝鬘已經作了種種的功德，現在又作了讚佛的功德。這一世如此，未來的無量世也將會是像這樣不斷的種植一切善法的根本，惟願佛陀見憐攝受。」這樣，勝鬘夫人的歸依也就完成了。

可是，這部經，從經名開始講到這裡，有沒有哪個地方看得出來「這些法是勝鬘夫人與她的眷屬共同說出來的」呢？都沒有啊！就只看見勝鬘一個人在說。但是印順法師對這一點是怎麼說的呢？請大家看參考資料第六點：

【印順說：「本經雖稱勝鬘夫人說，但實不限勝鬘一人，勝鬘是個領導的代表者。」（正聞出版社．印順法師著《勝鬘經講記》p.31）】我把他這幾句話加上註腳：

【**印順認爲大乘經都是佛滅後的眾菩薩弟子**（編案：印順認爲這些菩薩也都是由聲聞人經過很多世代演變出來的，在佛世是沒有菩薩也沒有般若中觀及唯識增上慧學的）**長期創造結集而成的，由此可見印順堅定認爲「大乘法非佛說」，所以他是以大乘法的表相來包裝他的小乘法。**】

我完全沒有冤枉他，因爲這部經明明是勝鬘菩薩一個人講出來的，白紙黑字記載得很清楚，他卻說是勝鬘和她的眷屬共同說出來的。他的目的是希望大家同意他的看法：**大乘經典及菩薩們，都是從後來的聲聞部派佛教中演變出來的，所以勝鬘夫人其實是一群人，而以勝鬘作代表。**

印順又這樣說：【「見佛、禮佛、讚佛等，都是勝鬘和她底眷屬所共作的。上來約事淺說。如約義深說，那麼勝鬘是無始來蘊界處中的勝功德相；悲心為本稱女；**總為**菩提心。」（正聞出版社．印順法師著《勝鬘經講記》p.31）】那麼我們就要提出問題了，如果說勝鬘夫人可以比喻爲菩提心，那一定有兩個過失：到底勝鬘夫人是勝義菩提心，還是能發心的世俗菩提心？若是要探究起來，問題還眞不少呢？而且，前段文字中暗示說勝鬘夫人是一群人的代表，顯然是指人；在這一段文字中又說勝鬘夫人是暗喻菩薩心而不是一位或多位的人，顯然是自相矛盾而無法並舉的，所以印順是有很多大過失存在的。

中國民間傳說中，說冬天「年」獸走了，沒有被「年」獸吃掉的人都要互相慶賀，所以過年時大家要互道新年恭喜。舊的一年又過去了，也表示咱們大家又少一年可以修行了；所以「年」這個怪獸呢，眞的應該想辦法打死牠。但是，我們佛門這個修行正是要打死牠，要讓我們離開年的控制，沒有老乃至也沒有死，這就是修學佛法最重要的目的所在。雖然如此，生活在人間，當然不能免俗，在這裡還是要祝各位：新的一年，事事如意！並且希望大家都能道業增長、突飛猛進，而且是日進千里。（大眾鼓掌…）

日進千里，這個事情對諸位而言，可能你們會感覺到：就算是悟了，每天也只是一小步、一小步在往前走。可是你們要瞭解：你的每一小步，對一般學佛人來講，都是猶如千里之遙，這也是我們在十幾年度眾的過程中所深刻體會到的。因爲我們在救護眾生脫離邪見的過程中，始終覺得非常的困難，單只是一個斷我見就很困難了。對諸位來說，斷我見、斷三縛結、取證初果是何等簡單的事情；可是你們看，這件事對於現在的一般學佛人（不論大師或居士），或者對於古時的大師與居士們來說，都是非常困難的。如果要談進一步取證大乘法中所證的法界萬法的根源、法界的實相——證如來藏，更是加倍加倍的難。所以當你悟後在進修的過程中，可能你都覺得自己似乎進步不很快速；可是你悟後繼續進修一年後，當以前指導你的師父或老師遇見你的時候，都會發覺你眞的深不可測；這就表示，你的任何一小步，對他們來講都不可思量，所以眞的叫作日進千里。就好像有神足通的人，他走一步，別人都要走好幾月、好幾年；可是他那一步，他自己並不覺得那一步很大，道理是一樣的。所以在這裡祝賀諸位新的一年中，每天都是進步千里。我這個祝賀並不誇大，是如實語，也是我心中至誠的祝福。

今天先來看印順法師接下來的說法，再回到前面的內容來探討。印順法師說：【「這是由於善知識的般若（母）方便（父）所熏發，成習所成性，如父母所生。」（正聞出版社．印順法師著《勝鬘經講記》p.31）】他這一段話，我們要再來說明一下。由他這一段話來看，我們就知道印順法師所說的菩提心，是所生法。既然是所生法，又說是**約義深說**的勝義菩提心，那麼他這個說法就不能成立了，因爲他所說的菩提心有兩種。請看這一段的第一行，他說「如約義深說，那麼勝鬘是無始來蘊界處中的勝功德相」這是他所說菩提心的第一個內涵，然後又說「悲心爲本稱女」，這個悲心本稱女，也是他所謂的菩提心，所以他所說的菩提心是這兩個法，即是蘊處界中的勝功德相以及悲心。

但是這兩個心、法，都是所生法。因爲蘊處界中的勝功德相是包括行來去止等表色與無表色的，也包括種種有漏有爲法，而世俗人所修得的神通也包括在這其中。但是無漏有爲法——如來藏的無漏有爲法，印順是不知道的，所以他所知道的蘊處界中的勝功德相，只包含有漏的有爲法，加上他們自以爲的無漏有爲法，也就是爲別人說法利樂眾生等等事情。但他們這些法其實還是屬於有漏的有爲法，但他們自以爲是無漏的有爲法。所以，他所謂的菩提心的第一個部分（蘊界處中的勝功德相）就是這個部分。至於悲心，那更是意識相應的法，所以爲了利樂眾生而發起的菩提心就是悲心，這也是意識相應的法。

既然是意識相應的法，顯然這兩個菩提心都是意識發心而造作出來的法。意識既是所生法，意識所發的這兩個菩提心當然也是所生法。然而印順把這兩個所生法當作是**約義深說**的**勝義菩提心**，那就有過失了，這是不恰當的。因爲在大乘法中**約義深說**的勝義菩提心是指如來藏心，祂才是勝義菩提心；因爲祂才是萬法的根本——實相法界，而蘊處界所發起的種種殊勝功德相，不論是爲自己或爲眾生而發起的願心以及悲心，都是屬於所生法，都是所生法的意識境界，不是本來就已經具足圓滿的法；所以這二種菩提心不能說是**約義深說**，應該說是**約世俗法**而**淺說**的法，所以他講的這個菩提心是不正確的。而且，約義深說的菩提心必定是勝義菩提心，那就是第八識如來藏；這是印順這麼聰明的人都無法領會的般若深義，才能說是**約義**而說，才能說是**深說**。而這個菩提心如來藏是絕對不會與愛見之心相應，並且也是不會與悲心相應的；但印順卻把意識所發的悲心，說成是**約義深說**的勝義菩提心，這是與般若正理完全不符合的。

接下來印順又說勝鬘夫人：【遠嫁阿踰闍國，即菩提心芽，為極難破除（不可克）的生死雜染所礙，未能還到故鄉田地，如法華的窮子流浪一樣。】（正聞出版社．印順法師著《勝鬘經講記》p.31）但他這個說法是把佛教史上的事實加以意象化，成爲譬喻類的說法，不是眞正有勝鬘夫人及阿踰闍國；其目的就是要把大乘經典加以矮化、虛位化，讓人覺得這一部大乘經典不是眞的由佛菩薩親口所說的，是後來的佛弟子們把它創造出來的，所以都說成是意象性而非眞實存在過的。所謂意象性，譬如說他所講的：勝鬘夫人遠嫁阿踰闍國成爲阿踰闍國國王的夫人，而阿踰闍的意思叫作不可克，所以這個阿踰闍實際上只是一個意象、一個象徵，象徵說如來藏法是不可克服的，沒有辦法否定的，是約義深說的象徵性說法，實際上並沒有勝鬘夫人與阿踰闍國存在過。

但是在當時阿踰闍國是眞實存在的。阿踰闍的意思叫作不可克，不能被人家征服的，所以叫作阿踰闍。這個阿踰闍國實際上是存在過的，是歷史上存在過的一個小國家，而不是象徵性的一個說法。所以印順遣詞用字時很用心，他就是要讓你感覺到勝鬘夫人只是一個象徵，阿踰闍國也只是一個象徵，不是歷史上眞實存在過的；他的用意就是要讓你不知不覺之間去感覺到這樣的意思，那你對大乘經典的眞實佛說，就會在不知不覺之間產生了懷疑。他很會用這種方式來暗示你，使你讀久了以後就會感覺到**大乘經典確實非佛說**，他這一段文字的用意就是在這裡。

諸位讀他的書，要懂得他那樣遣詞用字的目的是什麼，從這裡諸位就可以看出來他的用心極深。所以他說：勝鬘夫人遠嫁阿踰闍國，這叫菩提心芽，就是發菩提心。說嫁去阿踰闍國就是象徵發菩提心，所以阿踰闍國不見得是事實上存在過——你讀起來時會感覺是這樣。但其實她遠嫁阿踰闍國跟發菩提心無關，因爲眞實發起菩提心是 釋迦佛示現之後，她的智慧被加持而生長了，才是發菩提心芽；而當下就入於初地心中，才能說出三賢位菩薩所不知道的法。若說是象徵發起菩提心芽，應該是前往 佛陀所在而深心親近，怎會反而是遠嫁呢？而且，發起**約義深說**的勝義菩提心芽，是要親證如來藏才有可能的；這個勝義菩提心芽卻是七住菩薩證得如來藏時才能發起的，說爲勝義菩提心芽的緣故是因爲甚深極甚深的緣故；也是因爲七住位菩薩的般若總相智，阿羅漢就已經不能知道了，而她所能說的法義是超過三賢位智慧的；包括十迴向滿心所不知道的法，她也知道，所以這段經文顯然不是指稱勝鬘夫人發起菩提心芽。如果是說發菩提心芽，她應該是成爲七住位的菩薩，而不該成爲入地的菩薩；所以，印順這個說法是不正確的。我藉著他的錯誤說法，順便把他的居心也爲大家指出來。

接著印順又說「未能還到故鄉田地」：勝鬘夫人能講出入地菩薩才能說

的法，印順怎能說她還沒有還到故鄉田地呢？**還到故鄉田地**只是三賢位中的七住位菩薩的事情，已經證得蘊處界的本源，了知本地風光了，當然是已經還到故鄉田地了；但這不是初地心的事情，而是遠在很多劫之前的七住位時就已經還到故鄉了。故鄉就是如來藏，無始劫以來你都是從如來藏中出生的，你找到如來藏就是回到故鄉了。所以印順的說法是不正確的。

接下來印順又說：【但菩提心熏習成熟，展轉增勝，名利根易悟。這由於善知識的外緣熏發，菩提心功德增長，以有漏修慧，趣向臨入於真如，即誠求見佛。剎那第一義空智現前，如來藏出纏而法身顯現，名佛於空現。】(正聞出版社．印順法師著《勝鬘經講記》p.31~p.32)現在我們再來看，他這一段話中有多少錯誤。他說：「**菩提心熏習成熟，展轉增勝，名為利根易悟。**」請問：他所謂熏習成熟的菩提心是勝義菩提心，還是世俗菩提心？當然是世俗法的菩提心，因為他說的菩提心是熏發之後才成熟的，是本無後有的，當然是意識心的境界，所以他這個發菩提心根本不能講是約義深說，應該是約俗淺談的世俗菩提心。因為他的菩提心都是意識被熏習之後，才瞭解到自己有能夠利他的功德性，那都是蘊處界中的法；至於願意發起利他的心，這個悲心也是由意識熏習出來的法，都在菩薩性所函蓋的範圍之內，也都是在蘊處界內的法；而菩薩性又是熏習得來的，不是人人本有的，因此他所說的菩提心法，仍然還是要定義在**約俗淺談**上面，不能叫作**約義深說**的菩提心。

接下來他說，**善知識的外緣熏發，而使得菩提心的功德增長，以有漏修慧，趣向臨入於眞如**；這當然是有漏的修慧，但是以這個有漏性的修所得慧，想要趣向及臨入於眞如，是很困難的，如同煮沙而欲成飯一般；一定是要以無漏性的修所得慧，才有可能趣向及臨入於眞如。「**誠求見佛，剎那間第一義空智現前**」，其實只是七住位的根本無分別智而已，只是眞見道時所得的總相智。第一義空就是講如來藏空性，因爲祂從來離蘊處界法，離六塵、離無明、離無明盡，不在一切法中，但祂出生了一切法；如此實證了，才能叫作第一義空智。可是到目前爲止，印順所說的法義全部都落在世俗法中，也就是墜落於蘊處界法中，從來不曾超越蘊處界的範疇；而他所謂的菩提心、所謂的**約義深說**，也都落在世俗諦蘊處界法中，這樣深修的結果當然是落入約俗淺談之中，不但是永遠無法臨入眞如，乃至是永遠無法趣向眞如的。

他說：「剎那第一義空智現前，**如來藏出纏而法身顯現**。」法身即是如來藏，如來藏本來就出纏，不是因爲悟後或斷盡思惑以後才出纏的；眾生不斷輪迴生死當中，如來藏從來就沒有生死，不是悟後才出離生死纏縛的。而如來藏法身，絕對不是證悟後才顯現出來的，而是凡夫異生還沒有證悟的時候，祂就已經不斷顯現了。所以印順這個說法是不對的，他是吃了未悟古人的涎唾而說出來的妄語。所以他說的如來藏出纏，是說要斷見惑、思惑以後，這個如來藏法身才會顯現出來，這是與事實顛倒的說法；因爲所有眞悟者都可以在未悟凡夫、異生的身上看到如來藏分明顯現，不是在斷盡見惑、思惑以後才顯現出來的。此外，既然說有如來藏顯現，又說如來藏就是法身，那麼他就不該否定第八識如來藏的實有；由此可見，他對佛法都是憑自意猜測而說的，並不曾如實理解，由此可見他的說法是在誤導眾生的。

印順又加上一句「佛於空顯現」，顯然是要把 佛的無漏有爲法功德虛位化。明明 佛是因爲勝鬘夫人的請求，然後才於空中顯現；他要把它虛位化、意象化，而說並不是 佛陀化身在空中顯現開示她。印順把經文曲解爲勝鬘夫人請求 佛示現以後就自己悟了，並不是由 佛爲她加持而開悟，說這樣叫

作　佛於空現。如果他這個說法是可以成立的，那麼《勝鬘經》就不用講解了——顯然這部經典不是　佛陀金口親說的，是後人編造的；這就是他在讀者不知不覺之間已經植入讀者心中的知見，使讀者經由這種說法的不斷閱讀熏習，漸漸相信他的**大乘非佛說**的看法，而讀者並不會發覺到他的居心。他的居心是很深沈而不外顯的，很深的用心在這裡面，讓《妙雲集》的讀者在不知不覺之中，墮入他所預設的框框裡面，也就是**大乘非佛說**，這就是他的目的所在；所以他把經文中　佛陀的化身顯現等事相，全部加以意象化。

如果說「法身顯現，看見如來藏，找到如來藏了，那就叫作佛於空中顯現」，那麼顯然這部經所講的，佛於空中示現與勝鬘夫人的對答，就是虛妄的、編造的，顯然這部經典就不用講解或細說了，因為並非　佛陀金口親說。他的意思就是說：**經中所講的如來藏法也是虛妄法，你就不需要在這部經上面用心了**。

他上面這些文句中所暗示的此經非佛說的事，我們就暫且把它放下不談；回到他所說的法上面來講，顯然他說的是：**如來藏出纏，法身就顯現了**。依他這樣的說法來看，如來藏離開纏縛就是法身的顯現，那麼如來藏到底是什麼？這就值得探究了。當祂離開纏縛以後就成為法身了，請問法身是心？或者只是一個施設的名詞而已？這個就得要請教他了（當然現在是沒機會問他了。本來我是期待哪一天如果有空閒，登門拜訪他；本來是想他會活到一百二十歲，可惜他沒有活那麼久，我就沒機會去拜訪他。因為我想等到把他的東西整理好了以後，然後帶了去拜訪他，作個伴手禮，可惜是沒機會了）。因此，如來藏既然是法身，他又說法界的眞實法就是眞如，眞如也是法身；而這個法身眞如，他又解釋為滅相眞如（是蘊處界全部滅盡之後的斷滅相就叫作眞如），而眞如又是法身，換句話說，法身就是蘊處界全部滅盡後的斷滅空。

這樣，請問印順所說的這一個滅相眞如，或者諸佛常住不滅的法身，跟外道的神我是不是一樣？這顯然不一樣，因為外道的神我是意識心、有覺知，而且能處罰眾生。就像一神教的上帝神我，祂是會處罰眾生的，祂是會起瞋降下大雨、天火處罰背叛祂的眾生，這才是外道的神我。如果他又說如來藏法身就是外道的梵我，譬如說初禪天天主——大自在天王那個梵我，可是那個梵我還是意識心；但他講的法身既是如來藏、眞如，而如來藏、眞如又是滅相不滅，又是常住法身，那要怎麼樣才能逗得攏？顯然沒有辦法逗起來，而且是處處自相矛盾的。所以他的說法是處處自相矛盾的，無法用合理的邏輯貫通起來。

其實大乘法乃至三乘菩提的一切法，都是以如來藏這個第八識法身爲中心而貫串的；是包括二乘菩提的緣覺法、聲聞法在內，全部都貫串和合爲一個法——如來藏法。可是印順所說的法完全沒有辦法貫串起來：這個法是這個法，那個法是那個法，另一個法又是另一個法，根本沒有辦法相通而不矛盾。所以太虛大師才會說：**印順所說的法是把三乘菩提割裂成支離破碎了。**太虛大師會如此說的原因就在這裡，印順沒有辦法以一法而貫通一切法，於是他所說的佛法就支離破碎了。

接下來，印順又說：**【具無邊稱性功德莊嚴，即光明無比。】**現在又有個問題來了，「無邊的稱性功德莊嚴就是光明無比」，如果是這樣，這無邊的稱性功德莊嚴當然就是光明了。可是單有光明無比，而不允許有究竟佛地的種種無漏有爲法的功德，這樣一來，顯然就可以說佛的證境是與阿羅漢相同的。阿羅漢是滅盡世俗法的蘊處界，一切滅盡，再也沒有一位阿羅漢存在三界中，所證的解脫智也因爲滅盡十八界而不再存在了，所以說是灰身泯智。

但是佛的功德是跟阿羅漢一樣的嗎？難道說佛的證境只是比阿羅漢多了一個**光明無比**嗎？如果是這樣的話，三明六通的阿羅漢也是光明無比的，他們也應該稱爲佛了，那麼　佛爲什麼還要授記當來下生　彌勒尊佛，而不是當下成佛大迦葉尊者、目犍連尊者？爲什麼不是預記他們已經成佛？因爲他們也同樣是光明無比啊！所有三明六通的大阿羅漢都是光明無比的。依印順的說法是：解脱道的證境即是　佛的證境。這樣一來，　佛應該等同三明六通的大阿羅漢，可是阿含中爲什麼授記當來下生是　彌勒菩薩來成佛呢？而且是五千六百萬年以後？不是當時的那幾位三明六通大阿羅漢？所以印順的說法荒誕不經，因此不能夠說具有無邊功德莊嚴就是光明無比，因爲光明無比不能等於諸　佛的無邊稱性功德莊嚴。因爲三明六通大阿羅漢都有光明無比的證境，但光明無比的證境卻連三賢位的第七住位菩薩的明心智慧都沒有，更別說十行、十迴向乃至諸地的智慧了。

接下來，印順又說：【以菩提心為主的勝鬘，及相應無漏心所功德的眷屬，與如如法身契合，名為接足。】（正聞出版社．印順法師著《勝鬘經講記》p.32）

印順還是繼續把　佛陀的示現虛位化、意象化，然後他又說：【三業相應，而稱歎佛德，即宣示自證心境。這所以為佛所攝受，為佛所授記了。】（正聞出版社．印順法師著《勝鬘經講記》p.32）那麼，很簡單！外道們只要是已經修得神通了，諸位度他們進入佛門，他們只要發菩提心，並且發起悲心，使意識心發起無邊稱性莊嚴，光明無比，那這樣就是禮拜眞實佛了，這樣就是被 釋迦佛所授記了。你們只要像這樣具足身口意三業來禮拜諸佛，就是被佛授記了。這樣的菩薩行門，未免也太淺化、太世俗化了、太意識化了吧！

換句話說，不必親證法界萬法的眞實相，不必證得如來藏，也不必悟後起修了；只要懂得蘊處界的緣起性空，以緣起性空的智慧來發起願意度化眾生永無窮盡的悲心，那就可以稱爲已經發起法身了，只要這樣來禮拜 佛陀就是被授記了。那可就很簡單了，這樣的佛法豈不是極簡單化了嗎？佛法既是如此地簡單，《妙雲集》也就不必寫到四十一冊了，只要短短的三、五頁，把這個道理整理出來、寫出來流通，發願生生世世如此爲人解說，那就是已經被授記成佛了。所以，如果我們要說他的法義錯誤有多麼嚴重，那就眞的有多麼嚴重；因爲他的著作中隨便取一行、兩行，都可以找出他的大毛病。他這樣的問題非常之多，但是沒有必要一一的作辨正，那要浪費極多的紙張與油墨。

但我們講經時當然可以把他的錯誤取來作比對而這樣講解，讓諸位瞭解他的用心所在，也讓諸位瞭解他的落處；以後你重新再讀到他的書，就不會被他所說的謬理所轉，再也不會中了他的法毒。到這裡爲止，是對於《勝鬘經》第二頁，偈中的最後八句，我們提出他的註解來一併討論而作出來的評論，讓大家可以更深入理解本經的旨意。關於他的《勝鬘經講記》，在後面經文中還會繼續再提出論證與說明，讓大家更深入方廣種智之中。至於這部經所講的，爲什麼不單只是三賢位的事情，而是入地後的事情，諸位將會隨著經文解說而漸漸深入的瞭解。

經文：【爾時勝鬘及諸眷屬頭面禮佛，佛於衆中即爲受記：「汝歎如來眞實功德，以此善根，當於無量阿僧祇劫，天人之中爲自在王；一切生處常得見我，現前讚歎如今無異。當復供養無量阿僧祇佛，過二萬阿僧祇劫，當得作佛，號普光如來應正遍知。彼佛國土無諸惡趣老病衰惱不適意苦，亦無不善惡業道名；彼國衆生色力壽命、五欲衆具皆悉快樂，勝於他化自在諸天；

彼諸眾生純一大乘，諸有修習善根眾生皆集於彼。」勝鬘夫人得受記時，無量眾生諸天及人，願生彼國，世尊悉記皆當往生。】

講記：接下來，勝鬘夫人以及她的所有眷屬，在勝鬘夫人說了請 佛攝受的四句偈以後，他們禮 佛完了， 佛就在大眾中為勝鬘夫人授記。

授記，意思是說預記她未來何時會成佛。 佛說：「**你今天讚歎如來的眞實功德，以這個善根的增益，將會在無量阿僧祇劫中成為諸天天人中的自在王。**」換句話說，只要她願意往生於諸天，一定是當天主；當往生去到欲界六天中，不論是去哪一天，她都可以當天王；即使生到初禪天、二禪天等，也一樣都是去當天王，所以叫作自在的天王。但是能當自在王，不一定就會去當天王，也許只是到諸天去度化眾生，不想當天王。

譬如菩薩證悟之後，如果是不退轉者，並且有努力進修，未來應該都可以當人間的國王，只是菩薩願不願意去當而已；像這樣來到人間受生時，也可以稱為自在王。所以這個自在王的意涵是相當廣泛的，是可以當王，而心中並不樂意當王。

這種事情，古時候的禪師也是有的；譬如 寒山、拾得，也就是 文殊、普賢的示現；他們第一次遇見溈山靈佑禪師時，由於溈山禪師還沒有離開胎昧，寒山與拾得二人為他弄出了許多機鋒，可是溈山靈佑禪師那時都不懂他們二人在幹什麼。所以寒山、拾得後來就說：「算了！算了！不再跟他談家裡事了，他在過去世悟了以後，已經曾有三輩子去當國王過來，而不是在法上用功了，所以今生都忘光光了。」這意思就是說，只要眞的悟了，未來世想要在人間當小國國王都是沒有問題的，因為福德夠、福報夠。但是一般說來，悟後入地的菩薩都是不會想要當國王的。對於國王職位，或者說像現代當總統，都沒有興趣；但是他受生來人間時還是自在的，當然更是自在王。至於勝鬘夫人，並不是只有於人間自在，她如果願意生於天人之中，永遠可以當天人中的自在王。

「而且一切生處，常常可以看得見我釋迦牟尼佛，每一世遇見我釋迦牟尼佛的時候，都會像現在這樣讚歎而沒有差別。不但如此，妳還要再繼續供養無量阿僧祇佛，在供養過兩大阿僧祇劫以後才作佛。」萬就是大的意思。「那時妳將會稱為普光如來應正遍知。當妳勝鬘夫人成為普光如來的時候，妳的佛國淨土沒有三惡道的有情，而且妳的淨土也沒有老病衰惱，以及冷熱痛癢等等不適意的痛苦，也沒有不善惡業道的名稱。」換句話說，她的佛國將會如同極樂世界、琉璃光如來的世界一樣清淨，所有眾生都不會犯十惡業，所以就沒有十惡業道的名稱。

「那時妳的國度中的眾生，他們的色身、力氣、壽命以及命根，包括五欲眾具，都是快樂的、沒有痛苦的，勝過娑婆世界的他化自在天的所有天主、天人的境界。」換句話說，不是像我們這種世界，而是純一清淨的淨土。「在妳未來的那個佛土當中，所有的眾生都不會有二乘種性的人，所有的人都是純一大乘的眾生。」也就是說凡是修學善根、熏習善根，並且是修學大乘法的眾生，才會往生到她的國度中。

這樣的國土實在太好了，而在那裡成佛也是最輕鬆的，因為不必費盡口舌為眾生詳細解說聲聞道、緣覺道，一開始就是講大乘法，一開始就是明心、見性、別相智、種智，這樣學起來多快速、多快樂！不必像我們這樣，除了要講明心，要講見性，要講別相智、種智，還要為那些我見、惡見眾生去辨正意識有多麼虛妄，還要為他們辨正藏密的外道法是如何的虛妄，眞是辛苦啊！可是勝鬘夫人未來世成佛時，不用這麼辛苦。她不用這麼辛苦的原因在哪裡？在於她因地時不斷的護持正法、攝受正法。

攝受正法，前面已經講過了，諸位應該還有正確的作意存在吧！所謂攝受正法就是唯一大乘，所以如果永遠都是用唯一大乘的法來爲眾生宣說，這樣來攝受正法，將來成佛時就不必很辛苦三轉法輪，只需一轉法輪，也就是宣說純一大乘就夠了，這樣成佛度眾就很輕鬆了。

勝鬘夫人得到 釋迦牟尼佛這樣授記時，無量眾生諸天及人們，聽到她將來成佛時的國土如此的勝妙；而跟隨她修學佛法的眾生，一定不會墮入二乘法中，所以大家都很歡喜，發願往生到她的國土去。世尊就爲他們全部授記：**「你們所有人凡是發願往生她的國土，全部都可以如願往生。」**當然大家聽了都很歡喜。

這種授記，叫作顯授記。授記，可以分爲通授記與別授記。通授記，譬如《法華經》裡面說，諸位皆當成佛；又譬如有時講：一切眾生皆當成佛。這些都叫作通授記。包括天魔波旬也被授記將來成佛，甚至一神教外道的天主正在抵制佛教正法的耶和華、阿拉，也可以授記他們將來成佛；因爲他們的將來一樣有無量世，無量世以後的將來也一定會成佛，只是不在三大阿僧祇劫之內而已，有可能是三大阿僧祇劫以後的許多阿僧祇劫，也是可以成佛，這些都叫作通授記。

別授記就是單指某某人何時會成佛，譬如佛世破壞佛法很嚴重的提婆達多，佛也曾授記他成佛。天魔波旬也是破壞佛法很嚴重，佛也授記他未來會成佛；因爲他捨報之後下地獄，在地獄中懂得探討自己下地獄的原因，所以發起菩提心，將來永世不忘，所以未來也會成佛。這是因爲天魔爲了要破壞佛法，不得不暗中去聽取很多 佛所說的法，然後加以曲解而誤導眾生；但是他沒想到自己心中已經被佛法熏習進去了，菩提種已經種在他心中了，所以未來多劫以後將會成熟見道的因緣，使他將來可以成佛；所以他以後也會成佛， 佛已經幫他授記了。

你看，破法的提婆達多、天魔波旬，都曾被作了別授記。所以說授記有兩種，有通授記，也有別授記。別授記就是個別的授記，可是別授記裡面又會因人而有所不同，可以再分爲顯授記及密授記。顯授記，就是對大眾公開的授記：**某某人何時會成佛，他的國度名稱，以及他成佛時的佛號，他的聲**

聞眾有多少人，菩薩眾有多少人，正法、像法、末法各住世多久。這叫作別授記中的顯授記。

別授記中的密授記又不一樣，密授記中又分為兩種密授記；比如說單獨對某人直接授記：你將來什麼時候成佛……等，但你不可以講出去。那是他的因緣與別人不同的關係，所以不許說出去。這是單獨對某人祕密授記，別人都不知道，他也不許講出去。密授記裡面又有一種是對別人授記說：某某人將來多久以後會成佛，成佛的狀況如何如何。但是 佛為某些人講了以後，卻交代他們每一個人都不許講出去，特別是不許讓被授記者知道；因為若是讓他知道了就會放逸，所以不許告訴他，這也是密授記；所以密授記又分為兩種。所以授記有很多種，不一定是被公開授記才叫作授記。所以授記有通授記以及別授記，別授記裡面又有顯授記與密授記，而密授記裡面又分為對某人本身的密授記，或者對別人授記而不許被授記者知道的密授記。

這段經文是說勝鬘夫人已經被授記了，她被授記為二萬阿僧祇劫以後成佛；二萬就是二大，萬即是大的意思。這就是說，她將於二大阿僧祇劫以後成佛。那麼請問她是幾地菩薩？至少是初地菩薩嘛！因為在入地心之前是一大阿僧祇劫，初地開始到七地滿心是第二大阿僧祇劫，八地到等覺位是第三大阿僧祇劫；所以，佛授記說她還要再經過二大阿僧祇劫，顯然她至少是初地心，也有可能是二地心或三地的入地心。由此可見很多祖師在稱讚她的時候，有說她是八地，有說她是七地，有說她是六地五地等等，都不正確；這叫作初地的入地心，或是已入二地心，這樣判定比較安全。她當時是初地的入地心，現在可不知道了，你可別說：「你看！《勝鬘經》似乎說她是初地心，那她的證境還是不很高。」那你就錯了，因爲菩薩也可以長劫作短劫，可以不斷的親值諸佛（親值諸佛時是已經入地的菩薩），那個長劫作短劫的修行是三賢位菩薩很難預測的。所以千萬不要小看她，不要因此就說：「她不過初地而已，搞不好我今生也可以到初地。」這樣想的話，自己就已變成增上慢了；這已經不只是慢、過慢、慢過慢而已，所以對這一點也要特別注意。

話說回來，印順把勝鬘夫人見佛的事給虛位化、意象化了，意思是說：勝鬘夫人並未見到 佛陀化身來爲她授記，所以她說的這部經就不是被佛認證過的，只是她自己的說法，不一定正確，所以大眾可以不必被這部經中的法義影響，繼續保持六識論的緣起性空思想就可以了，不必理會有沒有第八識如來藏可以實證的事情；也不必理會後面經文將會講到的所知障與煩惱障的內容，讀過也就算了；因此，羅漢們所證的解脫道就是成佛之道，只要懂得蘊處界緣起性空就行了，不必理會此經中所說的第八識如來藏的法義，也不必求證如來藏第八識。這就是他把勝鬘夫人親見佛陀化身授記的事情加以虛位化、意象化的目的所在。但是，授記的事相可以用發起菩提心及證空的說法來取代嗎？這種邏輯行得通嗎？我想，大家對他的邏輯是否有錯誤，對他註解這部經文的正確性，應該心中都有正確的定見了吧！

〈十受章〉第二

經文：【爾時勝鬘聞受記已，恭敬而立，受十大受：「世尊！我從今日乃至菩提，於所受戒不起犯心。世尊！我從今日乃至菩提，於諸尊長不起慢心。世尊！我從今日乃至菩提，於諸眾生不起恚心。世尊！我從今日乃至菩提，於他身色及外眾具不起嫉心。世尊！我從今日乃至菩提，於內外法不起慳心。世尊！我從今日乃至菩提，不自為己受畜財物；凡有所受，悉為成熟貧苦眾生。世尊！我從今日乃至菩提，不自為己行四攝法；為一切眾生故，以不愛染心、無厭足心、無罣礙心、攝受眾生。世尊！我從今日乃至菩提，若見孤獨幽繫疾病種種厄難困苦眾生，終不暫捨，必欲安隱；以義饒益令脫眾苦，然後乃捨。世尊！我從今日乃至菩提，若見捕養眾惡律儀及諸犯戒，終不棄捨；我得力時，於彼彼處見此眾生應折伏者而折伏之，應攝受者而攝受之；何以故？以折伏攝受故，令法久住；法久住者，天人充滿、惡道減少，能於如來所轉法輪而得隨轉，見是利故救攝不捨。世尊！我從今日乃至菩

提，攝受正法終不忘失；何以故？忘失法者則忘大乘，忘大乘者則忘波羅蜜，忘波羅蜜者則不欲大乘；若菩薩不決定大乘者，則不能得攝受正法欲、隨所樂入，永不堪任越凡夫地；我見如是無量大過，又見未來攝受正法菩薩摩訶薩無量福利故，受此大受。法主世尊現為我證，唯佛世尊現前證知；而諸眾生善根微薄，或起疑網，以十大受極難度故，彼或長夜非義饒益、不得安樂。為安彼故，今於佛前說誠實誓：我受此十大受如說行者，以此誓故，於大眾中當雨天花、出天妙音。」

講記：〈十受章、第二〉講的就是大乘願的戒法，是以大乘願為戒，這個戒是很奇特的。意思就是說，只要不遵守這十大願，就算是犯戒。這就是菩薩摩訶薩以願為戒，所以稱為大乘願戒。這個大乘願戒，不是二乘人所能發心的。當勝鬘夫人聽到　佛為她授記了以後，她恭敬而立，然後自動自發的接受這十種大願的戒法。這是主動而受，不是別人施設了戒相以後，她再去斟酌能不能受。所以這個大願就稱為十大受，而且是主動而受；這只有久學菩薩才能作得到，新學菩薩是沒辦法主動發起這種大心的。這個十大受的內容，仍然是菩薩三聚淨戒所函蓋的，不外於菩薩所受的三聚淨戒。三聚淨戒是：**攝律儀戒、攝有情戒、攝善法戒**。

接著我們就來瞭解她的十大受。她說：「**世尊！我從今日開始，乃至將來成就究竟菩提的時候**」，也就是將來成佛時，「**於所受的戒，不會生起違犯的心來**。」然後就繼續再講第二個願戒。這第一個願戒，其實就是一個總相，它是最困難的；這個戒也是我們同修會常常要求的，悟後一定要有這個戒，這就是我們牆壁上掛著的「攝心爲戒」，就是那四個字的意思。換句話說，先不必管什麼戒相，凡是心裡起心動念時，若是有了私心想要作什麼，就是犯戒了！所以，以攝心爲戒時，只要心裡動了壞念頭就算是犯戒了。勝鬘夫人第一個願戒的正受，就是這個戒：「**從今天開始一直到成佛之前所受過的戒，都不會起心動念想要去犯**。」這只是起心動念而已，就算是犯戒了。不是像聲聞戒中，只要嘴不犯、身不犯，就不算犯戒，不管心中怎樣不淨；而這十大願戒卻是心犯了就是犯戒，這叫作攝心爲戒，這是最難的。但是她卻用這一個戒法來函蓋一切戒，意思就是以心爲歸，攝心不犯。

如果是已經落到口業以及身業中了，譬如有人想要轉變你的正見，告訴你說：「沒有如來藏心可證，第八識是從第六意識中細分出來的，仍然是意識，所以沒有如來藏存在，不必求證如來藏。佛陀也已經入滅了，跟阿羅漢一樣是灰身泯智而不復存在了；佛陀也沒有超越阿羅漢的特別廣大功德，您還想要修什麼佛菩提道？只要修學南傳佛法所弘揚的解脫道就行了。」若是有人這樣當面謗法破法、謗佛破佛時，你心裡面若是起心動念說：「這個人這麼惡劣，應該下地獄。」那就表示你對這個願戒已經無法受持了，因爲心中已經動念了，已經起瞋了。

在菩薩戒中的故瞋，雖然在戒相上來講必須是已經動口罵出來了，那才算犯戒；但是依勝鬘夫人這個願戒來說，動了念頭而心中起瞋了，嘴巴雖然還沒有罵出來，就已經算是犯戒了。所以心中不可以想說：「這個人這麼惡劣，爲什麼護法神還不動手懲罰他？」在心中生起這種念頭時，就已經違犯這個攝心爲戒了，所以這個願戒不是一般人能持的；必須是心性已經轉變到那個地步了，至少要有解脫道中三果的證量了，你才能夠受持得住。所以如果有人自認爲已經登地了，那就用這個來檢查自己；要能經得起這個檢查，否則千萬不要認爲自己已經登地。因爲登地的菩薩都不會這樣起心動念，不但口裡不會說這個人應該下地獄，乃至心中都不會生起這種念頭，這樣才能夠算是登地。

這就是說，心性的轉變清淨已經能夠如此了；不管別人謗法謗得多厲害，他有可能會勸導對方說：「你這樣講，那是地獄罪；最好趕快懺悔，以後不要再作了。」但他心中沒有念頭說：「你這樣謗法，我希望你下地獄。」然後才去作勸告。他心中絕對不會生起那個壞念頭，登地的菩薩永遠都如此，沒有一念希望破法的人將來下地獄。一定會向破法者說明破法會下地獄的理由，但不曾起心動念期望破法者下地獄。這個攝心爲戒就是勝鬘夫人十願戒中的第一大正受，這就是我們同修會常常提示那四個字：攝心爲戒。都不要動起惡心念，壞念頭都不會起來，才能夠稱爲是攝心爲戒；所以她於所受戒都不起犯心，不只是身、口不犯，而是心也已經不犯了，這是第一大受，這是最難的。

第二個願戒，她說：「我從今日開始，乃至成佛爲止，於諸尊長不起慢心。」這也很難！假使已修到初迴向位時，犯這種過失的人就已經很少了，入地後當然更不會。但如果是在七住位當中住得不穩的人，心中就會有這個犯意。當他悟了以後，心中會想：「我的親教師智慧，現在不過是跟我一樣罷了。」他有時會這麼想。甚至也有人覺得他已經比我蕭平實更行了，所以才會對別人炫耀說：「我已經證得佛地眞如了，蕭平實還沒有證得，所以你們都要趕快離開正覺同修會，趕快來跟隨我修學。」這就是於尊長起慢心。說句老實話，如果他不是很多劫以前就悟了，然後乘願再來而未離胎昧的話，他這一世悟了，怎麼說都比不上他的親教師，一定追不上的；因爲他還要經過他的親教師教導，才能悟入。所以，悟了以後對尊長起慢心，那都是新學菩薩，學佛以來時劫尚短。

所以，如果想要自認爲是久學菩薩的話，那就要先檢查：我有沒有對我的親教師起過慢心？如果曾經起過一念慢心，就表示他還在三賢位中，絕對不要自認爲已經登地了。假使你悟了以後，已經證明你的上師尊者悟錯了，那時也不該對上師生起慢心，而是應該施設方便法來幫助他，讓他理解到自己的錯悟所在與理由，施設方便讓他改正錯誤的知見，將來才可以使他正確參究而證悟，這才是正確的做法。

假使說你往世比你的尊長更早悟入，而被胎昧所障，這一世是經由尊長的教導然後證悟了，也有可能你悟後的佛道會走得比他更快。但是如果眞的已經登地了，仍然不許有慢心來面對尊長。即使你來到正覺證悟了以後，發覺你以前追隨的師父、老師，他們到現在還是沒有悟，或者仍然是悟錯了，那時你去見他，還是得要向他頂禮，雖然他仍然是凡夫。得要懂得這個禮節，因爲菩薩是不壞世間法而證菩提的；不許因爲證了菩提以後，就對以前的尊長生起慢心；縱使你已經成爲摩訶薩，而他還在凡夫位中。生起慢心就是在障礙自己的道，如果你想要儘快進入初地，這個慢心就要趕快修除掉。假使以前曾經有過而不曾做出來，那就自責其心，把它懺除。只要在佛像前自責其心，把它懺除掉，你登地的時間就會提早。這是勝鬘夫人的第二個正受。

這個正受不容易的地方是，她說是要盡未來際正受，是從這一世開始一直到成佛時，永遠都要如此。換句話說，受了這第二正受以後，就要像善財童子一樣淳善；善財童子五十三參，到了第五十參的時候，他的證境已經到了等覺位了，卻還在憶念以前證境比他低很多的那幾個善知識是曾經如何幫助他，他還在憶念感恩著。他能夠一世之中成爲等覺，能如此示現，絕非偶然。這應該說是一種示現，示現給我們知道：我們應該像他一樣的淳善，將來即使已經到了十地滿心了，仍然還要憶念、要感戴因地時我們曾經親近承事過的所有善知識；雖然他們今天的證德已經不如我們了，我們還是要感戴。而感戴的方法，就是盡未來際努力去幫助他們，這就是第二個正受背後的意思。

第三個正受：**「我從今日乃至菩提，於諸衆生不起恚心。」**菩薩的十重戒中有一個戒叫作故瞋，是故意起瞋恚心，特地去斥責某人，或者特地對某人生氣而加以辱罵，這叫作故瞋，是故意起瞋。不過那個故瞋，只要在口業、身業上沒有作出來，就不算犯戒了，只是心中有污垢。可是如果出來弘法以後，某某衆生故意冤枉你，扭曲你的法義來誹謗你，說你是邪魔外道，結果你生氣了，這就是於衆生起瞋恚心。

諸位要練習讓自己在寫書、寫文章破邪顯正時，心中都不會起瞋恚心。心中有的只是慈悲心：「這個人爲何如此可憐？連這麼簡單的知見，他都無法瞭解，愚癡到無法領受我對他的悲心開示。」是生起悲心而寫文章爲他辨正，而不是一面寫著一面手會發抖，氣得要死，那是不對的。應該是越寫越歡喜：「**我有這個機會可以度他、可以救他，我也因此生起了護法救生的大功德。**」應該如此。所以每當有人謗法時，就表示他已經幫你製造一個護持正法、救護眾生的因緣，要以這樣的心態來看待；不論是上網去答覆別人破法、謗法的事項，或者你寫書來破斥邪說用以救護眾生，都應該是越寫越快樂才對，這就是不起恚心。

你如果是以瞋恚心來辱罵他：「**你笨得豬狗不如，這麼簡單的法，你也不懂！**」那麼你就沒有辦法度他，你度化他的緣就斷了。你可別說：「**反正我是在網路上斥責他的，他怎麼知道是我？**」我告訴你，如來藏就是會相應，未來世遇見了，他也不曉得原因，莫名奇妙就是討厭你；不論你說什麼，他都要反對你；即使你未來世成佛了，他還是仍然會這樣。你那時成佛了，當然知道原因；可是他不知道自己為什麼會這樣，這就是由於你與他的如來藏相應而結下了惡種的緣故。

所以千萬不要在網站上面摧邪顯正時生起瞋恚心，而是應以慈悲心去破邪顯正，讓他充分感受到你破斥他的邪說時，目的是為了救他。他破法的結果，不論是否已經被你在法義救護成功了；但是將來你成佛時，他一定會成爲你座下的弟子，這樣才是證悟菩薩正確的作法。所以不要起心動念對眾生生起瞋恚心，而應該在心中存著救護對方的作意，用憐憫心、用慈悲心來摧破邪說、來救護他；讓他充分感受到你是爲了他好，你這破斥邪說的作法也就會成爲結善法緣。所以勝鬘夫人的這個願戒其實還是在心上起用，不是在身口上起用；心中不許起瞋，不是只有身口的行爲。譬如上網時，心、身、手都不起瞋；若是手在抖著打字，那就是心中已經起瞋了，同時就是身起瞋而造作瞋業了。所以，勝鬘夫人這個願戒也是不容易持的，但你們一定要像我一樣早日習慣於異生凡夫的無根誹謗；一旦習慣了，受持這個願戒，對你來說其實是很簡單的事。

再來看勝鬘夫人的第四個正受：「**我從今日乃至菩提，於他身色及外眾具不起嫉心。**」不起嫉心，對諸位來講並不難，但對世俗人而言就很難。世俗人看見別人有錢，就老大不高興的在心中自言自語：「你就是生來命好，你有什麼才德？」雖然口中不講，但是要小心哦！只要心裡面有這樣的想法，不經意之中就會流露出來；也許嘴角一撇，就會被人家瞧見了。這個肢體語言很難瞞得住別人的，誠懇、不誠懇，只看這裡。當別人在讚歎某某人眞的很有錢，隨喜人家而說是如何如何時，也許某甲聽了心中說：「我比他更有錢，我都沒有在炫耀！」可是一個不愼，這個眼神就被人家瞧見了。他不服氣，那就表示心中有嫉心。菩薩通常不會這樣，但是世俗人很容易這樣。

有些菩薩會有的嫉心是在哪裡呢：「他悟後才幾年，竟然跑到我前面去了。」有些菩薩會有這個嫉心，那就不好；因爲道業的修證不能只看一世，每一個明心的人，在佛道中都已經是無量世走過來的；你要能夠明心悟入，這已經是一大阿僧祇劫即將走完三分之一了；在這三分之一無數劫中，自己往世是否比別人更早出發而走在前面，這很難說，得要看過去世才能作準。在還沒有離開胎昧之前，都不能輕易論斷別人，所以千萬不要對別人色身的圓滿或者莊園圓滿，以及對於別人所擁有的生活上的資具或世間的名分，去生起嫉妒之心。菩薩若是犯了，也算是違犯心地戒了。

勝鬘夫人爲什麼要爲自己施設這一個願戒？因爲攝受正法就是攝受眾生，而攝受眾生也是攝受正法；因爲將來的成佛，佛國的淨土還要靠攝受眾生來共同成就，所以千萬不要對眾生生起嫉心。心中若起了嫉妒心，也許眾生的意識並沒有感覺到；可是他的意根與如來藏也許會領受到，假如互相之間的緣夠深的話。這是很厲害的，所以這樣會障礙自己攝受眾生，因此不要對眾生生起嫉妒心。

第五個正受：**「我從今日乃至菩提，於內外法不起慳心。」**慳心，常常可以看得見；在人間，這不是很少見的事。不但世間法中如此，三賢位的菩薩也常常會有這個現象。對於世間財，特別是外財，世間人是會有慳心的。在世間法中，我們常常可以看得見：孝養父母大把大把的錢財，他都可以付出；對於子女的生活所需乃至享樂所需，大把的錢財他都願意付出；可是你若對他談到布施：**「好，我隨喜！」**他就拿出來五百塊隨喜，再多就不可能了！對他來講，一個月五百塊，已經算是很多了！

他每個月供養父母五萬塊錢，給二個子女每個月共花十萬塊錢，面不改色；可是一談到要對眾生布施，一個月最多就是五百塊錢，若是要再多一些，他就不願接受了。人間有沒有這種人？有啊！這就是於外財起慳心。雖然有慳心，但總是勝過那些一毛不拔的人，只是他仍然是有慳心。

在法上而言，也有很多人起慳心。譬如世間法中的武術界，每一代都要留一招，讓徒弟永遠贏不了他；等他快要死了，才願意把那一招傳給徒弟。

如果徒弟沒有來探病、送終，他這一招就不傳了。又譬如說藝術、技藝，也是如此，都是要留最後一招；因爲怕徒弟出去自立門戶時贏過了他，他就沒得混了，這叫作於外法起慳。如果是在聲聞道、緣覺道、佛菩提道的正法中起慳，那也是有的。我是常常被人家暗中嘲笑，特別是早期他們有些人會講：「這個蕭老師眞好拐騙，隨便跟他問個東西，他就會給你一大堆。本來說好不能明講的，你只要多問幾遍，他也會講出來，這個老師太好騙了！」我後來才知道，原來他們是這個想法。

但是當他們因爲這個老師太好騙而起慢心的時候，那不是高下立判了嗎？當然是高下立判了嘛！所以有些人來我這裡，他得了某些法以後，然後別人請問他，他說：「我不知道，我沒問過老師。我也不知道，你別問我。」他一點點都不肯透露。爲什麼呢？因爲怕指導了別人以後，別人跟他一樣高明，他就沒有特出的地方了。可是他沒有想到的是：當他有這種念頭的時候，道業就無法突飛猛進，這就是於內法起慳。於內法起慳的人，道業的增長就會很遲緩，因爲他無法成就眾生。成佛最快的方法就是趕快成熟眾生、趕快拉拔眾生迅速的進步，當眾生進步越快的時候，那個因緣會使他成佛的因緣更快速的成熟，不得不提前成佛，這就是他的廣大福德之所從來。

可是這個道理很少人知道，所以一般人的想法是：「**我得了什麼法，不必讓別人知道，只要我知道就好。**」以前也有人不想推薦親朋好友到正覺來，他想要自己修到很高的智慧時才推薦別人來學，因爲不想讓親朋好友太快修學而與他一樣；這樣做，他的道業增長就會非常的緩慢。所以菩薩成佛速度的快慢，就看他所度的人因緣的成熟是早或晚；被他所度的人成熟得越早，他就必然越早成佛，因緣就是這樣。所以勝鬘夫人這個說法，是有所本的，不是空口白話。換句話說，對於內、外財，對於內、外法都能不起慳心的話，那麼她成佛將會很快。這樣總共說了五大正受，這充分顯示了登地菩薩的心態與心量；也唯有如此，才有資格登地。

這五個戒全部都屬於**攝律儀戒**，不過它不屬於身口的律儀，而是心地的律儀。心地的律儀是最難受持的，因爲這是要從煩惱的習氣種子上面去除的，所以這是最困難的；但是如果能受持這五個律儀戒，道業的增長將會非常迅速。凡是登地菩薩的心態都會跟這五個律儀戒相應，所以你想要看到他對尊長起慢心，或看到他心心念念想著要去違犯律儀戒，是不可能的。因此屬於攝受有情的戒律。

然是以攝心爲戒來統攝這五個正受，因此都屬於心地戒。接下來有四個戒是

這五個戒是很重要的，但是這五個戒可以攝歸於一法，就叫作攝心爲戒，仍

「我從今日乃至菩提，不自爲己受畜財物；凡有所受，悉爲成熟貧苦衆生」：這是〈十大受〉中的第六個正受。她說從今天開始一直到成佛之時，都是爲了攝受衆生的需要才受畜財物。換句話說，菩薩若去賺錢，目的不是爲了擁有。所以，如果賺錢賺夠了，覺得爲衆生作事的資糧已經夠了，他就不想再繼續賺錢，就到此爲止，剩下的尚未實現的福德就累積下來而不受用，留到未來世去。爲了弘法所需要的資財已經夠了，他就對賺錢沒什麼興趣，因此說凡有所受都是爲了成熟貧苦的衆生。當他預計這一世每一個月或者每一天要如何去布施，這些錢財已經足夠用了，可以讓他實行布施的理想，他就停止賺錢的事業，就提前退休了，這就是菩薩的心性。

這意思就是說，必須破除掉自己的私心，才能在成佛之道上面迅速有所成就。這一個正受的想法就是要壞掉私心，凡是私心，全部要壞滅；因爲如果不壞滅私心，連登地都不可能，更何況是成佛。所以爲了攝受有情，要以

這樣的心態來作，不會對外財起貪心而永不滿足。世間人的想法，錢財都不嫌多，擁有了一千萬元了，他想要一億；擁有了一億元，想要一百億，世間人往往這樣。可是等他有了一百億元，你教他說：「**你可以退休，不用再賺錢了**。」我告訴你：他不會退休，他想要賺一千億元。這就是世間人。但菩薩不是這樣的，我們有很多同修為了想要破參，乾脆把職業辭掉，在家專心修行參禪，有很多人這樣欸！我都勸他們說：不必那麼嚴重，不需要辭職來學法。但就有很多人是這樣。這顯示他的菩薩根性：道業比世間財更重要。久學菩薩的心態就是應該是如此，只要夠弘法、修道使用，只要夠布施使用，就提前退休了，不想再為了積聚錢財而不斷的去奔忙，這就是菩薩滿足於世間財。

第七個正受，「**我從今日乃至菩提，不自為己行四攝法，為一切眾生故，以不愛染心、無厭足心、無罣礙心、攝受眾生**」：換句話說，想要及早登地，就得要行四攝法；可是行四攝法並不是為了利益自己，而是為了利益眾生。為一切眾生的緣故，要用三種心來攝受眾生；因為四攝法的目的就是為了攝受眾生，布施、愛語、利行、同事，都是為了攝受眾生，不是為自己。可是如果布施時是以愛染心來布施，就會產生情執；有了情執，將來假使被布施的人離開了，你心中就會痛苦了，因爲你對他有情執。一般人總是認爲：**我每一個月都布施財物給他，攝受他，而他竟然跑去親近別人。**心中不能接受，這就有痛苦了。菩薩修學佛法、利樂眾生，本來是爲了離苦，結果卻因爲有愛染心去利樂眾生而產生了痛苦，那不是自相顛倒嗎？所以不應該以愛染心來布施，也不該以愛染心而爲別人說柔軟語，不該以愛染心來與眾生共事，不該以愛染心來利樂眾生；只是純粹的付出，才不會因爲情執而壞了道業，毀壞了自己攝受眾生的初衷。

無厭足心，是爲了破壞懈怠心。假使行四攝法是有厭足之心，那就會產生懈怠。有了懈怠心，四攝法即沒有辦法貫徹到底。有厭足心時，對任何事情都會懈怠的，特別是爲眾生不斷的付出而沒有任何世間法上的回報時。就像我們同修會中的幹部、所有的親教師們、助教們，一樣都是爲眾生付出而沒有任何世間法上的回報；因爲我們是不受供養的，所以沒有世間法的回報，但是卻要求自己不斷地作下去。這樣不斷地去作法布施，與你的學生同事、利行，還要說柔軟語，不許動口斥責你的學生；長年如此，而沒有世間法的回報。這如果不是菩薩，是作不到的。世俗人聽了會說：「**那你眞的是傻瓜！**」一定罵你是傻瓜。世俗人也會覺得說：「**這種人很難想像，不斷的去付出，但是都沒有利益回收。**」但是正因爲這樣，你才能攝受眾生；正因爲如此，你才能迅速成佛，否則你修行四攝法的目的就無法達到；所以不要以厭足心來行四攝法，否則一定會懈怠。

以無罣礙心來行四攝法，其實就是對治厭倦。有罣礙就一定會很快的厭倦了。有罣礙時，不論去爲眾生作什麼事，總是會常常罣礙著：「**我今天去作事，眾生會不會對我好一點？我今天去作事，家庭會不會平順一點？我今天爲眾生作事，事業會不會成功一點？**」由於這些罣礙，會導致一旦遇到挫折的時候就退失了，於是心中就瞋恚、厭倦。所以有一句話說「**行百里者半九十**」，往往是因爲有罣礙心；有時候想：「**我這樣不斷地利樂眾生，眾生會不會生生世世跟著我，將來成佛時成爲我的徒弟？萬一被別人度走了，那怎麼辦？**」他老是這樣想，就無法成佛了；這就是罣礙心，有罣礙心就會厭倦。其實在不斷利樂眾生的過程當中，眾生的如來藏就不斷被你種下善緣的種子；到了該成佛的時節，你不去召喚他們，他們也會主動來跟隨你；因爲你不斷的利樂他們，而你對他們都沒有所求，你心中也沒有罣礙，這一個業感就會實現，使他們必定要在你成佛的時候來到你座下得到更大的利益。

所以，行四攝法的時候，不要有愛染心；換句話說，不要有任何眷屬欲，有眷屬欲就會壞事。像我們很早期有一位親教師的心態很有趣，因爲我們課程上有不同的層次，所以有人聞風而來，闖進我的課程中來，我告訴他說：「這個課程你沒有辦法聽懂，請你到某一個初級班去同時聞法熏習。」他去到那個班上，那位親教師卻說：「你既然要來上我的課，就不許再去上蕭老師的課。」這就是眷屬欲及慢心。因爲這樣的緣故，所以他就改信當時比我更有名氣的月溪法師邪見，於是漸漸退失掉了。爲什麼會這樣呢？就是我見還沒有斷盡，加上有愛染心。其實根本不必去管這個事情，因爲我們可以是釋迦牟尼佛的弟子，也可以是 彌勒尊佛的弟子，乃至可以同時是賢劫千佛最後一尊佛 樓至佛的弟子，這有何妨？因此，後佛不必去限制說：「你既然將來要當我的徒弟，你就不必跟隨釋迦牟尼佛。」因爲學佛的因緣是前佛後佛互相攝入的，並不是單一的緣。

每一個人在成佛前的無量世中，都會親近無量數諸佛，所以不可能說某人就只能成爲某佛的徒弟，不能成爲其他諸佛、諸菩薩的徒弟。沒有這回事。每一個人都要親近過無量數的老師、無量數的師父，經過無量數諸佛，最後才能成佛；每一個人都如此，每一位徒弟也都如此。所以不要以愛染心來行四攝法，以愛染心來行四攝法是最容易退轉的。今天大家把這個觀念建立起來，何妨自己也可以在佛前作這樣的正受，那你成佛的道業將會非常的迅速。

第八個正受是「**從今日乃至成佛之前，假使遇見了孤獨幽繫疾病種種厄難的困苦眾生，也不要捨棄他們**」：孤獨的人，譬如一個老人家，既沒有子女也沒有親人，困苦的生活著，菩薩也應該要照顧他。假使你週遭有這樣的人，應該照顧他。至於幽繫，現代通常應該不會有，因爲現代很重人權，古時才會有王法以外的幽繫。假使有人被動用私法（不是國家的司法，是私人自訂的法律），把某人私自囚禁了；那你應該去關心他，看能不能救他；這是對於被幽繫的人。

疾病，在沒有健康保險制度時，確實有許多人在疾病上面需要被照顧；你如果遇見了，就要照顧他們。現在的台灣，不必你照顧這種人；只有一個情形得要照顧他，是因爲他繳不起健保費。如果你身旁有這種人，何妨幫他繳清健保費。一般家庭的人士，一個人每個月大概是五、六百塊錢健保費；你負擔得起，就幫他繳，讓他可以去看病，這叫作疾病的照顧。種種厄難，是遭遇橫厄之事，或者遭遇了其他被人羞辱等等事情；你如果能幫他，你就幫他。困苦，是因爲他的生活資具不足，所以有種種情況出現；如果你身邊遇見有這種人，你就幫他。這些救濟之事，並不是單限於人類，而是說所有眾生。所以如果你遇見了，比如說有一條流浪狗，牠一天到晚在你家門前晃，跟你有緣，你就救助牠、幫助牠，讓牠求生不必那麼困難。這也是你該作的，不該說這流浪狗好髒，就像世俗人一樣厭惡而踢牠一腳！這樣，連慈心、悲心都沒有了，所以你應該要照顧牠。

也許牠一直跟著你，並不是想要找食物，而是想要找主人；你如果受了菩薩戒，不能養貓狗，那就愛莫能助，就得跟牠闡明：「**我只能送你食物，沒辦法收養你，因爲我受菩薩戒了，不可以養狗，咱們就是到此爲止。如果你願意，我每天還是供應食物給你，但是不能收養你。**」還是得要講清楚。這種事情，特別是狗，常常會遇見。有的狗，牠只是要找一個主人，當牠覺得你可以依靠，牠就每天等候在同一個地方，想要跟隨你。你每天買東西給牠，牠都會跟你到家門口，想要進去；你每次都不讓牠進去，時間久了以後，你餵牠食物，牠卻不想吃，表示牠想要跟隨你生活，那就沒辦法幫牠了。行善得要有個限度，不該違犯菩薩戒，不能收養牠。但是卻要「終不暫捨」，你終究會幫助牠；除非牠主動離去，否則你不會趕牠走。所以這一段經文裡講的是眾生，不是單指人而已。

假使有一天，你修得神通了，鬼神來找你幫忙時，你就不該推辭；因為你得要實行這個正受，得要幫助他；當他有困難，需要你幫忙，你就得要幫他，因為他也是眾生之一。你如果沒有天眼而看不見他，就沒這個責任。所以我常常講，修神通不要太早，等你有大能力的時候，你再修得神通，那時候你可以輕易幫助他；但現在你在這個階段，威德力不夠，也沒辦法驅遣任何鬼神來互相幫忙，你都要親自去跑。也許你有了天眼通，遇到一個鬼神，他來找你，那件事情是需要跑到高雄去，你就得要去；因為你發了這個願，所以這個願也是要看你的時節因緣，該怎麼作，你就怎麼作。所以如果你有了神通，鬼神也是眾生，他來要求你救護，你也不許拒絕；因為菩薩「終不暫捨，必欲安隱」嘛！所以你必須要幫助他。幫助了他以後，他可以成為你的護法，未來世會當你的徒弟。

不但如此，還要**「以義饒益令脫衆苦，然後乃捨。」**換句話說，如同《菩薩優婆塞戒經》中講的，當你布施與眾生時，要同時施設種種方便將眾生安置於佛法中；要讓他不只接受你的財物布施，還要在接受了你的布施以後，對你有了善心，願意親近你、信受你，然後你要為他說法，施設種種方便把他安置在佛法當中；這才是最究竟的利樂，而不單只是在世間的物資上面去利樂他們，所以要同時以正法的道理來饒益他們。正法的道理，當然要隨順個人的因緣去說。假使菩薩證得通教的法，也就是三藏教的法，他的**以義饒益**就只能是在聲聞道以及緣覺道上面來利樂眾生。假使你證的是佛菩提的法，就能通解脫道，你就有能力以三乘法義來利樂眾生；這樣為眾生饒益，才能使他們眞正脫離種種的苦難。因為在世間法、世間財物的饒益上，永遠都只能使他們在這一世過好日子；但日子過得好了，他們往往就會造惡，反而導致生死的輪迴，所以不是究竟的饒益。

因此，究竟的饒益，一定要透過法義上的饒益；而四攝法的布施、愛語等等，只是一個方便，所以最後還是要回歸到佛法中。因此菩薩行四攝法時，應當方便置眾生於佛法中；這就是以義饒益，使他們不但此世可以得脫眾苦，而且在未來世也可以離開眾苦；要能使他們得脫眾苦之後，你才能捨棄他。如果你不能如此饒益他們，就不許捨棄他們。換句話說，在世間財的饒益以外，還要加上法財的饒益，讓眾生同時獲得世財、法財兩種利益以後，你才可以放捨他，這就是第八個大願。

「**世尊！我從今日乃至菩提，若見捕養眾惡律儀及諸犯戒，終不棄捨**」：這是說對於眾生的救護，但是所說救護眾生的範圍比較廣；世間人也常常作種種救護眾生的事，但是範圍比較狹窄。譬如說，看見有人捕獵動物，拘束眾生帶回家來養育，這個叫捕養。譬如說，設種種陷阱獵捕大象，加以調伏養育用來作工，這也是捕養。或者是爲了眾生的肉，而加以繫縛拘束養育，養大之後殺取其命、取肉而食，這也是捕養，這些都屬於惡律儀。惡律儀有兩個過失，第一是與眾生結怨，因爲捕養之後殺取其肉；對眾生而言，這是牠們最厭惡的，一切怨恨都以奪命最爲大惡。所以，把畜生養大之前雖然是供應了牠許多的食物，但是等到殺害牠的時候，那些恩情就一筆勾銷了。牠會帶著這些怨恨心去到中陰境界，這個種子會存在牠們的如來藏中；未來無量世以後，當那個捕養者學佛而且成爲大善知識時，前世被他捕養而殺害的眾生也投胎爲人而學佛了，雖然與其他學佛人一樣願意供養他，但就是很氣他，就是很怨他、很恨他，自己卻不知道原因。這是因爲那位弟子往世吃了他很多食物，吃了他一世，但是最後卻被他殺了，很多因果是錯綜複雜的。

因此，你若捕養而殺害了眾生，未來世你當上大善知識，想要度他的時候就會很困難，他將不會聽你的話，沒來由的恨你、怨你，但是卻又不得不來供養你。所以殺害眾生往往是從捕養開始的，這些都是斷眾生的慧命；未來世即使你成爲大善知識了，他雖然會來供養你，你卻仍然度不了他，只能結緣，這就是第一個過失。第二個過失，是作了捕養的事情以後，會讓人家見了生起不好的觀感而斷了人家跟你學法的慧命；所以菩薩不許捕養眾生，原因在此。因爲別人看某甲是菩薩，可是某甲卻專門捕養眾生、奪取生命，這算什麼菩薩！因此就可能導致親眼看見的人不願走上菩薩之道，這就是第二個過失。所以，菩薩戒中不允許開設牧場養牛、養雞、養鴨，原因就在此，所以捕養是惡律儀。當菩薩看見這種人時，雖然知道他的所作都不如法，卻仍然不會棄捨他，仍然會攝受他。

「及諸犯戒，終不棄捨」：犯戒也是惡律儀。身爲菩薩而常常違犯戒律，眾生看見了一定會厭惡。可是弘揚正法的菩薩看見犯戒的人以及捕養眾生的人，卻沒有權利去厭惡，而且全部都要救度。菩薩只能施設方便教育他們遠離種種惡律儀、遠離犯戒之事，但是不許棄捨他們。在因緣成熟時，仍然必須幫助這一些人走入正道，乃至證悟的因緣成熟了，還得幫他們證悟，這就是菩薩，所以菩薩沒有權利厭惡眾生。假使你想早日登地，就不應該抱怨：**眾生如是可惡，不應該幫他們開悟，不應該幫他們證果**。因爲你想要登地，所以就沒這個權利；假使只是想要長期停留在三賢位中，對於登地沒有愛樂之心，當然可以棄捨眾生不顧。所以，一切想要早日登地的人，都應當像勝鬘夫人這樣發願：如果看見有人做了捕養眾生的惡律儀，或者看見有人造作了犯戒的惡律儀，終究不會棄捨他們。

「我得力時，於彼彼處見此眾生應折伏者而折伏之，應攝受者而攝受之」：攝受眾生，還有另一個部分的義理；她說「當我未來得力的時候」，這個得力是指什麼呢？是說當她已經三地滿心了，就叫作得力。三地的入地心、住地心都不算得力，何況是初地心。爲什麼說三地滿心是得力時？因爲她說的是：「於彼彼處見此眾生應折伏者而折伏之，應攝受者而攝受之。」換句話說，在她見 佛的那個時節，仍只是初地心的通達佛道，但是仍然不得大力，所以應折伏的眾生仍然有許多不能折伏者。

譬如在世間法上，應當警覺捕養惡律儀者及犯戒惡律儀者，但不見得能夠全部加以折伏。在世間法上，眾生的惡律儀往往是根深柢固，很難扭轉，這時應該怎麼樣去折伏他？能折伏一半就算很不得了了；剩下的超過一半的人，只有靠三地滿心的證境，用他心通去瞭解他們的想法，然後每天晚上入夢去爲他們開示警覺。假使連續三天還不能警覺他們，那就連續七天；還不行，就連續一個月，他們終究會信你。想想看，如果每天夢見一位大菩薩來爲他們警覺，連續一個月還會不信嗎？我想一般人只要連續三天就信了。假使很剛強頑固，連續一個月他也會信，這是在世間法上來作折伏惡律儀者。

如果是邪見堅固的人，譬如像印順派那一些人，那就得每天晚上入夢去跟他開示，三天不行就連續七天，七天不行就連續一個月；假使堅持到一個月，他一定會改變；因爲一天、二天、三天，他會想：「這應該是巧合，怎

麼我會夢見了蕭平實連續三天來爲我說法？是巧合吧！」假使我三地滿心了，我就每天夜裡去跟昭慧托夢，連續一個月就度化她了；可是如果沒有三地滿心的證境，就作不到這一點，頑強眾生終究不能得度。你無法在法義上去折伏她，必須在事相上面使她信伏，因爲那些人是最重視面子的人。如果能連續一個月爲她在夢境中說法，她就會想：「**這應該不是巧合，巧合的事不可能連續一個月的。**」於是就信了，她就折伏了。所以，應折伏眾生而折伏，你要有**得力**這個願，才作得到；如果沒有**得力**這個願而且成就這個願，你就作不到。

因爲，對邪見堅固的凡夫眾生而言，必須要在世間法上的表相極爲特出，讓他們親自經歷過了，才能使他們眞實折伏；但是折伏之後他們就只是不再謗法、不再謗賢聖，還是不會來跟你學法。他們只是會從此閉嘴，不再毀謗說蕭平實是邪魔外道，如此而已；他們被你折伏以後就會來跟你學法嗎？不見得！這時你若是想要他得到法上的實利，還得要再加上一個月，繼續每天晚上托夢去爲他開示佛法，開示到他心悅誠服；這是一個月折伏，再加上另一個月每天托夢爲他開示，然後他才會這樣想：「這應該是眞的，這菩薩還眞有心。」所以就來學法了。當然，他也要有某個條件值得你這樣爲他付出，那就是他的證悟對整體佛教、對眾生確實有大利益，否則，當你法務很繁忙時，何必爲他付出這麼多的精神？

假使到達三地滿心了，所有應該折伏、應該攝受的眾生，都有能力確實加以折伏及攝受，這就是得力；這是因爲三地滿心時，用意生身去運作都能度人，沒有不可度的，除非對方進入佛門的緣還未成熟，或是證悟的因緣還未成熟。假使他已經進入佛門十幾年了，你一定可以度他，這就是度眾的大願得力或不得力的原因，也就是三地滿心的功德具足與否的問題。因此勝鬘夫人的意思是說，將來得力的時候，對種種眾生，只要她看見了，應折伏的一定會折伏他，應攝受的也一定會攝受他。

也許你想：「如果我三地滿心了，我才看不上這種眾生，根器太差了。」不應該這樣想，你們應該要記得一個典故：釋迦佛在因地時爲了度一個女人，他發願下輩子要跟她當夫妻；到了下一輩子，就用一輩子的時間陪她，終於才把她度了。所以，世間沒有所謂值不值得度的人，就看你怎麼樣去看待，以及你的時間夠不夠的考量而已。假使外在的弘法環境已經許可了，不需要你了，也許你就發願下輩子專門度某一個人。這就是說，得力的時候，所發的願才能有那種威德力；不得力的時候，能度的人終究只是少數，不可能是多數。

「**以折伏攝受故，令法久住；法久住者，天人充滿、惡道減少，能於如來所轉法輪而得隨轉，見是利故救攝不捨。**」勝鬘夫人發這個願，是為什麼緣故而發？她說，因為折伏和攝受眾生的緣故，可以**使正法久住**。這才是重點。要使正法久住，就必須廣設方便，來折伏邪見者、攝受正見者。折伏邪見者，是讓他們不再謗法；攝受正見者，是讓他們可以證悟；這樣一來，正法就可以久住。所以身為菩薩一定要作兩件事：第一就是破邪顯正，折伏邪見者；第二是廣開修行之門，度化有正見的有緣人可以悟入，這樣正法就可以久住。

正法久住就會產生一個結果：天人充滿，惡道減少。諸天為什麼一直要護持人間的正法呢？他們其實不是為你們，是為他們自己而作。因為，如果護持人間正法久住，就表示修學善業、淨業的人會越來越多，那麼修羅道的眾生就會越來越少，他們的敵人（阿修羅眾生）就會越來越少。另一方面，即使有許多人學佛法時不能證悟，但他們同時是不斷修學善淨業的人，多數人都會往生忉利天，他們的眷屬就越來越多，勢力就比修羅道的眾生更大，他們就可以避免與阿修羅之間的戰爭，日子可以過得很安隱；所以他們護持正法時，有一部分也是爲他們自己，不是爲你們；因爲天人充滿，惡道就減少了。惡道減少，他們日子就可以過得很快樂，不會再有阿修羅王率領一大群阿修羅來跟他們爭鬥。正法久住一定會有這個現象，所以諸天爲此，都會來護持正法。菩薩作了折伏與攝受的工作之後，諸天與人間都可以將如來正法輪隨時隨地加以運轉，諸佛的佛法慧命就可以不斷利樂人天。勝鬘夫人正由於這個緣故，所以救護眾生、攝受眾生而不捨棄，並且她會把這個第九願，永遠攝持不捨，這就是三聚淨戒中的**攝有情戒**。接下來是第十個願戒，屬於攝善法的大願，她說：

「我從今日乃至菩提，攝受正法終不忘失；何以故？忘失法者則忘大乘，忘大乘者則忘波羅蜜，忘波羅蜜者則不欲大乘；若菩薩不決定大乘者，則不能得攝受正法欲、隨所樂入，永不堪任越凡夫地。」這一段講的是說，她發願從今日開始攝受正法，永遠都不會放棄也不會忘失。也許諸位想：「初地心的菩薩還沒有離開胎昧，而勝鬘夫人當時也是還沒有離開胎昧，爲什麼她敢發這個願？」但是諸位不必爲她擔心，諸位也都可以發這個願，發了願也不必爲自己擔心；因爲，你發了這個願，窮盡一世努力去作，自然而然會使你的第八識心田中熏習成就攝受正法的種子。未來世你還沒有證悟之前，你也會有這個習性去折伏邪法、攝受正法；這個習性會隨時存在的，因爲你已經熏習成種了。

接著勝鬘夫人把這個道理加以說明，爲什麼說她從發願這時開始一直到成佛之時，攝受正法的願不會忘失？她說：「假使忘失了正法就會忘失了大乘，忘失了大乘就會忘失了波羅蜜；忘失了波羅蜜的人，就一定不會愛樂大乘。」這就點出道理來了：假使你這一世聽聞三乘菩提時，獨獨愛樂大乘菩提，都不愛樂二乘菩提，不想一心求取無餘涅槃，那就表示你沒有忘失波羅蜜；沒有忘失波羅蜜，就沒有忘失攝受正法。這樣觀察，發願以後不會忘失的道理，就很簡單而容易理解了。

所以由此看來，諸位都可以發這個願：**我從今日乃至將來成佛之時，世世都不會忘失正法**。你確實可以發這個願，因爲你愛樂的是大乘，愛樂的是波羅蜜，不是解脫道。當你有這個種子在心中，不斷的熏習；當你未來世聞熏正法時，瞭解到**解脫道實證以後入了無餘涅槃就是灰身泯智**，你就不會愛樂了。你一定會想：「**佛法應該不單只是如此。**」你會去深入探究佛法，探究到因緣成熟了，你就會接觸到大乘法。接觸大乘法時，你就又把波羅蜜的種子引出來了，你還是會回到攝受正法的正道來。

所以雖然現在還未離胎昧，也不必恐懼，可以勇敢的發這個願，眞的可以如此。舉一個例子，讓諸位增長信心吧！清海那個女人，當年她在台灣正風行的時候，那時候我還沒有破參，我那時學佛才兩年多；但我看到她印的一本小冊子《即刻開悟》，我就寫了一篇文章破斥她的邪見，請打字行打了字，去外面張貼；說明她的法義根本是個邪法，不是眞的佛法。爲什麼我會這樣去作？是因爲種子。過去世破邪顯正的種子一直存在，遇到這種破壞佛法的外道混進佛門中來，你一讀就知道這根本是邪見，與佛法不相當；所以那時雖然還沒有破參，也能看出她的錯誤百出；隨意寫來就可以破她，還不必有智慧就可以破她了，因爲這個種子還在心中嘛！諸位從這裡應該可以很安心的來證實：即使還沒有證悟，但是正法及大願種子還存在的時候，自然就有破邪的能力，就不會忘失了這個願。所以攝受正法的願，諸位其實是可以勇敢的在佛前發心，因爲你永遠都會是愛樂波羅蜜、愛樂大乘，不會愛樂二乘聲聞法解脫道，更不會愛樂那些外道法。所以「攝受正法終不忘失」這個願，是可以在佛前勇敢發心的。

不但如此，勝鬘夫人又解釋說：「假使菩薩不能決定於大乘法」，也就是說，菩薩若對二乘法或者外道法仍然有所愛樂，「他就不能獲得攝受正法的欲」，不能成就善法欲。一個愛樂二乘解脫道的人，你要他發這個願是不可能的，他對這種攝受正法的願沒有一絲一毫的喜樂，所以他就沒有攝受波羅蜜、攝受大乘的願望，不會對大乘法有所愛樂。因此，即使你每天去他家中爲他說明大乘法是如何的勝妙，他終究不能隨你所說而愛樂進入大乘法中，所以那種人永遠都不能堪任超越凡夫地的境界。

因此，正法欲，在這裡是有一定的定義，並不是世間法的正法欲也可以宣稱是這部經講的正法欲，也不是二乘聲聞的解脫道可以稱爲正法欲。勝鬘夫人講的正法欲，特別指明是大乘、是波羅蜜。二乘法解脫道，為什麼佛與菩薩在經論中都會說不是波羅蜜呢？因為二乘法是不到彼岸的，就像我在《邪見與佛法》書中所說明的，當他們到達涅槃彼岸時，他們自己已經滅盡了——蘊處界都滅盡了，滅盡以後意識心不在了、意識心斷滅了，那時哪來的解脫果的智慧呢？連阿羅漢這個人都不存在了，怎麼可能到了彼岸呢？人不在了，有誰到彼岸？所以事實上是沒有誰到達涅槃彼岸。

一定是還有「人」存在，才能有「人」到達涅槃彼岸，而彼岸的境界是如來藏自住的本來涅槃境界；本來涅槃的如來藏境界你已經能夠現觀了，而五陰的你還存在著，你才有「波羅蜜」——你才有「到彼岸」。波羅蜜就是到彼岸，所以波羅蜜就是大乘，大乘就是到彼岸。因為二乘法不能到彼岸，阿羅漢解脫了生死卻不到彼岸，因為入無餘涅槃而到涅槃彼岸時，阿羅漢們的蘊處界都滅盡了，沒有「人」存在時怎能到彼岸？只是把自己滅盡無餘而不再輪迴生死罷了！

所以印順派那些人主張說修學聲聞解脫道就是成佛之道，這顯然是講不通的；因為二乘解脫道並不是波羅蜜，怎能使人成佛？因此，印順派那些人常常說：修學聲聞解脫道，斷盡我見、我執之後，只要能發願不入無餘涅槃，生生世世利樂眾生，這樣就可以成佛。那眞的是邪見！所以，以這種邪見來自度度他的人，「於攝受正法的大乘波羅蜜，他們無法隨所樂入，永不堪任越凡夫地。」不能正確攝受正法的人，是無法超越凡夫地的永遠凡夫；必須建立正確的知見以後，確信實有第八識存在以後，才能斷我見而超越凡夫地。（編案：詳見《阿含正義》書中依教證與理證的細說）因此，他們永遠斷不了我見與我執，原因就在這裡，因爲他們不能攝受正法。

「我見如是無量大過，又見未來攝受正法菩薩摩訶薩無量福利故，受此大受」：勝鬘夫人說她自己因爲看見這樣的人有無量大過失的緣故，又因爲看見未來無量劫中攝受正法的大菩薩們都有無量福利的緣故，所以她自己主動的發起攝受正法而不忘失的大願正受。這意思是說，所有的願，把前面的九個大願攝歸到最後這一個願來，就是**攝受善法願**。「攝受善法終不忘失」，一定可以使人超越凡夫地，並且遠離不肯攝受正法者的無量大過；未來無量世中，世世都將會是證悟的菩薩摩訶薩，因此可以速成佛道，福利無量無邊，因此大眾都應該要受這個大受。假使講經完畢後，你不方便當眾在這裡發願，那你在家中佛堂自己提起猛利心來發這個大願，對你的道業一定會大有幫助。因為你這個大願一旦發了，而且永不退失，你的性種性幾乎已經圓滿了；你如果沒有這個菩薩性中的性種性，就不敢發這個願；即使是在自己家中佛堂的佛像前，也一樣是會斟酌再三，最後還是放棄。但其實這個願，你是可以發的，因為勝鬘夫人已經告訴我們：發了這個願以後，未來世一定會作得到的。所以努力的、勇敢的發起這個願而且堅持不退，要登地就不難了。可是她當著 佛前發了這個願以後，要求 世尊為她作證，所以她說：

「法主世尊現為我證，唯佛世尊現前證知；而諸衆生善根微薄，或起疑網，以十大受極難度故，彼或長夜非義饒益、不得安樂」：「請法主世尊現前為我證明，我發了這十個大願，別人不一定相信我是至誠心所發的願，只有佛世尊能現前為我證明，並且確實知道我是眞誠的發起這個願。可是衆生們善根是微少而淡薄的，所以聽聞者中往往有人會生起懷疑，而被疑網所籠罩，這是因為這十大受是非常難以超越的、很難以達到的。因為他們懷疑的緣故，就會使他們在無明籠罩的漫漫長夜當中不能信受，而以種種不正當的想法或不正確的講法，障礙了他們修學佛道，永世不得安樂。」

所以聽完這十大受以後，千萬不要懷疑說：「這哪有人作得到？別騙我了！」如果你這樣想，就表示自己善根微薄。所以應該信受，並且要效法勝鬘夫人敢發這個願。雖然說發了願，也許這一世還不一定能做到，但可以期待自己未來世或者未來無量世以後也可以做到。藉著發這個願，增長自己的善根，也是好的。假使發了願，你下一輩子忘失了（我是說假使啦！不是眞的會忘失），假使會忘失了，難道 佛會責怪你嗎？不會的，並且會爲你加持，在適當的因緣使你又會繼續愛樂大乘，回歸這個大願正受。所以發了這個大願以後，一方面可以促使自己善根深厚，另一方面也可以得到 佛的加持，爲什麼還不肯發這個願呢？何必妄自菲薄呢？但是勝鬘夫人考慮很周到，她說：

「爲安彼故，今於佛前說誠實誓：我受此十大受如說行者，以此誓故，於大衆中當雨天花、出天妙音」：「爲了安定及安樂那些對此大願生起疑網的善根微薄眾生，我如今在佛前發起這個誠實的誓願：當我現在於佛前正受這十個大願時，我如果未來世能夠如說而行的話，由於這個誓願的緣故，在大眾面前應當有許多的天花像雨一樣的降下來，並且出現了天妙音。」是不是眞的有雨天花、出天妙音呢？暫時不說。我們先來談論一下這個〈十受章〉印順法師是怎麼解說的，瞭解他對勝鬘夫人是如何的看法。但我們爲什麼要這麼作呢？是因爲勝鬘夫人是這一部經的經主（法主是世尊，她是經主），這一部經也是以勝鬘夫人作爲主軸來講的，因此我們必須探討這個部分，才能理解印順對正法的誤解有多麼嚴重，就能遠離他的邪見而不再被他的邪見所影響。

勝鬘夫人既是在家人，又是女眾，完全不會有大男人的思緒，卻能講出如此勝妙的佛法來，這對諸位應該很有鼓舞性。你們女眾難道不會覺得對自己很有鼓勵性嗎？在世間法中，女眾往往是受歧視的；所以自古以來都說「男主外、女主內」，家中只有主婦而沒有主夫，男人是不會親自去處理家中瑣事的。而且，皇帝都不允許後宮來干預國家大政，所以古來有一個規矩：「後宮干政、國之大忌。」對女性很歧視。

但現在時代不一樣了，外國已經有女總統了；我們台灣現在已有女性的副總統，但已經是後知後覺了。在佛法中（特別是大乘法中），從來不分別在家、出家、男人、女人的，只看你的證量高低，大乘佛法中本來就是這樣。只有在二乘法中，出家尊貴於在家，男眾尊貴於女眾；可是大乘法中沒有這個差別，在大乘法中是一律平等的，只看證量高低的差別。可是從證量差別來看待，其實也是平等的：只要你證量到了，你就是這個果位，不管你是男眾女眾、在家出家。可是如果在聲聞法中，比丘尼出家成爲長老以後，若遇到一個新剃度的戒疤還沒有乾的比丘，她照樣得要跟他頂禮，這是二乘法中的男尊女卑。

在大乘法中都沒有這個規矩，所以妳如果依止菩薩戒而不依止聲聞戒，雖然妳是比丘尼，也就不需要跟比丘頂禮。如果妳依止聲聞戒，不管妳的戒臘多麼久了，永遠要跟戒疤未乾的新戒比丘頂禮，永遠都是如此。所以我說昭慧法師腦筋不清楚，她不必出面爭執說：我們要廢止比丘尼的八敬法。她眞的是弄不清楚大小乘法的差別，她正是依止聲聞戒而不是依止菩薩戒，才要去廢止八敬法；她如果是依止於菩薩戒，根本就沒有八敬法的問題存在，因爲八敬法只約束聲聞比丘尼而不約束菩薩比丘尼，所以說她不懂佛法。但是在這一點上，印順法師的見解倒是蠻正確的。我們先來看他對勝鬘夫人這個在家人又是女流之輩，是怎麼樣評論的，請看補充資料第二頁第七點：

【出家與在家】：佛法有出家與在家的兩類。有以為佛法是出家人的，或出家眾是特別重要的。其實，約大乘平等義說，學佛成佛以及弘揚正法，救度眾生，在家與出家，是平等平等的。像本經的勝鬘夫人，就是在家居士，她能說非常深奧、圓滿、究竟的法門。若說大小乘有什麼不同，可以說：**小乘以出家者為重，大乘以現居士身為多**。維摩居士，中國的學佛者，都是知道的，他是怎樣的方便度眾生呀！考現存的大乘經，十之八九，是以在家菩薩為主的，說法者不少是在家菩薩，而且也大多為在家者說。向來學佛者，總覺得出家勝過在家，然**從真正的大乘說，勝過出家眾的在家眾，多得很**。有一次，文殊與迦葉同行，文殊請迦葉前行說，你是具戒、證果了；迦葉轉請文殊先行說，你早已發菩提心領導眾生了：結果是文殊先行。發菩提心的大乘學者，雖是在家眾，也是被尊敬的。從佛教的史實上看：晉時法顯去印度時，見到華氏城的佛教，多虧了一位在家居士羅沃私婆迷的住持。唐時玄奘到印度去，先在北印度，從長壽婆羅門學中觀；次到中印度，跟勝軍論師學瑜伽。近代中國，如楊仁山居士等，對佛教的貢獻及影響，就很大。小乘說，出家得證阿羅漢果，在家就不能得（平實按：他這個說法不符阿含的記載）；以大乘佛法說，一切是平等的。反之，佛在印度的示現出家相——丈六老比丘，是適應印度的時代文明而權巧示現的，不是佛的真實相。如佛的真實身——毘盧遮那佛，不是出家而是在家相的。**不以出家眾為重，而說出家與在家平等，為大乘平等的特徵之一。】**（正聞出版社．印順法師著《勝鬘經講記》p.2～p.3）

這就是他所主張的。同樣的道理，我們以前雖沒讀過他的書，但是我們正覺的門風正好是他講的這些特點，所以我們同修會早期對出家菩薩學法有種種的優待；但後來因爲那些被優待的出家眾的作爲，使得我們近年來變成出家與在家完全平等無二，已經沒有差別待遇了。印順法師接著說第二點：

【男子與女人：現在人都在說，男女是平等的，不知佛法原就主張男女平等的。以小乘說，比丘得證阿羅漢果，比丘尼同樣得證阿羅漢果。以大乘說，修功德、智慧、斷煩惱，自利利人，男女是一樣的。如《寶積經》中的〈勝鬘會〉，〈妙慧童女會〉，〈恆河上優婆夷會〉等；《大集經》中的〈寶女品〉；《華嚴經》中善財童子所參訪的善知識中，有休捨優婆夷，慈行童女，獅子嚬呻比丘尼等；《法華經》的龍女；《維摩詰經》的天女等。**大乘佛教中的女性，是從來與男眾平等的**。但過去，佛教受了世間重男輕女的影響，女眾仍不免有相形見拙（絀）之處。這在大乘佛法的平等上說，男女平等而且都應荷擔佛法的！摩訶波闍波提比丘尼圓寂後，佛就將她的舍利對大眾說：要說大丈夫，她就是大丈夫了。因大丈夫所能作的，她都作到了。這可見大丈夫，不是專拘形迹的，能依佛法去做，作到佛法所當作的，不論是男是女，都是大丈夫。經中每說女子聞佛說法，即轉女身為男身；《法華經》中的龍女轉丈夫身成佛，這不都顯示這一番深義嗎？本經是極深奧圓滿的一乘大教，而由勝鬘夫人說法，開顯了男女平等的真義。】（正聞出版社．印順法師著《勝鬘經講記》p.3~p.4）

他說得很好，我們還是要讚歎，不能將他講得很好的部分也加以貶抑，因為他這兩段文字確實說得非常好。所以正覺同修會中向來都沒有重男輕女的惡習，並且可能還有一點重女輕男；這是因為男眾親教師大部分都要派到遠地去，台北講堂反而是女眾親教師當家的多；而且台北由女眾當親教師，可能將來還會越來越多。這其實也是另一種平等，因為男眾出遠門，我比較安心，所以男眾就儘量派到外地去；男眾也比較能夠耐得住苦，所以這樣也算平等吧！雖然說得有一點勉強（大眾笑⋯⋯）。

接下來印順法師又說第三點：【**老年與少年**：在形式上，傳統的聲聞僧團，是重年老上座的，因而佛教養成重老的習慣，說什麼「和尚老，就是寶」。其實，佛教所重的上座，是勝義上座，即能證真而解脫的；那怕是年輕比丘或沙彌，如解脫生死，就是上座。其次，有智慧上座，就是受持三藏的大德法師。有福德上座，他的福緣殊勝，得信眾信仰，能因他而得財力，修寺、塑像等，為佛法服務。這三類，勝義上座是專精禪思的；智慧上座，是受持三藏的；福德上座，是勤勞僧事的傑出者。此外，還有生年上座，即指出家多年的老比丘，這只是由於衰朽龍鍾，而得他人哀愍推許而已。其實，老有何用？釋迦佛成佛時，才三十五歲，七八十歲的老外道，還要歸依佛呢！大乘經中，充滿青年信眾；許多童男童女，都是發大乘心的。《華嚴經》的善財童子，《般若經》的常啼菩薩，都是修學大乘法的好榜樣。羅什三藏受學中觀論時，不過才十幾歲。《佛藏經》說：老上座們鬥諍分散為五部；唯有「年少比丘多有利根」，住持了佛法。「沙彌雖小不可輕」，小乘經本有此意，到大乘佛法中，才充分的開展出來。勝鬘夫人，為波斯匿王及末利夫人的愛女，年紀極輕，弘通大乘法教，引導七歲以上的童男童女，都信修佛法。從青年夫人的弘揚大法，一切青年的修學佛法來看，顯示了大乘佛法的青年老年平等，決不揀別少年而有所輕視的。】（正聞出版社．印順法師著《勝鬘經講記》p.4~p.6）

鳩摩羅什三藏法師，後來由於外在環境的緣故，不得不還俗而示現在家相；但從印順的這三點說明，我們可以看得出來，其實他對大乘法表相的觀念還是很正確的，並沒有偏差；他所偏差的都是法義上的問題，不是大乘佛法的表相問題。所以他其實還是有些智慧的，但只是用在表相上，沒有完全用在法義上面；而這個過失，是因爲他三十歲時相信了藏密應成派中觀的六識論所導致的。如果他沒有那個因緣去接觸應成派中觀，他就不會走上謗如來藏的破法道路。從他所說這三點觀念來看，他對大乘法表相的觀點都是正確的。

但是從另一方面來看，我們要慶幸、要感謝他；正因爲有他信受了應成派中觀而一世努力寫書弘揚，極力主張六識論而否定第七、八識，我們才有機會把一千年來**八、九、十識**的爭議一次解決掉。一千年來，一直有人說欲界的人類都只有六識，或者說有七識、有八識，乃至有人說有九識、十識，佛教界一直沒有機會去把它徹底解決，因爲沒有人極力主張，或者沒有人具備辨正六到十識的智慧，或是辨正的因緣不成熟，使這個問題一直存在未決。如今因爲印順大量寫書極力主張**六識論**，也因爲前幾年離開同修會的那些人主張**還有另一個第九識能出生第八識**的緣故，我們現在才有機會把它解決掉，這對佛教界未來的影響是正面的；所以關於佛教未來的長弘久安，其實還是要感謝印順及那些人所造就的因緣。如果不是他這樣七、八十年大搞一場，弄到佛教界法義這麼混亂，又正好有那些離開同修會的人主張**如來藏出生阿賴耶識**的話，我們也不會認爲解決這件法義爭執的事情是重要的；由於他們，所以我們來作這件事，解決掉千年來六、七、八、九、十識的爭議。所以從事相上來說，其實還是應該要感謝他們。

另外，古來一直有人把聲聞道錯認爲佛菩提道，而用聲聞解脫道所證的聲聞果套在佛菩提道的修證上面來判果；古來也有這種祖師，並且還不在少數，現在正好藉著印順用聲聞解脫道來取代成佛之道，使我們有機會把它作一個總整理。因此，我們製作了一張簡表，將聲聞解脫道與佛菩提道的簡單內容與關聯表列出來，讓佛教界可以容易的理解佛法的概要；不再如同以前一樣，學佛三十年以後仍然不知該如何入道。所以，從每一個人無量世修學佛道的成佛過程來看，其實我們也可以從另一個觀點來看印順，而說他其實也有可能是一位菩薩故意來作反面的示現：**雖然他所作的事都是天魔波旬的行為，看來目的是要以常見、斷見外道法來取代正法。**而且假使要說他是魔王（其實也是他自己所說的），這並不是我們施加於他的封號，因為我們在後面會引述到他的話，來證明他自己所作的事正是魔王所作的事。但是，我們也無妨從另一個層面來說：**藉著他的因緣，把佛法重新作一個很明確的劃分，外道法與佛法從此就涇渭分明，大家可以清楚的分辨了。以他所寫的書中法義作為因緣，假使他捨報前懂得聲明懺悔，勸大家不再信受他的書中法義，那麼他的逆增上緣功德就可以成就了。**

可惜的是，目前還沒有看到他的懺悔書信出現。所以我又打一個妄想：也許他寫了這種公開聲明的文字以後，交代別人：「**我走後十年，你再發表**

吧！不然，我的徒子徒孫就都沒得混了。」因爲差不多一年過去了，還沒看到有正面動作出來，所以我再打這個妄想。我還是把他從好的方面去想，因此就有了這個妄想；希望再過九年，有這麼一個文件出現，他的逆增上緣功德便成就了。而他的功德，由我們來幫他圓滿；但是緣起仍然在他身上，這就是他的一個大功德。如果沒有這個緣起，我們也不會來作這些事情，無法圓滿這件澄清根本法義的大事。

所以從事相上的觀念來看，他對大乘佛教的看法，其實都是正確的，有問題的都只是在法義上。因爲法義上的問題，才導致他在大乘法的事相上，以及他對證嚴法師這些人指示的弘法方向產生了偏差；但他對大乘佛教事相上的觀念，基本上還是正確的。所以關於這部經的某一部分，我與他的看法是一致的：是以在家而且年輕的女人勝鬘夫人作爲經主，而仍然推 佛爲法主。這就是此經要顯示給大乘行者知道的一個特別的地方。顯然印順法師也有注意到這一點，所以才會講出這三大觀念出來；他這部分所講的既是正確的，我們就應該給與認同，不能夠有好惡之心而全面把他排斥。接下來要看，到底勝鬘夫人發了願以後，有沒有天花不斷的飄下來，以及奏出天樂來？

經文：【**說是語時，於虛空中雨衆天花，出妙聲言：「如是如是，如汝所說眞實無異。」彼見妙花及聞音聲，一切衆會疑惑悉除，喜踊無量而發願言：「恒與勝鬘常共俱會，同其所行。」世尊悉記一切大衆：如其所願。**】

講記：她的話才剛說完，果然諸天立刻爲她證明，所以虛空中就不斷的飄下許多的天花，並且天人們發出美妙的音聲說：「**就像勝鬘夫人所說的完全一樣，和妳所說的完全沒有不同，事實上正是如此，所以妳所說的是眞實的，是與事實沒有差別的。**」當時那些人看見天上落下妙花，也聽見虛空中出現了讚歎的聲音，一切心中有疑惑的人全部都把疑惑滅除了，因此就歡喜踴躍無量而發願說：「**我們希望未來世中，永遠都與勝鬘夫人常常共同在一起聚會，我們也將會如同她所實行的一樣去修行。**」可見這些人本來都是有疑惑的，都是善根微薄。

你看經中的人物也有人是善根微薄的，所以諸位都不必妄自菲薄，應該對自己更有信心；因爲這些聽到勝鬘夫人說法的人都還沒有破參，而你們是已經破參明心的人，所以你們更應該尊重自己。這個尊重自己，就叫作尊重弟子，《金剛經》中早就講過了，不是嗎？但是由於 佛的現前，諸天擁護，金剛神也跟隨擁護，所以勝鬘夫人是誠心無欺的發了這個大願，當時就下了很多天花作證明；天人們又發聲護持，使得當時大部分有疑惑的人不再懷疑了，因此他們發願想要世世跟隨勝鬘夫人一起走上佛菩提道。世尊就隨喜授記說：「**都可以如你們所願，生生世世跟隨勝鬘夫人。**」這樣看來，那些有疑惑而善根微薄的人，還眞的變成聰明人了；因爲在人間不是常常可以遇見登地菩薩的，你如果遇見一個能明心又能見性的人就已經夠棒了，登地的菩薩太少見了。

不但古時如此，未來仍將會如此。禪宗眞悟的多數祖師們，他們說的語錄，在你登地之後再拿來看，你眞的可以從雞蛋裡面挑出骨頭來：他們說的法，還是有許多錯誤的地方，顯然是還沒有登地的，登地的祖師確實是不多的。因此那些懷疑的人們，看到勝鬘夫人有這樣的智慧而且敢在 世尊面前發這樣的十大願；並且都是她自己說出來，由 佛全部許可她，這位菩薩顯然不是簡單人物；人間有這樣的菩薩，爲什麼不跟隨她？所以他們雖然善根微薄，卻是有世間法的聰明，跟對人了。因爲他們有這個願，世尊就授記說：「你們所有人都可以如願追隨。」

也許你們會覺得奇怪：那些人這樣輕易發一個願，就可以如願？眞的可以如願，除非後來他們對勝鬘夫人懷疑不信，否則這個願是會繼續存在的。所以老人家常常會講一句話：「出口成願。」確實是如此。因爲講出口以後，就表示心中已經下定這個決心，才會出口，不然就會永遠放在心裡面，只是一個想法。還沒有決定的時候，是不會講出口的；除非是被逼迫，虛與委蛇。可是這個時候沒有人逼迫他們，他們出口當然成願，因此 世尊就記他們：「如其所願。」這個願發了以後，不但自己心中的種子已經成就，每一個人也都各有不同層級的護法神，那些護法神在未來世還會加以護持。他們知道：只要跟著發願的人，就會有正法可以聽聞熏習，甚至可以跟著開悟。

你們去禪三道場開悟時，往往不一定只有你一個人證悟，因爲獲准進入禪三道場及小參室的人，不一定只有你。有時是你自己能進去，你個人的護法神進不去；有時候你進去，你的護法神也可以跟著進去，因爲他們也有往世的學法因緣。所以假使他們有因緣，就會被護法菩薩們允許進去；當他們被允許一起進入小參室，你被印證時，他們也等於被印證了；所以你悟了，他們也是一樣悟了。所以，護法神也希望護持到一個有因緣證悟的人；你若有這個福德，他就願意護持你。既然願意護持你，希望跟著你生生世世得大受用，所以下一輩子你要是忘了，他也會幫你安排一些因緣，讓你再回到正法中來。

不是只有諸大菩薩會幫諸位作這樣的安排，你的護法也會這樣安排的。所以你發了這個願，你下一輩子可能已經忘了，但他們沒有忘，為了他們自己的道業，他們也會幫你；因此，發願一旦出口了，願是會成就的。願成就，未來世就有因緣實現，所以願不能隨便發。以前鬱頭藍弗曾經發願：「這一些魚一天到晚打擾我修定，我將來要變成水獺，把牠們殺光。」他很強烈的發了這個願，未來從非非想天下墮人間時，就會去當水獺一類的動物，一天到晚殺魚卻不一定會吃牠們，所以 佛陀很憐憫他。所以願不能亂發的，善願可以儘管勇猛的發，惡願可就千萬不要發。

有些愚癡人甚至怎麼發願呢？他發願說：「蕭平實說的法義如果是正法的話，我寧願下地獄！」啊！我聽了真為他擔心，連腳底都涼了！因為他連我的任何一本書都沒有讀過，只是聽聞人家毀謗我，他就發了這個惡願，你說該怎麼辦？這眞的讓人爲他擔心！可是有智慧的人爲他擔心，他自己卻都不擔心，你說要怎麼辦才好？我們只好繼續擔心，沒有別的辦法，只能期待他有因緣讀了我的書以後懂得懺悔改變了。所能夠做的就是靠諸位，儘量想辦法流通書籍，看能不能把正覺書籍中的一本，讓他接到手中而且願意去讀；等他讀了以後會發覺：「啊！我發願時發錯了。」就懂得懺悔，就得救了。所以說，出口成願，發惡願是很嚴重的事，因此千萬不能隨便發惡願。

在淨土三經中，佛也講過，有人聽聞西方極樂世界的殊勝以及阿彌陀佛的大願，心中愛樂，願意往生極樂世界；只有起這個願而已，過後他馬上忘了，也沒有再繼續唸佛，也沒有修行，可是等到他捨報的時候猶如夢中，阿彌陀佛也會來爲他點醒：「你曾發願要來極樂世界，如今還要不要來？」想起來了：「對！我有發過這願，我願意去！」就接他去了。你說這個願厲害不厲害？所以，**出口成願**這四個字，大家千萬要記住；講出口的就不要把它忘掉，已經講出口的，願力會在未來幫你實現。所以善願，你都儘量可以發：我未來一定要成佛，一定要度眾生。你就儘量發善願，因爲出口成願嘛！因爲既已說出口了，就表示在心中已得決定；縱使未來世忘了，你未來也還是會藉著這些善願，不斷的把自己往上推升，佛道的成就不就很快了嗎？所以諸位要記住：千萬不要發惡願，不管那個惡願多麼小，都不要去發；善願呢，大小都沒關係，你就儘量發，因爲它對你會有幫助。十大願講解完了，也證實她這十個大願確實是正受了，沒有絲毫的懷疑了，接下來又要作歸結了。

〈三願章〉第三

經文：【爾時勝鬘復於佛前發三大願而作是言：「以此實願，安隱無量無邊眾生；以此善根於一切生，得正法智，是名第一大願。我得正法智已，以無厭心為眾生說，是名第二大願。我於攝受正法，捨身命財護持正法，是名第三大願。」爾時世尊即記勝鬘：「三大誓願如一切色悉入空界。如是菩薩恒沙諸願，皆悉入此三大願中，此三願者眞實廣大。」】

講記：前面是發十個大願，這十個大願歸結成三個大願。這時勝鬘夫人在佛前又發三大願，她這麼說：「我藉著前面所發的十個眞實大願，來安樂以及讓無量無邊的眾生可以獲得無憂無慮的境界。」「安隱」的「隱」字，是說不會被人家特別注意到而加以傷害，這叫作隱。幽隱本來是好事，幽就是不容易看得見，隱就是隱藏。這就好像說，有人被追殺時趕快跑入群眾之中，那就變幽隱了，仇人就不容易找到他。如果仇人的視野之中就只有他一個人，他的目標很明顯，就不叫作幽隱，所以隱就是幽隱；「安隱」的「安」

字，則是安樂、安定。

她說：「以這十個眞實的大願，來安定幽隱無量無邊的眾生；然後我再以安隱無量眾生這個大善根，迴向在未來一切世中都可以得到正法的智慧，這就是我的第一個大願。」安隱無量無邊的眾生，是對別人；對自己，則是以這個善根再迴向自己來得一切世中都有正法智，這是對自己。這是自他兼利，這就是菩薩法；菩薩不會自得其樂、獨善其身，而是自他兼利的。願世世都得正法智，是因爲從往世到這一世爲止，她都有胎昧。有胎昧，所以必須要以十大願，來使自己的善根發起以及圓滿，用這個善根來迴向自己未來世一切生中都可以在不離胎昧的狀況下，而仍然獲得正法的智慧。

當然，她所講的正法是指大乘法；因爲對她而言，二乘法不是正法的代表；雖然二乘解脫道也屬於正法，但不是佛教正法的代表者；二乘法只是從大乘法中方便析出的內容，本質仍是大乘法中的一小部分內涵，是 佛陀權巧方便施設給根器較小而專求解脫生死的人，實證者只能出離三界生死而無法成佛，所以並不是佛教正法的代表。由此緣故，以她廣發十大願戒的善根迴向未來一切生都可以獲得大乘正法的智慧，這是三願中的第一個大願。

然後再從這個基礎而發起第二個大願：「**我未來無量世中，生生世世得到正法智以後**，願意以完全沒有厭惡眾生的心態，來爲眾生說法。」換句話說，她是迴向自己世世可以樂說無礙，希望自己說法時永遠不會對眾生現起厭惡的心態，這是第二個大願。

再從第二個大願的基礎上，又發起第三個大願：「願我未來世在攝受正法時，**都能夠捨身命財去護持正法**，這個是我的第三個大願。」攝受正法就是攝受大乘法，捨身命財來護持正法。這個部分，印順法師在他的書中有些著墨，我們來看他怎麼說。請看補充資料的第八點，印順法師說：

【或遭遇魔外猖狂，而佛法大受摧殘時，還要有「捨身命財護持正法」的勇氣與決心。如以自己的勞力去助人，或以自己的身體施人與代人受苦，名捨身。因護持正法而失去身命，名捨命。施捨自己的錢財，名捨財。總之，為了護持佛法，不惜犧牲自己的身命財產。唯有護持正法，才能攝受正法。如以為學了佛，就得佛菩薩保佑，永得安樂度日，這不是菩薩心行。菩薩以利益眾生為本，**要有攝受正法的正法智**，更要有捨身命財而護持正法的決心。中國學佛者，雖自稱大乘，而**真能從饒益眾生，護持正法去作的，實在**

太少。中國佛教的衰落，並不意外！」（正聞出版社．印順法師著《勝鬘經講記》p.76）

這就是印順提倡**世俗化**的**人間佛教**的基礎理論或心態，從這一段說法中，可以看出他的最基本想法了。他說菩薩要有攝受正法的正法智，這是他的第一個想法。但他這第一個想法，是把正法智定位在解脫道的修證上面；只要是懂得緣起性空，懂得蘊處界都是眾緣所起，其性無常，終歸於空，有這樣的智慧就叫作正法智，就是攝受正法，這就是他的第一個想法。所以他在法上，就用解脫道來取代佛菩提道，才會公然否定第八識如來藏，他的人間佛教的第一個想法就在這裡。

第二，再看下一行那些粗體字：「**真能從饒益眾生，護持正法去作的，實在太少，中國佛教的衰落，並不意外！**」換句話說，如果不能護持解脫道的正法，中國佛教就會衰落了；若不能從饒益眾生上面去作，中國佛教也會衰落，這就是他的人間佛教第二個基礎想法。所以，他一直用二乘法的解脫道來弘揚，可是卻要求大家不可以取證無餘涅槃，也暗示不必斷我見、證初果；要世世發願行菩薩道，用解脫道不斷利樂眾生，但只需以凡夫的菩薩行來弘揚解脫道就行了；另一方面，去救濟眾生在生活上的種種困苦，並且教導他們修學凡夫位的解脫道；生生世世這樣實行，就可以成佛了。這就是他的人間佛教的第二個想法。因此弘誓學院昭慧法師就走上了以解脫道來弘揚佛菩提道，而將聲聞解脫道認作爲成佛之道；但她還算是有些在佛法上用心的，畢竟還是以法爲主（先不論她和印順的法正確與否）；但是佛光山與慈濟就走向了世俗化的佛教，各自選擇一個方向去發展。

佛光山是儘量去世界各地興建佛寺，在全球各地到處建寺；建得越漂亮越好，規模越大越好，這樣越能吸引人們對佛光山星雲法師個人的崇拜。而慈濟則是儘量在救濟眾生生活的困苦上面，並且開始走上國際化而求取名聞全球的大名聲，希望獲得諾貝爾獎。他們認爲這就是眞正的饒益眾生，符合了印順法師所以爲的眞實饒益眾生的觀念。因此弘誓學院大部分還是在法上行，慈濟、佛光山則大部分是在救濟眾生及世俗化上面走去；把這三個團體的行爲整合起來，就是印順法師的人間佛教具體實行的例子。

從這裡，我們就可以看得出來：印順的人間佛教思想，爲什麼會使得慈濟、佛光山走一條路，而弘誓學院走另一條路，這就很清楚的看出來了。因此，他們願意捨身命財護持正法，結果卻變成印順所講的世俗化的人間佛教；這與勝鬘夫人的想法以及願力和作法，根本大相違背。所以，他會註解大乘經典，我一點都不意外；因爲他所認爲的佛菩提道就是如此，而他認爲中國佛教會衰落的原因，就是因爲沒有努力走入人間去救濟眾生，沒有努力把二乘解脫道加以弘揚，而都在想像那不可知、不可證的如來藏，所以中國佛教便衰落了。這就是他的想法。這樣，印順的想法就很清楚地在他對這一段經文的註解中顯示出來了。

現在回到經文來，勝鬘夫人發了這三個大願，在這三個大願中，有對自己而發的，也有對他人而發的。但是第一個大願，她是迴向自己生生世世得正法智，而這個正法智指的是大乘法的智慧，不是二乘小法的智慧。所以，她第一個大願，是以十大願來利益眾生，然後迴向自己發起大智；第二個大願，是希望生生世世都可以生起大悲心而樂說正法；第三個大願，就是發起大勇之心來護持正法。三個願都有了，就具足大智、大悲、大勇，當時她發這三個大願的目的就在這裡。有了大智，有大悲心，也有大勇氣，你想她在人間是不是可以生生世世住持正法、攝受正法呢？當然一定可以完成，所以她等於是把十個大願再歸結到這三個大願上來。

假使你有了這三個大願，登地是遲早的事，不會拖很久。所以，這三個大願，諸位願不願意試著去發願一下？發一下子願也是好的，因爲當你悟後把願發出口了，它就成願了；這個願成就了，就會由願力推著自己不斷的往前走，登地就很快了；所以眞的應該要效法勝鬘夫人，她就等於是在教導大家怎麼樣迅速登地，並且速成佛道。因爲她已經登地了，現在又發了這些大願，都是要促使她自己趕快成就佛道，以便利益更多的眾生。她所有的願都在這裡，所以這個願不是只有早日登地而已，並且可以速成佛道。

也許有人想：「這個願哪有可能完成？」不要這樣想，你只要肯發願，發了願，你就有一個動機要去作了。在佛前發了願以後，如果你沒有去作，每天上香時都會覺得羞赧，不敢正視佛菩薩的聖像，眼光一定會避開。那就表示已經有一個動力，會促使你少分、多分、努力去作，難道你不會因此而提早登地嗎？一定會提早的。因爲，這不是一般菩薩敢發的願，而你悟了又已經發起這些大願了，自然就會有慚愧心伴隨著；有慚愧心是好的，當你上香時會覺得羞赧，這其實是善心所，不是惡心所。要記住這是善心所，當你有慚愧心時，它自然就會促使你往地上菩薩的境界去邁進，你的心就會越來越雄猛，也會越來越自然地去實行登地所應該作的事情；這樣一來，說會拖到一大阿僧祇劫以後才入地，我想是不可能的，一定會是長劫入短劫而很快就登地。所以這三個願，其實也是大家應該學習的。

當她發起這三個願以後，世尊當場就爲她授記：「妳發起的這三個大誓願，就好像一切色法都在空界裡面一樣。」換句話說，它不會消失掉，色法永遠都在虛空中而不會消失掉，只有增減變異的問題而沒有消失的問題。不管是色聲香味觸的哪一法，能離開虛空嗎？不可能，一定要有虛空，才能有色聲香味觸。如果再來講具有形體的好了，譬如說人身，一樣不能離開虛空。如果沒有虛空，你連動手動腳都動不了。想像一下，你如果被人家用繩索、棉被包裹住，你還能動嗎？動不了了！把這些都撤開了，你就可以在虛空中來來去去。如果虛空中一直遍滿堅固的物質，把你包圍住，你根本都不能動。正因爲虛空，你這個色法才能運作，所以一切色法都在虛空中。

再講大一點的好了，譬如地球，也是在虛空中。古時候如果講這個道理，人家都不懂：「我們大地怎麼會在虛空中？」因爲以前的人不知道這個大地是一個圓形的星球，在虛空中轉來轉去。現在人一聽就懂了：「喔！原來大地也在虛空中。」大而擴之，整整一個三千大千世界也是在虛空中；再擴大到無量無邊的世界，也都是在虛空中。正因爲虛空是無法，無法才能無量無邊。

這意思就是說，勝鬘夫人發了這個願，是眞誠的，不是在騙佛的，也不是在騙自己、騙眾生，所以 佛爲她授記：「妳這三個大誓願，就如同一個事實一般，是眞實的；如同一切色法都在虛空界中，這個道理無法打破；所以妳發的這個願也是眞實的，是不可能打破的，沒有人能否定妳。就像是妳發的這個願一樣，菩薩們所發的如同恆河沙數那麼多的種種願，不論它們是什麼願，其實都含攝在這三個大願之中；所以這三個大願是眞實的大願，也是很廣大的願。」

而這三個願， 佛爲諸位點了出來，就是大智、大悲、大勇。如果沒有大智，也不願利樂眾生，又沒有大悲心來破邪顯正救護眾生，一遇到人家挑戰時就退縮回去，那你就不用想這一世、未來世、下下世就要登地，你都別想了。如果這三點都可以作到，你這一世有可能就登地了，或者下一世、下下世就登地了，這叫作長劫入短劫，但前提是你必須要有這一些條件。假使你不具足這一些條件，想要登地是很難的。所以，先要有大智來成就第一願，然後破邪顯正時要有大勇、大悲之心而勇往直前，才能持續不懈。

但是勇往直前時，有勇無謀也不行，得要有智慧——世間智以及出世間智——作爲依憑，所以必須要配合大智。你如果沒有大智慧，隨便寫一篇文章出去，一天到晚都有一大堆人來挑戰，結果自己沒有能力可以折伏對方、攝受對方，那又怎麼能弘法？如果沒有智慧來觀察因緣，什麼時候該說什麼法，什麼時候該寫什麼書，你若沒有智慧來觀察時節因緣，表示智慧還不夠，那麼你弘法時將會遭受很多的橫逆、波折與困擾，所以這些部分都要有智慧。

就好比說《狂密與眞密》，這四輯書，如果是我們所有的書籍中最先印出來的，今天咱們可就不能見面了，我已經轉到下一輩子去了。所以一定要有次第性，要有智慧能判斷什麼時候適合說什麼，適合做什麼，適合寫什麼。可是光有大智與大勇也不行，往往時間久了就會厭倦：「這些眾生太愚癡了，度到什麼時候才能度過生死而到彼岸？太難了！」結果同修會成立還沒有兩年，你也許會說：「我不要再度眾了，我要退休了！」沒有大悲心，只是想要享受一個人有智慧地過快活日子，那也沒有辦法快速登地。所以這三個心很重要，要有大智，對眾生也要有大悲，然後自己本身要有大勇，不畏懼任何的困難，總是願意為正教的永續流傳及眾生慧命的取證，不斷地努力而不會退縮，這樣就具足這三願了，登地就會很快了。所以這三願，是以十大願來迴向成就大智，是以大智為前提來生起大悲，然後發起大勇心為眾生、為正法來作事。如果眞實能這樣作的話，那你發這三個大願就是眞實大願、廣大之願。

〈攝受章〉第四

【爾時勝鬘白佛言：**「我今當復承佛威神，說調伏大願眞實無異。」**佛告勝鬘：**「恣聽汝說。」**勝鬘白佛：**「菩薩所有恒沙諸願，一切皆入一大願中，所謂攝受正法。攝受正法眞爲大願。」**】

講記：十大願攝歸三大願，三大願再攝歸一大願，歸結到正法上來。由這裡就突顯了一個很重要的事實：不論誰如何弘法，如何利樂眾生，都要歸結到正法，正法就是大乘法的佛菩提道。這時勝鬘夫人向 佛稟白說：「佛爲我授記了，**我如今還是要繼續仰賴著佛的威神，說明調伏大願以及它的眞實無差別。**」爲什麼要調伏呢？因爲願的精神，聽聞者並沒有完全理解到它的眞實義，所以要爲大家調伏；是爲大家調伏的大願，都是眞實法，不異於正法。爲什麼十大願、三大願都不異正法？當然有它的原因，所以她會這麼請求，是因爲怕眾生不瞭解。請求之後， 佛告訴勝鬘夫人說：「就讓你隨意的演說吧！」勝鬘夫人向 佛說：「菩薩所有超過恆河沙數的種種願，其實一切的願都攝入一個大願之中，這個大願就是我所說的攝受正法的大願。攝受正法才是眞正的大願。」

假使發了許多願，然後依照這些願實行而教導眾生的，卻都是誤會了的佛法；在這前提下，發這些願、實行這些願，就沒有利益可說了——不論是對自己或對眾生們，都是沒有利益的。所以，如果有人發願說（我也相信一定有人曾經這麼發願）：「我願意盡未來世，努力把印順法師的思想一直弘傳下去。」諸位想想：「會不會有人發這個願？」一定有的。所以，有人發願要破斥我所說的法，他們發願要破斥蕭平實；其中有一些人是初學佛的，也有學佛十幾年的，也有在大學裡教哲學的教授，可是眞能寫出什麼文章來破斥我呢？寫到最後總是丟進字紙簍，或是根本就不敢下筆。這意思是說，他們還沒有攝受正法，他們是用二乘法，並且不是正統的二乘法，而是誤會後的二乘法來發大願說：「我要努力，要盡未來際來弘揚印順法師的思想。」可是攝取印順的思想時並不是在攝受正法，而是在破壞正法。這樣一來，他們發了那個大願，就變成虛假大願，不是眞實大願。

發了大願以後要去作的弘法工作或是救濟貧窮的工作，都應該以正法爲中心來做。如果法是誤會的、錯誤的，就不該發願要盡未來際加以弘揚；也不該以錯誤的法義爲依止，而勸募佛教信徒的錢財來救護眾生，這樣會誤導那些被救濟的眾生們與他一樣走入邪見中，甚至於隨他一起謗法而不知正在造作大惡業。所以十大願要攝歸於大智、大悲、大勇，但是這三大願還要攝歸於正法。換句話說，一切都要以正法爲依歸，如果離開了正法，發再大的願，都是與眾生的利益也與自己的利益相違背。

【佛讚勝鬘：「善哉！善哉！智慧方便甚深微妙。汝已長夜殖諸善本，來世眾生久種善根者，乃能解汝所說。汝之所說攝受正法，皆是過去未來現在諸佛已說、今說、當說。我今得無上菩提，亦常說此攝受正法。如是我說攝受正法所有功德不得邊際，如來智慧辯才亦無邊際。何以故？是攝受正法有大功德、有大利益。」】

講記：佛陀讚歎勝鬘夫人：「講得眞好！講得眞好！妳在智慧上面的弘法演說也有許多的方便，並且能講到很深很微妙的法義上來。」又讚歎說：「妳勝鬘在過去無量世的漫漫生死長夜之中，已經栽種拓殖了非常非常多的善法作爲根本。妳今天所說的法義，未來世的眾生如果是已經在很久時劫中不斷在種植善根的人，他們才能懂得妳今天所說的深妙法。而妳所說的攝受正法的眞實義，都是過去諸佛以及未來諸佛和現在的諸佛所說的。妳說的這些法，過去諸佛已經說過了；現在諸佛也正在說，」因爲現在諸佛遍十方界，並不是只有娑婆才有佛，所以說現在諸佛也正在說；「而未來將會成佛的諸佛，將來也會說這些法；就如同我釋迦牟尼如今得到了無上菩提，我也常常爲眾生演說這個攝受正法的道理。就像是妳我所說的一樣，攝受正法的所有功德是講不完的；從攝受正法中會得到無量無邊的功德，是沒有辦法說得盡的。而且諸佛如來的智慧，諸佛如來的辯才，也是無邊無際而不能限量的。爲什麼會這樣呢？這都是因爲攝受正法這件事情有大功德、有大利益的緣故。」

勝鬘夫人所說的這些法，爲什麼能得到 佛陀如此的讚歎呢？因爲這個法不是一般人所能瞭解的，這就值得探究了！爲什麼 佛會說勝鬘夫人說的這些法，她的智慧方便甚深微妙呢？這當然是有緣故的。譬如說，古時候也有、現在也有的事情：才剛剛明心，他就敢訶佛罵祖。古時最具代表性的，不就是德山宣鑑嗎？德山當年剛悟時也才只是明心而已，第二天就離開龍潭崇信禪師而去德山開山了。他住山以後，是目空一切的。

又如臨濟義玄怎麼說法？他悟後剛出道弘法時就從明心的證量而向學人開示說：「道流！取山僧見處，坐斷報、化佛頭。十地滿心猶如客作兒，等妙二覺擔枷鎖漢，羅漢辟支猶如廁穢，菩提涅槃如繫驢橛。何以如此？只為道流不達三祇劫空，所以有此障礙。」說他可以坐斷報身佛、化身佛的頭，說等覺、妙覺都只是擔枷帶鎖而不得解脫的漢子，又說阿羅漢與辟支佛猶如廁所裏面那個髒東西。那你們想想看，德山、臨濟那時的智慧，能聽懂勝鬘夫人所說的這些法嗎？當然不懂。因為他們那時都才剛明心而已，也沒有眼見佛性，更沒有牢關的智慧。德山後來能得到牢關的智慧，還是他的徒弟嚴頭全豁幫的忙，並且只是解悟，所以他們訶佛罵祖都是沒道理的。

但他們竟然敢說他能坐斷諸佛頭，說等覺、妙覺是擔枷鎖漢，說羅漢、辟支猶如廁穢，這樣訶佛罵祖。問題是他們明心以後，認為自己是什麼？已經成阿羅漢了嗎？不然為什麼瞧不起羅漢與辟支佛？我們就要請問（假使他們今天還在的話），我們當場就要請問：「請問你們思惑斷盡了沒有？如果沒有，你這一點就不如辟支佛、不如阿羅漢，怎麼可以罵他們是廁所裡的糞便呢？」再請問：「你是有道種智了嗎？或者更高的一切種智，你有了嗎？否則怎能輕謗等覺、妙覺菩薩？」說句老實話，臨濟與德山當年都沒有道種智，還是進不了初地的。進初地得要有道種智，可是他們沒有道種智，憑什麼就敢說等覺菩薩是擔枷鎖的漢子呢？而他們其實連初地的道種智都沒有。這就是說他們的智慧與方便都不夠深、不夠微妙，卻膽大妄言；縱使他們確實都悟了，也要爲訶佛罵祖付出代價。古人已悟的是如此，未悟的古人也如此；不但未悟的古人有如此的，乃至今人還沒有證得如來藏，竟敢效法德山、臨濟一樣的說法，你說狂妄不狂妄？

甚至於現在還有許多人，連如來藏在哪裡都還不知道，就已經在爭執說：見道就是初地。想要別人認定他是初地心而恭敬、供養他。這個問題眞的很嚴重！如果見道就是初地的話，那顯然他的意思是說，玄奘菩薩摩訶薩的《成唯識論》講錯了，是不是呢？因爲他們主張：見道只是幾個剎那就解決了，那幾個剎那以後就是初地了。問題是：相見道要擺在哪個階位裡？難道要擺在地後嗎？那些人連明心都沒有，竟然敢爭執說：見道就一定是初地。他們所謂的見道是什麼呢？是離念靈知意識境界，連學佛最基本的我見都還沒有斷。就算他眞的斷我見又證悟如來藏，也被勘驗確實悟得沒錯了，請問：一念無明的內容他懂了沒有？無始無明懂了沒有？上煩惱與起煩惱又懂了沒有？也都是不懂的。

這些卻都是初地菩薩應該懂的法義，可是那些人連明心都沒有，連無明也都不懂，就敢自稱爲初地菩薩，那也是大妄語。假使在我解說這部經以前，他能夠說出《勝鬘經》所講的這些法，而且沒有錯誤，才有資格自稱見道是初地。所以，爲什麼 佛要特別讚歎勝鬘夫人說：「妳的智慧、方便，都是甚深而且微妙。」爲什麼要這樣讚歎？因爲娑婆世界的眾生，除了我慢深厚以外，還加上慢、過慢、慢過慢及增上慢，這樣到底是幾種？已經有五、六種慢了。但這五、六種慢，在娑婆世界中很平常，也是現代佛門中常可看見的；這是你們常常會遇到的，隨便找一個自稱證悟的人，卻是如來藏也沒證得，說他悟的是離念靈知，說這一悟就是初地菩薩了，卻是連我見都不曾斷。落入離念靈知心中，就是依我起慢，就是我慢；再來，他因爲這緣故而覺得比別人更行，心中又生了慢；再來，這是未悟言悟而有過失的慢，那就是過慢；過慢以後，又由此而認爲他自己的看法是沒有錯的，所以是慢心之上再生過慢，成爲慢過慢；因此而又妄言說自己是初地菩薩，就加上一個增上慢。光是這一件小小的事情，看來似乎不大的事情，其實問題卻是很大的。

假使他有初地的證量，應該已經懂得《勝鬘經》；不必依靠別人解釋，自己就能夠把它解釋出來，這樣才能說他已入初地了。如果還要等到別人講過才懂，那顯然不是初地菩薩。所以，那些所謂開悟的人，認爲說他們已經是初地的人，我們就要請問他們，到底一念無明、無始無明的內容是什麼？證得如來藏時，在菩薩的五十二個階位中又是什麼階位？都得要有能力很清楚的定位出來；否則空言證悟、入地，捨報時只怕是承擔不了，卻又不得不自己承擔，那時再來呼天搶地，都嫌太遲了，已經沒有辦法補救了。所以學佛其實應該膽大，可是一定要心細。如果膽大而心不細，一定會出紕漏，並且會出大紕漏。那些佛教界的大師們都討厭我，因爲我會苦口婆心的說一些老實話，他們就亂說我老是喜歡罵人；但其實我不是在罵人，而是在救他們。

不論他們喜不喜歡，我都一定要講；因爲這些話不講，可能會使某些人繼續落在大妄語業中。我們將來把講經的錄音整理爲講記以後，如果有人讀了知道他自己有過失，懂得懺悔，他的過失就可以消除掉，我們便救他免掉大妄語業了，所以我還是要講的。

智慧以及方便二者，如果不夠深、不夠微妙，那是沒有資格當初地菩薩的；因爲必須要能了知十地之道，才能算是初地菩薩。所以，學佛如果想要得到成就，希望此生沒有白來一趟，就一定要有兩個條件：第一是膽大，第二要心細。一般人膽子都很小，你如果跟他說：「你有沒有想過，這一世可以開悟？」他一定說：「你不要抬舉我了，我算老幾？」有的人講粗俗一點說：「我算哪棵蔥？」所以一般學佛人膽子普遍都很小，要是談到明心開悟或者說眼見佛性，他們想都不敢想。

以前還有一位法師跟我說：「你們講明心、見性，不要說到見性，我只要明心就夠了；我覺得我如果三十年後可以明心，我就很滿足了。你們卻在那麼短的時間裡就說可以明心，還說可以見性，我不信。」我就說：「好，就讓你三十年後明心。」他有希望可以明心，但是要等三十年。但是這樣對他不夠好嗎？夠好了！對一般人而言，他們認爲說：「明心，那個是再來菩薩的事，與我無關啦！」這就是膽子不夠大。

另外有一種人，他們膽子很大，動不動就說開悟了；可是悟了以後還有下文，過了兩個月、三個月，他又說：「我好像沒有悟！」可是以前到底曾經跟幾個人講過他開悟了？他自己也忘了，要怎麼去彌補呢？又沒辦法。然後又過幾個月，他又公開說他開悟了，說這回一定是眞的。這樣子經過幾回的悟了又錯、錯了又悟，最後一回的開悟還是弄錯了。但是幾次大妄語已經講出去了，該怎麼辦呢？這就是膽子夠大，可是心不夠細。心不夠細時，往往未悟言悟、未證說證，結果就變成因中說果，因中說果就是增上慢，也是犯了大妄語戒。所以膽子大，敢求開悟，是很好的；但是心也要夠細膩，一定要如實、詳盡、確實地求證自己的所悟是眞、是假？一定經過確實的求證，已經有百分之一百二十的把握了，才可以公開宣稱：已經是眞的證悟了。

所以，大妄語的人其實是非常多的，而最多的是在西藏密宗，他們不但大妄語，而且是超級大妄語；因爲他們動不動就說已經證得報身佛的境界，

認為　釋迦牟尼佛的成佛境界在他們眼裡眞的不夠瞧。但是這些人很可憐，他們一直到老死都還認為他們是成就報身佛了，其實是超級大妄語。可是他們有誰能有智慧與方便去瞭解到自己的超級大妄語？非常非常少。那麼說小一點的妄語好了，譬如有人說，他已經成為阿羅漢了，也印證了一些弟子成為三果、二果、初果；但他很可敬，因為自從我們《眞實如來藏》這些書出來以後，他懂得檢討，所以捨報前向佛教界道歉說：以前是因中說果。這樣就有救了，可是這種敢認錯的鐵錚錚的漢子，是很難得、很稀有的；目前還有更多的人，仍然是在大妄語的境界中；他們心中也已經懷疑到自己是大妄語，但是仍然不肯向徒眾們更正，不願說明自己是大妄語，更不肯公開發露及懺悔。這些人，難道我們應該眼睜睜地看著他們將來捨報以後去承受大妄語的地獄業嗎？所以我們今天還是要講，因為大家聽過以後，將來整理成書籍，還會有許多人可以讀到，將來他們都可以有機會懺除大妄語業而得救。

如果有人說他悟了就是初地，我們要請問他：「初地入地心的菩薩有少分道種智，十地有即將滿分的道種智；請問你入地以後，有沒有道種智？」如果還沒有道種智，那就要趕快改往修來，要懂得發露懺悔；然後還要實際上去修學，一定要到了親證如來藏以後，才可以說他已經開悟。但是悟了仍然是還沒有道種智，仍然不是初地，仍然要公開懺悔自稱初地的大妄語業。如果說他證了如來藏就是初地，那意思是不是他的證量比玄奘菩薩還要高？因爲很顯然是在指責說玄奘菩薩講錯了。玄奘菩薩的教判是判定見道有兩種：一個是眞見道，第二個是相見道。相見道的修行是在眞見道之後，在眞見道以後還要進修到已經發起初地入地心的道種智，才能夠成爲入地心；這個眞見道以後所修的相見道位智慧功德，是七住位以後的三賢位中應該進修的別相智，相見道位應有的別相智圓滿後，才是初地的入地心。

而眞見道代表著什麼？代表說他的般若正觀已經現前了。只有般若正觀的現前，才能稱爲見道；能實際上觀察到法界眞相確實是如來藏，而如來藏永遠都在中道中，這樣才叫作般若正觀現前。可是般若正觀的現前，在《菩薩瓔珞本業經》裡面，他的地位只是十住位中的第七住位而已，還進不了十行位的初行位中。如果自稱他悟了就是初地，那他是不是說「佛在《瓔珞本業經》裡面的說法錯了」？那他是自認爲證量比　佛更高了？可是初地菩薩證量不可能比佛高，所以那些自稱初地菩薩們的證量，顯然是有問題的。

由此，智慧是否深妙，以及說法的方便有沒有深妙，都是許多人可以現前觀察出來的，也可以被人當面檢驗的；因此有甚深微妙的智慧以及種種方便的人，也就是已經有初分道種智的人，才能稱為初地菩薩，否則就不夠資格。眞正悟了如來藏，再加上眼見佛性時，仍然是如此，只是十住位的菩薩；何況是那些落在離念靈知中的人，意識我見分明未斷，怎有資格跟人家爭執說，一見道就是初地菩薩呢？所以那一種人讀《勝鬘經》是一定讀不懂的，一定會誤會的。

因此，佛才會說：「妳勝鬘夫人在過往的無量生死漫漫長夜的過程中，已經栽種拓殖了非常多的善業資糧作為根本，才能說出這樣的妙法，才有這樣的甚深微妙智慧與方便。可是妳所說的法，未來世的眾生大部分人是聽不懂的，只有久種善根的人，才能聽得懂妳勝鬘所說的法。」所以智慧與方便的甚深微妙，不是一般三賢位的菩薩能作得到的。以初迴向位的菩薩來講，他的智慧與方便已經夠微妙、夠深奧了，但是仍然進不了初地；因為慢心的消除以及道種智的修證還不夠，所以他必須要再繼續進修，再經過初迴向到十迴向位等十個位階，才能進入到初地。所以 佛會說：「未來世眾生，」當然就包括我們這一世的眾生，因爲已經過去二千五百年了，所以我們現代的學佛人，「必須是過往無量劫來已經久種善根的人，才能聽得懂《勝鬘經》所講的深妙法義。」

而《勝鬘經》中所講的法，主要就是攝受正法，攝受正法就是破邪顯正，破邪顯正就是救護眾生，救護眾生就是在成就自己未來成佛時的淨土，攝受正法的道理就在這裡。所以 佛才會說，祂已經得到了無上菩提了，也是常常爲弟子們說勝鬘夫人所講的這個攝受正法。而這個攝受正法，最重要的地方就是獅子吼、就是一乘道。講述一乘道的正理時就是在獅子吼，獅子吼就是宣講一乘道；而獅子吼與宣講一乘道就是在救護眾生、就是在成就自己未來的佛土。

了知這些正理以後，整個佛法的內涵就連貫起來了，就不會再像以前學佛時渺渺茫茫：這個法與那個法好像都沒有關聯，聲聞法與緣覺法似乎也沒有關聯，四聖諦與八正道好像也沒有關聯，而四諦、八正與十二因緣、十因緣好像也沒有關聯，十因緣與十二因緣又好像沒有關聯，而這些法跟大乘法的明心又好像是兩回事，明心與見性到底有什麼關係？這兩個法跟進入初地又有什麼關聯？好像都是零零散散支離破碎而無關的。可是你如果眞的悟了並且成爲初地心，就不該有這個現象，那就應該所有的法都是互有關聯的；因此所有的法，在整個佛法體系中的定位，你也都很清楚明白，這樣才能稱爲初地。所以眞正得到初地果證的人，他可以自己讀得懂《勝鬘經》的眞義，並且也能爲人宣講；他自己可以讀懂《成唯識論》的眞義，也能爲人宣講，這樣才可以叫作初地菩薩。

因此，還是要回到那兩個原則來：學佛一定要**膽大**，但是不能缺少**心細**。膽大而不心細，就會成爲魯莽的狂妄者，稱爲莽夫。心細而不夠膽大，就會輪轉生死、求出無期，而且對於法界實相的證悟也將會遙遙無期。所以對當前佛教界的大師與學人們，我給他們的建議，就是學佛要膽大加上心細。否則的話，等到捨報時再來後悔，已經來不及了；因爲那時候口不能說，手不能寫，什麼人都無法幫他補救了。

因此，勝鬘夫人出現在人間，有很大的目的，就是來作獅子吼，就是來說一乘道。獅子吼能救護有情眾生不犯大妄語業，宣說一乘道則能使二乘行者不起增上慢而能迴向大乘道，就能轉而利益更多的有情；所以，**攝受正法**就是獅子吼，就是宣說一乘道。所以，攝受正法的功德無量無邊，佛因此才會這樣說：假使祂爲大家說明攝受正法的所有功德，是永遠都講不完的，因爲如來的智慧與辯才沒有邊際，所以才能夠看到攝受正法的功德無量無邊。因此，當大家讀到了勝鬘夫人的教誨以後，應該有智慧來對自己的道業及觀念作正確的修正——遠離錯誤知見及盲修瞎鍊——改依她所開示的正知見，未來無量世學佛的道路將會是坦途而沒有遮障。所以《勝鬘經》接下來還會繼續再講的法義，大家都應該要特別留意，因爲這個正確的法義知見的種子，種到你心田之後，將會攝受你、護持你，在未來無量世的佛菩提道中，可以平順的往前邁進，而且可以迅速成佛。接著還要再看勝鬘夫人接下來繼續如何說：

經文：【勝鬘白佛：「我當承佛神力，更復演說攝受正法廣大之義。」佛言：「便說。」勝鬘白佛：「攝受正法廣大義者則是無量，得一切佛法，攝八萬四千法門。譬如劫初成時普興大雲，雨眾色雨及種種寶；如是攝受正法，

雨無量福報及無量善根之雨。世尊！又如劫初成時有大水聚，出生三千大千界藏及四百億種種類洲；如是攝受正法，出生大乘無量界藏、一切菩薩神通之力，一切世間安隱快樂，一切世間如意自在，及出世間安樂。劫成乃至天人本所未得，皆於中出。」】

講記：接下來勝鬘夫人又向 佛稟白，她說：「我應當承受佛的威神之力，再進一步繼續演說攝受正法的廣大義理。」她的意思其實就是要以一個攝受正法的大願來含攝一切法門。佛當然知道她的意思，所以就回答說：「那妳就說吧！」勝鬘夫人向 佛稟白說：「攝受正法的廣大眞義就是無量的意思，所以攝受正法就是得一切佛法，就是得到無量無邊的佛法，因此這個攝受正法就函蓋了八萬四千法門了。」然後她作一個譬喻說：「譬如劫初成的時候，」劫初成是講一個三千大千世界的成、住、壞、空四劫中的成劫，成劫剛開始就是劫初成時；「那時候普興大雲，」當然不是我們地球上看到的這種雲。普興大雲時「也同時降下種種不同顏色的雨以及種種的寶物。」什麼是寶物呢？後面馬上就會說。勝鬘夫人說：「就像是劫初成的時候一樣，攝受正法的時候，也會出現許多的、無量無邊的福報，以及無量善根的大雨。」勝鬘夫人又說：「**又譬如在劫初有大水聚，**」大水聚是說在三千大千世界剛開始要出現時，有許多的液體，稱為大水聚；「**這個大水聚漸漸的就變生出三千大千界藏，以及四百億的種種類洲。**」

這個三千大千世界到底有多大？三個千的大千世界是說：一個太陽系是一個小世界，如果是一千個太陽系就稱為一個小千世界；小千世界有一千個，就稱為一個中千世界；一千個中千世界，就稱為一個大千世界。一個大千世界共有三個千，所以才稱為三千大千世界，不是三千個大千世界，而是一個擁有三個千的大千世界。初禪天王管理一個小千世界，二禪天王管理一個中千世界，三禪天王管理一個大千世界，所以三個千的大千世界，是由三禪天王所管理的。但是四禪天王統統都管，就好像宰相雖然可以管理很多事，但是皇帝統統管，意思是一樣的。

這個意思就是說，劫初成的時候有大水聚，由那些液體漸漸的轉變而出生了三千大千世界。為什麼叫作藏呢？因為一個三千大千世界裡面，含藏有許許多多眾生所需要的物質以及種種寶貝，所以稱為大千界藏。這個大千界藏，有四百億的種種類洲；種種類洲就是說，每一個三千大千世界都有四大洲，而四大洲裡面的這些大洲與小洲，合起來總共有四百億，可是這一些大千世界的所有，都是從劫初成的大水聚來出生的。

「**佛法也一樣，攝受正法的人，可以出生大乘的無量界藏。**」大乘的無量界藏是講大乘法中無量無邊的功能差別的寶藏。大乘法與二乘法是不同的，二乘法是想要求證無餘涅槃，將來捨報時進入無餘涅槃中，蘊處界等一切法永滅；永滅之後沒有任何一法再繼續存在，只剩如來藏無形無色而不可見，於是就不再示現在三界中了，所以其餘的一切法當然已經全部消滅，消滅了就談不到「界」。界就是功能差別，意思是已經沒有任何的功德可說了，那當然就沒有這一些功能的含藏了；所以只有大乘涅槃中才有無量界藏，二乘涅槃中並沒有一絲一毫的界藏，何況是無量界藏。

攝受正法還會出生第二個寶貝，就是「**一切菩薩神通之力**」。一切菩薩修到了三地後心，就必須要開始修學神通了；但是這個神通，與二乘法所得的神通不同，也與凡夫們所得的神通功德不同，因爲得要從攝受正法而修來的神通，才是菩薩所應該有的神通。

攝受正法時還會出生第三個寶貝，就是「一切世間安隱快樂」，這講的是人間；如果有許多人攝受正法，人間就會少諸災惱，天災地變都會減少。因為，業力會影響到人間眾生的果報，如果人間有情攝受正法的人很少，惡業增長、惡心流行，眾生的福報減少了，就會使人間有許多天災地變，造成民不聊生的現象，人間就不能安隱快樂。假使眾生能普遍的攝受正法，就沒有惡業增長的現象，而且反過來使善業大幅度的增加，眾生的福報增長了，才能使得人間安隱快樂。

攝受正法還會出生第四個寶貝，是「一切世間如意自在」，這是講天界世間。如果天人們都攝受正法，福報增長了，所有天人將會獲得非常多的享受，在欲界天生活中的所需全都如意可得，而色界天人所思量的禪定境界也都可以如意增上，這就是「一切世間如意自在」。

攝受正法還能出生第五個寶貝，就是「出世間安樂」；出世間安樂是講三乘法中的證悟者，當然是三乘法中的聖人都可以得到出世間的安樂；也就是說，在解脫道上已經分證或滿證，而且在佛菩提道中也都已經各各獲得應有的修證，所以攝受正法能產生「出世間安樂」的功德。

也許有人想：「爲什麼大乘法中的攝受正法能出生三乘聖人的安樂？而二乘菩提爲什麼不能具足三乘聖人的安樂？」這當然是有原因的，因爲二乘菩提的親證，縱使已經具足而修到極果阿羅漢位了，仍不能觸及到法界的眞實相，所以他們只能獲得二乘法中的出世間安樂，不能獲得大乘法中的出世間安樂。可是大乘菩提的證悟，只要有深入的體悟，悟後也有深入繼續不斷的進修，他也能同時利益聲聞種性眾生在二乘法中獲得解脫安樂，是函蓋二乘菩提的。而勝鬘夫人說的攝受正法，是說唯一佛乘，所以她說的法義是函蓋二乘菩提在內的，因此說攝受正法可以出生五種寶貝。

當三千大千世界初成時，它就已經含藏著許多的寶貝在裡面，並不是只有山河大地而已；所以劫成而且到了住劫的時候，一切有情乃至天人所住的宮殿、所需要的種種物質，在住劫中都可以得到。攝受正法也是如同劫成的道理一樣，假使能攝受正法，那他就是唯一佛乘的修證者。假使不是唯一佛乘的修證者，只是二乘菩提的修證者，他就不是眞的攝受正法，而只是殘缺的攝受正法，那就不能具足獲得這五種功德。

這是因爲，二乘菩提也是從唯一佛乘中出生的；雖然 佛陀三轉法輪是從二乘法先講的，但是 佛這樣作，是經過思惟判斷以後才這樣作的。衆生對成佛之法當然是難知難解的，要如何施設才能廣爲衆生說明？佛陀成佛後發覺佛法難說，要使衆生聽懂而能親證是很困難的，所以本來是想入涅槃的；是因爲大梵天來請求，請 佛轉法輪，所以經過思惟整理以後，決定三轉法輪，把最淺的先講，最淺的當然就是二乘菩提了；可是不能因爲二乘菩提的四阿含諸經是先講的（註），就說它是三乘佛法的根本。其實全部四阿含諸經所講的二乘菩提，並不是佛法的根本，因爲它是從大乘法中方便分析出來，想要讓衆生先證得出三界生死的解脫境界，然後再依他們實證二乘菩提而發起的信心，繼續引導他們走向成佛的眞實境界。（註：四阿含諸經中有許多原本是第二、三轉法輪的大乘經，但因爲由聲聞人聽聞而結集，其法義本質並無大乘法義，只記下一些大乘法義的名相，故其法義本質仍屬於初轉法輪的聲聞解脫道所攝。詳情請見《阿含正義》中的舉證與說明。）

所以二乘菩提不是大乘法的根本，它是從大乘法中分析出來能使人快速出離三界生死的法義，只是大乘法的無量無邊法中的一小部分而已，而且諸佛菩薩都已經現前證實：一切佛法都從唯一佛乘而流出。假使不是法界中確實有大乘法所弘揚的萬法根本如來藏心，根本就不會有三界及任何一法可得；而如來藏是大乘法修證中的根本內涵，所以一切佛法都從唯一佛乘中流出，因此而說唯一佛乘或唯一大乘。而勝鬘夫人講的攝受正法就是指攝受唯一佛乘的大乘法，也就是對如來藏的實證與現觀，這是聲聞凡夫四眾所無法信受的，也是聲聞羅漢所無法實證，對於定性聲聞來說，這就是獅子吼。

爲了讓大家瞭解，也爲了降伏那一些崇尚二乘小法，而自以爲他們的證境已經與佛完全一樣的聲聞凡夫們，必須宣講唯一佛乘。因爲自古以來，常常有二乘菩提中的凡夫們不斷地主張：阿羅漢的證境等同諸佛，阿羅漢就是佛。可是有一件很有趣的事情，是他們都沒有注意到的：當他們不斷主張阿羅漢的證境等同諸佛時，所有的阿羅漢竟然沒有一人認爲他們自己的證境等同諸佛；當 釋迦佛入涅槃以後，竟然沒有一位大阿羅漢敢出來紹繼佛位、率領諸阿羅漢及諸菩薩。不但 佛陀入滅以後是如此，在現代的佛教中也是如此，而那些定性聲聞的凡夫們卻都沒有注意到這一點，因此勝鬘夫人才要出來作獅子吼；所以這部經又稱爲獅子吼經，原因就在這裡。所以如實講解這部經中的法義而能讓人留下來，是很困難的；但是諸位都能留下來，這是值得我讚歎歡喜的事情。

【「又如大地持四重擔，何等爲四？一者大海，二者諸山，三者草木，四者眾生。如是攝受正法善男子善女人，建立大地堪能荷負四種重任，喻彼大地。何等爲四？謂離善知識無聞非法眾生，以人天善根而成熟之；求聲聞者，授聲聞乘；求緣覺者，授緣覺乘；求大乘者，授以大乘；是名攝受正法善男子善女人，建立大地堪能荷負四種重任。世尊！如是攝受正法善男子、善女人，建立大地堪能荷負四種重任，普爲眾生作不請之友；大悲安慰哀愍眾生，爲世法母。」】

講記：接著，勝鬘夫人用譬喻來說明攝受正法，她譬喻說：「大地荷擔了四個重擔，有哪四個呢？第一是大海，第二是諸山，第三是草木，第四是所有眾生。」荷擔這四個事物，只有大地才能作得到。執持大海，執持諸山，以及所有的草木與眾生，不是任何人能夠作得到的。大地有這樣的大力量，而攝受正法的善男子與善女人，在佛法中能建立佛法大地，有能力荷負這四種重任，就好像大地能荷擔大海等四個重物一樣。

有智慧的攝受正法的善男子、善女人，有哪四個大力量？第一、他攝受一切人，譬如有些眾生沒有辦法依止善知識，而且從來沒有聽聞過正法；這位能攝受正法的菩薩面對那些人時，不可以為他們講解脫道、佛菩提道，不可為他們講明心開悟的法；因為他們從來沒有聽聞過任何佛法，一開始就講這麼深的法，他們一定會由於聽不懂而厭惡，也會覺得難過而不想繼續聽聞；所以必須要有方便善巧，把他們先安住在善法中，就用人天善根來成熟他們。

人天善根是講人天善法，教導他們不要造惡業，要受持五戒，這樣就可以生生世世保住人身，不會墮落三惡道，可以永遠當人，這是人間道。如果有的人說：「我不想再來當人了！」「那你想幹什麼？」他說：「我想當天人。」那也可以，就教他修習十善業，讓他受持五戒之後加修十善業，他捨報後就可以往生欲界天享福，這是修天道。有的人說：「生欲界天享福，我沒興趣，我喜歡定境中的禪悅。」那也好，菩薩就教導他修證禪定，這也是修天道；乃至教他如何修證四空定，這也是攝受善法的菩薩應該有能力作到的。當然，這裡面就有許多法可以說了，所以菩薩對還不曾親近善知識的無聞而且不如法的眾生，應該要用人天善法來成熟他們。

如果遇到非法無聞的眾生，平常在人間造惡業，你要有能力讓他瞭解造惡業的後果。當他心生恐怖，想要離開惡業的後果，你就可以教導他行善。可是他對正法完全沒有認識，那你就教導他們說：「你可以去慈濟幫忙。」因爲他仍然無法來到正覺同修會，緣還沒有熟；你硬拉著他來，他會很痛苦。有的人說：「去幫助眾生，我沒有興趣；建寺廟，我有興趣。」「好，那你去某某寺，他們正在蓋寺廟。」這也很好，這就是用人天善根來成熟他們。

你不能在每一個人剛剛學佛時就說：「你來我們正覺，一定可以開悟。」那可不一定的。想想看：單只是聽聞《金剛經》而能夠信受、不起煩惱，就需要往世奉侍供養過無量諸佛，才能夠作得到；如果往世還沒有親近供養過無量諸佛，《金剛經》聽了就會生起煩惱了，何況能起心動念想求開悟呢！所以遇到這些沒有眞正善知識教導的人，非法而行的人，或者是不曾聞法、很少聞法的眾生，對這三類人，應該用人天善根來次第成熟他們未來證悟的因緣。進入正覺的人也一樣，若是善根比較不足，就讓他們多做義工、多植福德，做久了以後善根成熟了，證悟的因緣就具足了，眞善知識都能這樣作。凡是能這樣作的人，一定是攝受正法的人，才有種種方便善巧及說法的智慧，使悟緣未熟的人可以進入人天善法中，漸漸具足修集菩薩道的資糧。

攝受正法會出生第二個寶貝，是對於求取聲聞道的人，他有能力傳授聲聞乘的法給他們。聲聞乘的法講的就是四聖諦與八正道，觀察五陰爲什麼是苦，又有哪些苦；然後觀察五陰既然是苦的根源，如何是五陰諸苦聚集成就的原因，教導求聲聞乘的人能如實觀察。再告訴他們離苦就是滅掉五陰，可是五陰無法滅，就要滅掉使五陰繼續出生的種種業行的熏習，這樣他就懂得滅苦的道理。再告訴他：把這些熏習斷掉，使五陰不會再生起，以哪些方法可以修行而達到使五陰不再出生，不再出生五陰就不會再有因爲五陰而出生的眾苦，這就是苦滅的道。苦滅的道有哪些道？有八正道，就把這些道理一一爲他說明。他聽了，覺得有道理，努力修行，就一定可以證初果，先斷一分解脫道中的見道所斷煩惱。然後再告訴他們二果、三果、四果如何取證，這就是聲聞道的法義。假使說身爲攝受正法的初地菩薩，竟然沒有能力詳細的爲那些求聲聞法的人解說聲聞乘的法義，他就不是攝受正法的菩薩。

攝受正法的人還會有第三個寶貝，就是有能力對希求緣覺道的人，傳授緣覺乘的法。緣覺乘的法就是因緣觀。因緣觀，當然有很多人說：「因緣觀，我懂啦！就是十二因緣。」並且他還會滾瓜爛熟的背出十二因緣的每一支給你聽。可是問題來了，如果他眞的懂因緣觀，爲什麼不能成爲辟支佛呢？這個大問題，是那些自認爲已經懂得因緣觀的善知識們必須面對的，都不能逃避。如果眞的懂了因緣觀，不可能還會有我見存在。我執就先不談，只談我見：眞懂因緣觀的人，他的智慧比聲聞法中的阿羅漢還要深妙，因爲他已經探討到五蘊中的許多心所法了，所以他的智慧顯然比聲聞法中的阿羅漢深妙許多。既然如此，聲聞道中瞭解四諦八正就能斷了我見了，爲什麼他自稱懂得因緣觀，卻仍然落在意識心中呢？而且，那些自稱懂得因緣觀的「阿含專家」，連十因緣與十二因緣之間不可分割的緊密關係都不懂，又嚴重誤會十因緣觀的義涵，認爲二種因緣觀只是增說與減說而有不同罷了，顯然他是完全不懂因緣法的，只是他自以爲懂了。

由於這個緣故，所以我們才特地要寫《阿含正義》，因爲那些自稱懂得四聖諦、八正道的人，自稱懂得因緣觀的人，卻都把四阿含所講的二乘菩提嚴重的誤會了！因此我們才要用許多零零碎碎的時間來寫《阿含正義》。在諸事繁忙的情況下，寫到現在差不多快四年了，大概差不多要六輯才能完成；本來預定三輯就要寫完的，可是要說的實在太多了，單是針對印順法師對唯識學的錯判而加上舉例辨正，就得要有六輯了（編案：已經出版了，總共七輯）。所以，因緣觀那麼容易懂嗎？不見得。當我們將來出版到講因緣觀的那個部分，他們才會知道說：「**原來我們一向都把因緣觀給誤會了。**」那些阿含專家們才會懂得自己是誤會在何處。

所以攝受正法的菩薩絕對不可以誤會因緣觀，當他攝受了正法，就有能力把因緣觀作出正確的、詳細的說明，讓眾生在閱讀後實際上去加以思惟以後，就一定能斷除我見，至少取證聲聞初果；從此以後永遠不會再落入意識我見中，這樣才叫作眞正懂得因緣觀的人，這才是眞正攝受正法的菩薩，不只是親證佛菩提道的見道、修道功德等等。所以一切已經攝受正法的菩薩，都一定會有這第三個寶貝。如果他沒有這個寶貝，表示他還沒有入地，乃至可能連我見都還沒有斷，連聲聞初果的見地都沒有。

攝受正法會出生第四個寶貝：「**求大乘者，授以大乘。**」假使有人自稱已經入地了，但他所悟的內涵竟然是意識心離念靈知，竟然不是如來藏。或者說他求證如來藏時，證得的如來藏竟然是離念靈知意識心，或是觀想所得的中脈明點；我說他確實入地了——是已經被邪見埋在地下了，死人一個嘛！他法身慧命還沒有活過來，當然是死人，不是登地的入地。所以攝受正法的菩薩，自稱證悟的菩薩，不可能沒有能力教人證悟如來藏的，不可能沒有能力使人現觀般若中道的眞實義，也不可能誤會因緣觀而無法實證。但是攝受正法的菩薩，他第四個寶貝不是單只有教人親證十因緣、十二因緣，不只是教人親證如來藏，還要再一步一步往前進，教導別人進一步眼見佛性，進一步滿足習種性、性種性、道種性的修證。

然而滿足習種性而圓滿十住位功德，乃至進入性種性、道種性的修證，都是相見道位裡面的內容。既然明心只是眞見道，而習種性的滿足也屬於相見道；性種性與道種性的滿足就是十行與十迴向的滿足，那也是相見道的內容；眞見道與相見道這兩個見道都完成了，才能進入初地的入地心中。請問：**在眞見道的親證如來藏中能稱爲初地菩薩嗎？**當然不能。所以說，主張眞見道即是已證初地的人，顯然是妄想，或者是做白日夢。

因此眞實攝受正法的菩薩對於求大乘者，他絕對不會有這種妄想，從來不做白日夢，對於眞見道與相見道的內容必定是瞭如指掌的；不但能夠傳授大乘法，教導學人親證，並且能教人一步一步如實而不錯亂地往前邁進。有這樣的能力，才能說是已經攝受正法的入地心菩薩。能這樣攝受正法，就能具足第四個寶貝：擁有授人以大乘法的智慧。不會錯將二乘解脫道誤認作佛菩提道。勝鬘夫人說，有這四個寶貝（四種能力）的人，才能說他是攝受正法的菩薩，才能說他心中已經建立了屬於自己的佛法大地，堪能荷負前面所講的教導眾生人天善法、聲聞法、緣覺法以及大乘法的任務，才能夠具有這四種智慧能力。換句話說，想要進入初地，必須具足了知五乘法。佛教有五乘法：人乘、天乘、聲聞乘、緣覺乘及大乘。如果五乘法中缺了一種，他就不算入地心的菩薩。

勝鬘夫人說完這些道理以後，她就說：「就像我剛才所說的這樣，攝受正法的菩薩，建立了他自己的佛法大地而堪能荷負四種重擔；從此以後，他可以普遍的作爲眾生的不請之友。」當他覺得想要幫助某一個人，他就爲某一個人說某一種法。也許他認爲某一個朋友、某一個親屬，緣還沒有成熟，就教導他們修集人天善法，幫助他們漸漸成熟善根；可是想要幫助他們成熟證悟所必須具備的善根，就必須有方法，要讓他們多多的修集福德資糧發起善根，所以就要教導他：人乘之法、天乘之法。等他們證悟三乘菩提的善根成熟了，然後再觀察因緣，次第教授聲聞法、緣覺法、菩薩法；只有已經具足這五法的傳授者，才能作爲眾生的**不請之友**。

意思是說，一切不同層次的學人，只要是眞的想親近他學法，他都有種種不同的法門可以幫助眾生，所以他是眾生的不請之友。「這種菩薩一定有大悲心，他能安慰眾生、哀愍眾生，作爲世間一切眾生想要修學佛法時的母親——法母。」這意思還是獅子吼。勝鬘夫人的意思是說，假使沒有具足這一些功德，就不能自稱是入地的菩薩，就不能自稱是攝受正法的菩薩，所以她說這些法時還是在獅子吼，在破斥那一些狂妄傲慢的佛法修行者。這是因爲攝受正法的菩薩，他的正法就是一乘道，而一乘道函蓋人天乘及三乘菩提。所以她的意思是說：「佛法自己不能去弘揚，要靠菩薩去弘揚。」這就像儒家有一句話說：「人能弘道，非道弘人。」意思是一樣的。佛法之道如同儒學之道一樣，都要有人去弘揚，道（佛法修行的道理）沒有辦法主動來弘揚度人。所以發了大願，想要住持佛法、廣利眾生的人，都要先發願「攝受正法」。

發了攝受正法的願以後，心裡要有準備，從此以後走的是**難行能行**的道，修的是**難知難證**的法，作的是**人所不願作**的事。這當然也有回報，回報就是快速成佛。大家就要衡量看看：如果能夠作人所不敢作的事，修人所不敢修的法，行人所不敢行的道，不斷的利益眾生，吃盡了種種苦，表面上看來眞是虧大了；但是成佛卻很快，因爲能夠將長劫入短劫，很快的成佛。如果沒這個膽量，怕苦而懈怠的修：難行的讓別人行，我行容易行的；容易修的我來修，難修的給別人修；苦給別人吃，我來享樂。那麼成佛的時劫將會很久遠，那就是整整三大阿僧祇劫。

但是也要再想回來，要先作心理準備：不能將長劫入短劫的懈怠者，在久遠劫才能成佛的過程中，不可避免地會有許多的痛苦伴隨著他存在；懈怠而拉長成佛時間的結果，只是一出一入，一加一減，其中的苦樂還是一樣多，只是把短時間內集合在一起領受的苦拉長而淡化一些，並且在這裡面加上一些世間法中的快樂，就好像小孩子吃藥怕苦，加上甜味成爲糖漿給他喝一樣，本質還是苦啊！而成佛過程中的苦樂，不論是拉長時間或縮短時間，結果還是一樣多。由此得到的結論是：寧可苦一點，早些成佛。因爲那些苦，時間拉長了以後，仍然是要一一品嚐到的。

且不談人生中的苦，光談住胎、出胎的痛苦，當你把成佛之道的修行時間拉長了，這些住胎、出胎的痛苦，必然要多出很多很多倍，想想看：**這樣是快樂嗎？**這樣想清楚了，可能就樂不起來了，所以結果還是要精進的求早日成佛。想要早日成佛，一定要發願「攝受正法」，而攝受正法第一件該作的事情就是：**難修難證的，你去修去證；難行難爲的，你就去行去爲。**盡力的爲眾生的道業去付出，這樣才能成就攝受正法的四件寶貝。因此，遇到人天根性的人，就用人天善法利樂他；遇到聲聞種性的人，就用聲聞法利樂他；遇到緣覺種性的人，就用因緣法利樂他；遇到菩薩種性的人，就用大乘法來利樂他。你能這樣作，就眞的是世間法中一切有情的法母——修習正法時的母親，因爲你最有慈悲心。可是最有悲心的菩薩，是不是各個都慈眉善目？那可不一定！你看勝鬘夫人這樣說法，有沒有慈眉善目？顯然沒有，她一直在破斥邪說，一直在獅子吼，但她才是大悲心的世間人學法之母。

【「又如大地有四種寶藏，何等爲四？一者無價，二者上價，三者中價，四者下價，是名大地四種寶藏。如是攝受正法善男子善女人，建立大地得眾生四種最上大寶，何等爲四？攝受正法善男子善女人，無聞非法眾生，以人天功德善根而授與之；求聲聞者，授聲聞乘；求緣覺者，授緣覺乘；求大乘者，授以大乘。如是得大寶眾生，皆由攝受正法善男子善女人，得此奇特希有功德。世尊！大寶藏者，即是攝受正法。世尊！攝受正法：攝受正法者，無異正法，無異攝受正法，正法即是攝受正法。」】

講記：勝鬘夫人接著再作第二個譬喻：「又譬如說大地有四種寶藏，哪四種呢？第一種是無價的寶藏，沒有辦法衡量它的價值，太珍貴了。第二個是上價，是說它貴得不得了，但是終究可以定出一個價錢。第三是中價，有一些人出得起價錢，但不是只有一、兩個人出得起價錢。第四則是下價，雖然它是寶貝，但是能夠買得起的人非常多，這就是大地的四種寶藏。就像是這個道理一樣，攝受正法的善男子與善女人，他們建立了佛法大地而使眾生能得到四種至高無上大寶，哪四種呢？這些攝受正法的菩薩，對於沒有聽聞過佛法的、行事往往不如法的眾生們，他能用人天功德善根來傳授給他們。第二個最上大寶是，如果遇到有人求聲聞乘的解脫果，他就能教授聲聞乘解脫果的種種法。第三個無上大寶是，如果有人向他求緣覺乘因緣觀的親證，他也能授給他們因緣觀的法義。第四個大寶，如果有人是向他求大乘法的親證，他也能傳授大乘法的親證法門給他們。就像是這樣已經得到四種大寶的眾生，以前都是由於攝受正法的菩薩的教導，而得到了這種奇特稀有的功德。這四大寶藏，其實說穿了就是攝受正法；攝受正法這個道理說穿了，其實攝受正法本身就是正法，攝受正法是跟正法沒有差別的；所以，與攝受正法沒有差別的，它就是正法，正法就是攝受正法。」

這個意思是什麼呢？意思是說凡是攝受正法的人，都能具足五乘法的功德。如果你想要能夠爲人演說人天善法，你本身一定是已經得到人天善法了。如果你能爲人解說聲聞菩提，你一定是已經證得聲聞菩提了。如果你能爲人解說緣覺菩提，你也一定已經得到緣覺菩提。最後還能爲人演說大乘菩提，那你一定也是已經親證了大乘菩提。所以攝受正法的意思，就是你已經得到這些法。既然你已經得到了這些法，那你攝受正法時不就是正法嗎？你所攝受的正法也是正法，你本身也是正法，所以正法不異攝受正法，攝受正法也不異正法。當你攝受正法不捨時，你自己以及你的所說所行就是正法，所以攝受正法的本身也就是正法，正法也就是攝受正法。請問：這是不是獅子吼？仍然還是獅子吼。所以勝鬘夫人「嗓子」很好，從一開始吼到現在，沒有人能推翻她；不但　佛陀時代如此，現代也如此，未來也仍將如此，沒有人能推翻她；只有說得更深妙或者更粗淺的差別，而沒有辦法去推翻她。

這也就是說，佛法的本質是以菩薩爲中心的，不是以聲聞人爲中心的。眞正要學大乘法的人，對這一點必須要有正確的認識。如果沒有建立這個觀念，佛菩提道是無法修證成功的；因爲能攝受正法的人是菩薩，不是聲聞，也不是緣覺。阿羅漢無法攝受正法，辟支佛也無法攝受正法，只有入地菩薩能如此攝受正法。眞實的佛法是一佛乘的佛法，而一佛乘的佛法就是大乘法，大乘法就是佛菩提道、就是成佛之道。

二乘菩提，譬如聲聞道，他修證的法是解脫道、是解脫法，他的極果就是阿羅漢，修到最後最究竟的阿羅漢果就是俱解脫加三明六通，結果是只能出離三界生死，不能成就佛道。比二乘法勝妙的是因緣觀、是緣覺法，緣覺法是作十因緣、十二因緣的觀行，他的極果就只是辟支佛；辟支佛進修而成就三明六通之後，最多也只是入無餘涅槃，仍然不能成佛。二乘菩提的究竟果都不能成佛，那麼人天善法就可想而知，當然更不能成佛，所以四阿含的解脫道不是成佛之道。因此應該依止菩薩來修行菩薩道，依菩薩道而函蓋了人天乘及二乘道，才是成佛之道。

所以受了聲聞戒以後（也就是受了聲聞法的出家戒以後），這個出家戒應該是次要的解脫戒；因爲同時又受了菩薩戒而成爲菩薩了，所以一切出家菩薩都應該以菩薩戒爲最重要的依止，而不是依聲聞戒爲主要的依止；應該認定菩薩戒爲正解脫戒，而聲聞戒所攝的比丘戒與比丘尼戒只是別解脫戒，不是正解脫戒；因爲所修的是成佛之道，是菩薩道；而成佛之道是靠菩薩來弘傳，不是靠聲聞聖人來弘傳。以聲聞戒的受持來修聲聞法，只能使人成就聲聞的極果，不能使人成佛；以聲聞戒爲正解脫戒而將菩薩戒作爲別解脫戒，修習菩薩道的過程將會拉長而緩慢成佛。只有以菩薩戒爲依止而出家或在家修行弘法，可以使人成佛，而菩薩戒的精神就是教導大眾要修學一乘道。如果修學一乘道而退轉了，只喜樂聲聞道，那麼《梵網經》告訴我們：這是違犯菩薩戒的。所以　佛陀入滅後的佛法住持，是以諸地菩薩爲中心，不是以聲聞無學爲中心。而諸地菩薩有兩種：出家菩薩、在家菩薩。所以佛法不是以聲聞人、聲聞道爲中心而建立、弘傳的，這一點是大家必須要建立的觀念，除非你只想修學聲聞解脫道，不想修學成佛之道。如果這個觀念沒有正確建立起來，你修學成佛之道，將會一世唐捐其功而毫無所成。

【「世尊！無異波羅蜜：無異攝受正法，攝受正法即是波羅蜜，何以故？攝受正法善男子、善女人，應以施成熟者，以施成熟；乃至捨身支節，將護彼意而成熟之；彼所成熟眾生建立正法，是名檀波羅蜜。應以戒成熟者，以守護六根淨身口意業，乃至正四威儀，將護彼意而成熟之；彼所成熟眾生建立正法，是名尸波羅蜜。應以忍成熟者，若彼眾生罵詈毀辱誹謗恐怖，以無恚心、饒益心第一忍力，乃至顏色無變，將護彼意而成熟之；彼所成熟眾生建立正法，是名羼提波羅蜜。應以精進成熟者，於彼眾生不起懈心，生大欲心第一精進，乃至若四威儀將護彼意而成熟之；彼所成熟眾生建立正法，是名毘梨耶波羅蜜。應以禪成熟者，於彼眾生以不亂心、不外向心第一正念，

乃至久時所作、久時所說終不忘失，將護彼意而成熟之；彼所成熟眾生建立正法，是名禪波羅蜜。應以智慧成熟者，彼諸眾生問一切義，以無畏心而為演說一切論、一切工巧、究竟明處，乃至種種工巧諸事，將護彼意而成熟之；彼所成熟眾生建立正法，是名般若波羅蜜。是故，世尊！無異波羅蜜，無異攝受正法。攝受正法即是波羅蜜。」】

講記：這一段，勝鬘夫人的目的是在說明正法的本質，什麼是正法的本質？其實就是波羅蜜。波羅蜜翻成中文就是到彼岸。菩薩行六度而稱為波羅蜜，也就是說，以六度法的實行去到解脫的彼岸，所以說布施波羅蜜是以布施的行門而到達解脫的彼岸，乃至以般若智慧的行門到達解脫的彼岸。這一段說法目的也是在說明正法的本質。

勝鬘夫人說：「世尊啊！波羅蜜並沒有別的法，沒有其他法可以說是波羅蜜。波羅蜜的意思其實就是攝受正法，攝受正法就是波羅蜜，因為只有攝受正法才能到解脫的彼岸，所以沒有別的法是攝受正法，也沒有別的法是波羅蜜；波羅蜜就是攝受正法，攝受正法就是波羅蜜。為什麼這樣說？因為攝受正法的善男子、善女人，假使有眾生是應該以布施的法來成熟，就應該以布施來成熟那些眾生；這時應該要用種種布施的方法來成熟眾生，甚至於捨棄身根肢節用來布施給那些眾生們，攝受那些眾生學佛的意願，成熟他們學佛的因緣；當那些被菩薩以布施波羅蜜成熟了學佛善根的眾生們，已經在心中建立了正法時，就是菩薩成就了布施波羅蜜。假使他們是應該以持戒的法來成熟，那就用持戒的法來成熟他們。」這意思就是說，解脫的成就其實有很多種的方法，所以才有布施波羅蜜等六度；這六度必須要具足人乘、天乘、聲聞乘，乃至一佛乘都必須具足，才能說是波羅蜜。

意思是說，大乘的佛法是具足人天乘乃至菩薩乘的，必須是具足五乘之法，才能稱爲具足佛法。所以如果度眾生時不能具足五乘之法來利樂眾生，那他就不是大地菩薩；大地菩薩應該如同大地一般能持一切，當然一定要具足這五法。因此說，假使有人應該以布施而成熟他的善根，菩薩就應該用布施的法來成熟他。假使有人是必須用布施的法才能到解脫的彼岸，除此以外，無別他法，那麼菩薩即使捨身肢節也應該要攝持他、護念他，使他建立布施能到解脫彼岸的觀念，這樣來成熟他。「將」就是攝受執持的意思。菩薩要善於護念眾生、攝受眾生、成熟眾生獲得波羅蜜的善根；因此對於應以布施來成熟的人，菩薩就用布施的法門來成熟他；他所成熟的眾生終於從布施行當中建立了正法，這就稱爲布施到彼岸。

「假使有人是應該以戒律來成熟，那麼菩薩本身守護六根、清淨身口意業，乃至修正以前不好的習慣，以眾生可以信受的四威儀示現，並且教導眾生也如此修行，使他所攝受的眾生也如此清淨身口意業，四威儀端嚴庠序，心就不會散亂不定，因此就可以漸漸的進入持戒到彼岸的過程當中，這就是成熟了眾生持戒到彼岸的善根了；由於菩薩所成熟的眾生經由戒律的受持而進入正法中，由此建立了正法，這就稱爲持戒到彼岸。」

「假使有眾生應該以忍辱來成熟，菩薩就隨順那個眾生的根性，用忍辱來攝受他。如果那個眾生不滿意，心中有恨，前來向菩薩罵詈、毀辱、誹謗、恐嚇；菩薩就反過來，當他罵詈毀辱時，用無瞋的心來對待他，顯示菩薩安忍的力量。假使對方誹謗以及恐嚇於菩薩的話，菩薩就以饒益心來對待誹謗和施加恐怖的人，示現菩薩有忍辱第一的功德力。乃至於有怨眾生來罵詈乃至施加恐怖時，菩薩仍然顏色不變。也就是說，他心中沒有瞋恨，這樣來對待對方，使對方接受了菩薩的功德，並且轉而效法菩薩，也這樣去實行，這就是菩薩的羼提波羅蜜。」因爲菩薩經由自己忍辱的功德力示現，使得眾生相信佛法中有大功德有大利益，因此他願意跟著受持忍辱的修行法門，因此到達忍辱的彼岸。

「如果是應該以精進的方法來成熟的人，菩薩對他不起懈怠心，以大欲心」，這個欲心是指善法欲，「以善法上的大欲心作最精進的種種事情，不斷的爲這個應以精進而得度的人，示現和解說精進到彼岸的道理和功德力；乃至行住坐臥中都不斷的示現、不斷的教導對方精進到彼岸的正法，讓對方漸漸的成熟了這個善根。當這個應以精進而到彼岸的人，他的善根成熟了，願意精進修行而到達解脫的彼岸，這個就是精進波羅蜜。」

「假使有的眾生是應該以禪定來成熟，對這個眾生，菩薩就示現自己的不亂心、不外向心，時時具有正念；乃至長時間的所作，長時間所說的法，菩薩終究不會忘失，這樣不斷的教導應以禪定得度的人。菩薩除了這樣自修，也這樣教導，而他所教導的眾生在禪定波羅蜜上的善根已經成熟了，因此他就以定心所相應的方法進入禪波羅蜜中，這樣就是菩薩的禪波羅蜜——禪定到彼岸。」

講到這裡，大家應該就可以瞭解：勝鬘夫人講的這前五度波羅蜜，不單是自修，而且要教導眾生如是自修，這樣他的波羅蜜才算完成。所以菩薩的六度波羅蜜不是自己證了就沒事，因爲自己證了而眾生還沒有證，對菩薩所修的成佛之道而言，仍然不算是波羅蜜。意思是說，自己攝受正法，也要眾生藉自己的因緣而發起了各自的因緣，都能同樣的像自己一樣攝受正法，這樣才是菩薩的波羅蜜成就了。

最後一度，「**假使有人應該以智慧來成熟，那些眾生是比較有智慧的、不迷信的，有基本的抉擇力；當他們來問種種道理時，菩薩要以無所畏的心，來爲那些眾生演說一切的論。**」論，有廣義的涵義，它不但是指菩薩們所造的論，也包括他自己針對菩薩所造的論加以論議演說，讓請問法義的人可以瞭解，這是屬於**音聲明**的部分。換句話說，不單自己要親證，還要能爲眾生演說分辨何者爲正、何者爲邪，其中的異同分際又在何處，這就牽涉到音聲明的部分了。「**還要以無畏心爲眾生演說一切工巧**」，換句話說，在世間法上應該有什麼樣的工巧，也就是要有方便善巧來處理，這個就是屬於**工巧明**的部分，菩薩在這上面也得要有工巧明。

「菩薩還應該以究竟明處，爲那些應以智慧來成熟善根的眾生，講解究竟明處。」這是說，菩薩不但要有世間法中的音聲明、工巧明，還要有世間法及出世間法中的最究竟的法，那就是講**內明**、**因明**。**內明**指的是自己五蘊身中的眞實心，祂的體性以及祂的種種功能差別，這叫作內明。內明當然是很廣泛的，包括聲聞、緣覺以及佛道的內涵，都屬於內明所攝。可是如果光有內明也不行，因爲內明的基礎必須要從法界萬法的第一因作基礎，才能夠次第圓滿具足，那也要講解**因明**的部分。**因明**：一切諸法以何爲因？一切諸法的生又以什麼爲因？一切諸法的變又是如何而變異？其過程如何？又是以什麼原因而不斷變異？一切諸法的滅是以什麼爲因而滅？某一個法爲什麼會是另一個法的緣因？這些都應該要瞭解。瞭解了就有因明的智慧，才能夠爲眾生作種種內明以及工巧明上的宣說。

「乃至種種工巧諸事，」是指世間種種工巧技藝的瞭解，也包括**醫方明**在內，總共有五明。菩薩修到三地滿心以後，還要當醫師；三地滿心以後當的是奇醫，不是名醫，專治眾生的奇難雜症，他手裡沒有治不好的病人；只有一個病治不好，叫作壽盡死亡，這就沒辦法治，其他都能治。這是三地滿心以後的菩薩都應該要修的法，這叫作醫方明。菩薩醫治眾生身心之病，還要能通曉種種工巧諸事；因爲這時的菩薩醫治眾生病時，還要同時觀察病者的種種宿命因緣；要能夠了知往世的種種因果，才能從兩個方面去治好眾生的病。因爲眾生病，有時不純是身體上的問題，是牽涉到往世的因緣果報；所以除了從身體上治標以外，還要加上在因果上面的對治，才能使眾生的病完全治癒。這時候就得要有五神通的幫助，才能夠對眾生的身病加以確實的醫治，這個部分也屬於世間種種工巧諸事。

世間五通仍然是含攝在工巧明之中，但是又不屬於一般所說的世間法諸事的工巧，所以就另外立一個**種種工巧事**。就用這種方便善巧來將護應該以智慧得度的眾生，次第成熟他們的善根，使那些眾生也同樣的追隨著他，進入正法中修學般若而終於到彼岸。

換句話說，「**於所成熟眾生建立正法，是名般若波羅蜜。**」因此假使你開悟了，卻沒有觀察眾生得度因緣而度人開悟，那你的般若波羅蜜只有一半。你若是悟了，也要培植善觀因緣的能力，才能在上師的指派下度人開悟，或是幫助你的根本上師一起弘法幫助有緣人開悟，和你同樣走入實相心的境界中，這樣你的般若波羅蜜，才算是具足的親證了。所以證悟以後，不應該只求自己的安樂，應該要在考慮正法久住的前提下，幫助上師救度眾生同樣證悟。你有了般若，你已經住於涅槃彼岸；因爲，你沒有入無餘涅槃前，如來藏本來就涅槃，而你已經親證了，也要教導有智慧的眾生同樣的親證，被你成熟善根的眾生也建立了這個正法，他們也親證了，這樣你才能夠稱爲圓滿了三賢位的般若波羅蜜。

但是在這裡，我還是要有一點補充說明。也許有人會想：「廣欽老和尚不是悟了嗎？但是他爲什麼沒有度人開悟？這好像也有問題。」我相信有很多人想過這個問題，但這是因緣的問題，不是他無法度人開悟，我們還是要先作一個說明。當然我以前也在猜測，爲什麼他悟了以後沒有把法傳下來？因爲我們所看到的，不論承天禪寺或者寶來的妙通寺，一直都沒有一個法師證悟了而出來弘揚正確的宗門正法。雖然他們也努力想要弘法，可是講出來的都言不及義，乃至他的座下的比丘尼有人竟裝神弄鬼起來，自稱成佛了，本質上卻仍是未悟的凡夫。

這其中當然是有原因的，不過我一直不敢公開猜測其中有什麼原因。但是，去年接近年底時，得到一份林覺非居士寫的廣老的年譜，我們才終於知道原因，所以在這裡要順便爲大家補充說明一下，作爲證明；否則諸位也許會想：「依勝鬘夫人這樣講，好像廣欽老和尚是沒有悟的人，因爲他並沒有度人開悟。」但背後其實是有原因的，這要先從林覺非居士的事情來說起，要先瞭解他與廣老有什麼因緣。十幾年前、二十幾年前，有很多人讀過一本小冊子，是顏宗養居士的一本小冊子《雲水記》，寫的是廣欽老和尚在大陸承天禪寺修行的種種故事。那是眞實的故事，因爲是過去的事，所以叫故事，不是編造的。

大陸易幟前，廣老如何到台灣來的？是因爲林覺非爲他先來探路，然後廣老才到台灣來。林覺非是廣老在大陸所收的第二個在家弟子，但只有他一直都在廣老身邊；因爲他沒有出家，所以住在寺外。在早期的台灣佛教界，很多人都知道林覺非；至少在我初學佛不久，就知道有這一號人物。由於他在去年過世前寫下了廣老的年譜，並且把它影印，裝訂成冊；只要有人去探望他，就會拿到那一份影印的廣老年譜。假使現在有人去找他，他的公子可能還是會贈送那份年譜。我們讀過廣老的年譜之後，才知道他一生住持正法非常辛苦，可以說是比我還辛苦。如果要套上一句比較通俗的話，只能說他所遇非人；因為徒弟們都為自己的世俗利益打算，對他的法教不太放在心上。

假使你們有機會讀過廣老的年譜，可能你們會像一位同修那樣講：「從年譜中看來，廣老的**弟子緣**不太好。」你一定會有同樣的感觸。我們從他的第二位在家弟子林覺非，常侍於廣老身邊而記錄下來的年譜中就知道，為什麼廣老沒有把法傳下來，他心中一定是認為那些弟子們證悟的因緣還未到。所以，廣老悟後為何沒有度到一位弟子證悟的事，眞相已經算是大白了。當然如果你們有興趣讀林覺非老居士寫的廣老年譜，可以向某一些已經拿到年譜的同修們影印。這是不能空口說白話的，一定要有根據才能說。

因此，廣老是有般若波羅蜜的，但是他無法成熟眾生建立正法，是因為他自己有一個缺陷，就是不識字。不識字的緣故，使他無法深入經藏，就無法舉證經藏中的開示來攝受可能會退轉的弟子。因此在弟子們的心性還不夠調柔，對上師的信力還沒有具足發起，證悟前應有的知見也不夠具足，福德也還欠缺的情況下，他無法把般若的密意傳遞下來，原因就在此。所以，不能引證這段經文來說：「廣老看來是沒有般若波羅蜜。」因爲他觀察弟子們因緣不足，而不得不像大覺禪師一樣，把密意又帶到來世去，終究沒有傳給徒弟們，這種事情自古以來一直都很多。

剛才我們提到大覺禪師，他在捨報前，仍然以禪門機鋒在幫助弟子們；可是弟子們的悟緣不夠，不能怪大覺禪師沒有把法傳下來。他在命終時，向弟子們宣佈說：「我有一支箭，什麼人能得？」有一個弟子就說：「我能得！」大覺禪師就叫他說：「進前來！」那弟子一進前，大覺禪師一棒就打過去了，大覺禪師接著又問：「會了沒有？」那弟子說：「不會。」大覺禪師躺下床去，把枕頭抽出來丟到地上，就走了。其實他把法傳了，但是弟子們得不到，那其實不能怪他呀！你們明心的人聽到這個公案，覺得太親切了！親切到無以復加。但是他的弟子們法緣還不到，沒有辦法悟入；其實大覺已經夠老婆了，眞的是入泥和水，渾身溼透了，弟子們還是悟不了，那也不能怪他。

廣老也是如此，從他們承天禪寺自己印出來的那些書籍裡面，也看到廣老有許多的機鋒，可是他們卻都悟不了，那就是福德與心性的問題；心性不夠調柔、不能完全無私時，福德就欠缺了。當我們後來看到廣老的年譜，瞭解他的弟子們在他年老時如何對待他，才恍然大悟——原來如此。如果有誰希望得到那個年譜的話，可以向已有年譜的同修們影印，讀後就知道原因了。所以廣老沒有度弟子證悟，並不是他自己的過失，而是過在弟子，不能因此就懷疑：廣老究竟是悟了沒有？

這個是在說明菩薩在六度波羅蜜上面，並不是自己親證了就沒事了，而是要同時幫助有緣人一樣也可以親證，這樣他才能具足六度波羅蜜。如果菩薩自修六度波羅蜜，而不肯幫助有法緣的眾生同樣修證六度波羅蜜，那麼他是永遠無法滿足六地心的。一切菩薩都如此，因爲 佛以前有開示過：在菩薩所度的弟子們善根具足可以得解脫，可以得無生法忍的時候，就是他成佛的時間到了。如果他的弟子們這些緣一直都沒有成熟，他就不能成佛：他總不能一個人成佛了，然後就一個人入涅槃，人間從來沒有這樣的佛。所以，一定要有某一些弟子得度的緣成熟了，他才可以成佛；從來沒有獨自一個人成佛而無弟子的，只有辟支佛才有獨自一人，或者三、五百人聚在一起，只有這樣的辟支佛。但是成佛時，永遠都只有一個人成佛，而證悟的弟子眾非常多，這樣才是眞的成佛。

所以，菩薩如果想要成佛，就必須一世又一世的接引眾生同樣悟入他的所悟；當他的六度修行完成了，也同樣要去度眾生邁向他所證得的六度波羅蜜，這樣他才能滿足六地心。六地心滿足之後，還有四個波羅蜜要繼續進修，要繼續利樂更多的弟子一地又一地的前進，當他成佛時才能有至少兩位等覺菩薩弟子來輔佐他弘揚大乘法，而不是只有聲聞弟子幫他弘揚聲聞法。因此菩薩修行六度波羅蜜乃至十度波羅蜜，都必須要自己圓滿功德，也要幫助他的弟子們一樣次第進修上地功德，這樣，他成佛才會快速。如果自己悟了以後，老是害怕弟子悟了會與自己一樣有智慧，失去統御權，他就不能快速往上提升，他的道業反而是被自己所遮障了。

這個觀念，諸位一定要建立起來，將來你成佛的速度就會比別人快很多。如果一直怕弟子得法，那麼弟子得度的緣一直往後拖延，你成佛的時間也就跟著往後拖延，佛法就是如此。所以佛教界有一句流傳很久了的名言說：「菩薩在利他之中獲得自己的利益。」菩薩在度化別人的過程中自己得度，意思就在這裡。可是很多人不瞭解眞正意思，只瞭解到文字表面的意思；其實是當你的弟子們得度的緣熟了，就是你成佛的時候。因此被你所利益的弟子們越多，而你的弟子們的道業進展越來越快，那就表示你成佛的時間也是越來越快。這個觀念諸位要建立起來，這就是勝鬘夫人講的六度波羅蜜的眞實義。

所以，菩薩必須要自己行六度，也教導弟子們同樣行六度；自己取證六度的功德，也同樣要幫助弟子們取證六度的功德，使大家都能得到波羅蜜到彼岸的解脫功德。當自己努力勤行六度波羅蜜，也教導弟子們努力勤行六度波羅蜜時，這其實就是在攝受正法；所以歸結起來，一切佛法仍然是攝受正法，仍然不異於攝受正法；所以攝受正法就是波羅蜜，波羅蜜就是攝受正法。不可能在波羅蜜之外還有攝受正法的，也不可能在攝受正法之外還有波羅蜜，所以說攝受正法就是波羅蜜。

這一段經文中，勝鬘夫人這些說法，其實仍然還是在獅子吼。換句話說，她希望把所有人的聲聞種性滅除掉，她希望所有人都不要成爲聲聞種性的人，因此才說攝受正法就是波羅蜜，波羅蜜就是攝受正法；而攝受正法也就是六度波羅蜜，六度波羅蜜就是幫助眾生親證六度波羅蜜，這樣的六度波羅蜜也就是正法，正法就是六度波羅蜜，有這樣的六度波羅蜜時就是攝受了正法。這就好像一個公式，甲等於乙，乙等於丙，所以丙也等於甲，正是這個道理。所以不論是六度或十度波羅蜜，都是要攝受眾生，都是要攝受正法，而攝受正法也就是攝受眾生；當你攝受眾生跟你一樣得六度波羅蜜時，那你就是在攝受正法。換句話說，聲聞人在大乘法中，並不是攝受正法的。假使他轉入大乘法中，心心念念想的仍然是自己的解脫利益，而沒有想到他的弟子們也應該隨著他不斷的提升，那他就不是攝受正法，他就不具足六度波羅蜜，他的六度波羅蜜就是有殘缺的。這樣講解，大家就知道在正法中應當如何自處了。

【「世尊！我今承佛威神，更說大義。」佛言：「便說。」勝鬘白佛：「**攝受正法：攝受正法者無異攝受正法，無異攝受正法者，攝受正法善男子、善女人，即是攝受正法。何以故？若攝受正法善男子、善女人，爲攝受正法捨三種分；何等爲三？謂身、命、財。善男子、善女人捨身者，生死後際等，離老病死；得不壞、常住、無有變易、不可思議功德如來法身。捨命者，生死後際等，畢竟離死；得無邊常住不可思議功德，通達一切甚深佛法。捨財**

者，生死後際等，得不共一切眾生無盡無滅畢竟常住不可思議具足功德，得一切眾生殊勝供養。世尊！如是捨三分善男子、善女人攝受正法，常為一切諸佛所記，一切眾生之所瞻仰。」】

講記：勝鬘夫人又繼續說：「世尊！如今秉承佛所加給我的威神之力，我還要繼續再說攝受正法的更廣大的義理。」 佛說：「那你就說吧！」勝鬘夫人就向 佛稟白說：「攝受正法：攝受正法這件事情不異於攝受正法。不異於攝受正法這件事情是說，攝受正法的善男子善女人本身，就是攝受正法。」這意思是說，攝受正法還有別的涵意，因為攝受正法這件事情本身就是攝受正法，而攝受正法的人也就是攝受正法——他代表了攝受正法這件事情。這就是古德曾經講過的一句話：「人能弘道，非道弘人。」意思是一樣的。因此，她說攝受正法的人不異於攝受正法，因為若離開了攝受正法的人，就沒有攝受正法可說了，因此她說：「不異於攝受正法的人，因為攝受正法的善男子、善女人，他們本身就是攝受正法。」可是為什麼要這樣講？這一定有原因，我們當然得要探討它的原因，所以勝鬘夫人說：「為什麼我這麼說呢？」

然後她就解釋說：「如果攝受正法的善男子與善女人，他們為了攝受正法，願意捨掉三分，是哪三分呢？第一種是身分，第二種是命分，第三種是財分。」大家都別只看字句的表相，她所說的意思其實比字面上的意思更深入。所以勝鬘夫人又解釋說：「什麼是捨身呢？捨身的意思是說，生與死，後際是平等平等的，離開了老病死，這才叫捨身。」這意思可能許多人還是聽不懂，還是要解釋一下：假使你為了護持正法，去跟破法者廝殺戰鬥而死了，仍然不能算是她所說的這種捨身。這個捨身比剛剛講那個捨身還要好，因為這個捨身不必死亡，但是卻很困難。為了護法去跟破法者戰鬥，很可能會被殺掉，可是那種捨身的功德遠不如這種捨身的功德。這個捨身功德的意思是說，你親證了正法的真實內涵，由實際理地現觀時，從此不再有老，不再有病，也不再有死，這才叫作了義的捨身。

這是什麼意思呢？（這時有人說：因為如來藏沒有色身，不會老。）對了！就是證如來藏——開悟，開悟時就是捨身。為什麼開悟時就是捨身？因為你已經親眼看到自己的如來藏，也親眼看到眾生的如來藏，從來都不會老。如來藏不會老，沒有老過。其實祂才是真正的老爺子，祂最老；可是祂已經不曉得經歷過多少無量阿僧祇數的無量阿僧祇劫了，無法計算，可是從來沒有老過；只有我們的身體有在老，祂沒有老過。你們親自證實你自己的如來藏沒有老，你就離開了老。

而你的如來藏從來沒有生過病，所以無病，生病的都是你的五陰。生到欲界天就沒有病了，只有人間才有病；可是你行善而現在還沒有往生欲界天，還在人間，你發覺：「我色身可以病歪歪的，可是我的如來藏從來不病，如來藏才是眞正不壞的我，所以眞正的我是沒有病過的。」假使有一天你重感冒，躺在醫院裡面吊點滴，人家來說：「原來，你開悟了也會生病！」你說：「我現在病了，可是我並沒有病呀！」你眞的沒有打誑語。你說：「我現在雖然病了躺在床上，可是我沒有病。」人家說：「奇怪！你明明病了躺在這裡，怎麼會沒有病？」這時你就有說法利樂大眾的因緣了，你就告訴他們：「你們要知道：有生病的，也有不生病的。我的身體病了，可是我眞實的自我是沒有生病的。」如果他問你說：「我怎麼不知道有這回事？那你不生病的在哪裡？」很簡單，你就：「哎喲！哎喲！」對不對？（眾答：對。）事實確是如此嘛！所以這個時候你親眼看見自己眞的離開病了，儘管身體病歪歪的躺在醫院吊點滴，還是沒有病。

然後也許隔壁病房有人死了，人家說：「你病到這麼嚴重，搞不好過幾天你會跟他一樣。」你說：「就算過幾天我跟他一樣，我還是沒有死。」你現前觀察到如來藏無死的事實，法界的眞相就是這樣；現前觀察到了，你就是離老、病、死。你離開了老病死，就表示你不是以這個色身爲我，不是以這個會死掉、斷滅掉的覺知心爲自我，那就是捨身了；因爲你的身見已經斷了，這就是捨身。請問諸位：你是要去護法跟人廝殺而捨身？或是要這種智慧的捨身？（眾答：要有智慧的捨身）當然要選這一種。選了這一種以後，才有智慧能夠爲正法的久續流傳而護法捨身，這樣就是「生與死，後際平等」。

「**生死後際等**，**離老病死**」：生，幾十年前出生了；也許再過幾十年，或者十幾年，或者幾年後，也許明天死了。這一世的生與死的後際，其實都是一樣，還是由如來藏掌控著五陰的生死，所以生死的本際（不論是生的後際或死的後際），都是不生不死的如來藏，並沒有別人，所以生與死是平等無差別的。對如來藏來講，五陰生也是如此，五陰死也是如此；五陰生了以後、死了以後，祂一直都是同一個樣兒，對祂而言沒有差別，所以生的後際、死的後際仍然是平等無差別，因此說**生死後際等**。能夠把生與死的後際平等平等沒有差別的法界事實，確實現觀了，才能夠說是眞的離開了老、病、死。離開了老病死而現觀生死後際平等，是表示你確實是已經證得如來藏了，否則是做不到的。

「**捨身**」：證得如來藏，實相現前，身見就死掉了，三縛結也斷除了，這就是捨身。而證得如來藏的人一定得到不壞的、常住的、無有變易的、不可思議功德的如來法身。每一個人都是一尊佛，每一個人都有如來藏在五蘊身中安坐高顯，只是沒有證悟以前找不到而已。所以《如來藏經》有一個譬喻，佛說：我看所有眾生身中都有如來光輝顯耀。因此就有萎花喻：所有凡夫眾生身中都有如來安坐不動，光明照耀，但是不能出離蓮花；由於諸佛的度化因緣，使蓮花開敷而顯現出各自的如來，這時如來就在蓮花中出現了；如來爲什麼會出現而被眾生看見了？因爲開悟而照見自己身中的如來了。可是眾生各自的如來卻仍然無法離開蓮花（五陰）的繫縛，所以如來再爲眾生教化，使眾生去除五蘊及諸法的執著，於是蓮花（五陰）都枯萎而壞掉了，把萎花除掉以後，如來就不受繫縛了，究竟解脫了。

這是說，五蘊存在時其實是由如來藏掌控著，一切法都是由祂而起、而滅；不但五蘊壞掉時是這樣，睡著了也是祂，悶絕了也是祂，入滅盡定也是祂，行住坐臥也都是祂，吃喝拉撒也都是祂，全部都是祂；說話、歡喜、快樂、痛苦、健壯、衰老也都是祂，無一法不是祂；任何一法都是祂，這就是《如來藏經》講的萎花喻。佛說：雖然五陰蓮花枯萎了，可是萎花之中都有一尊如來光輝顯耀，只要將萎花除掉了，完全轉依自心如來而不再被五陰諸法繫縛了，就全然解脫了。

不信的話，等你悟了，你去看看那些植物人，他們的蓮花已經算是半枯萎了，可是我執卻很強而不願使蓮花枯萎，繼續爲了生存而掙扎著，然而他們的如來還是很光輝顯耀。這就表示說，假使你已經親證**生死後際平等**了，已經親證了**離開老病死**的境界，那你一定是證得如來藏了，就是親證自己的法身佛了。而如來藏就是你將來成佛時的究竟法身，十方三世諸佛的法身也是這個如來藏，差別只是如來藏中的不淨種子有沒有修除淨盡而已，祂的善淨種子有沒有具足發起而已；只是萎花有沒有完全除掉而使善淨法種全部現起。

「**得不壞**」：不管種子如何，因地的如來藏自體就已經是永遠不會毀壞的，體性猶如金剛一般不可毀壞。即使十方諸佛的威神力合為一個很偉大的力量，也無法去毀壞一個最低賤有情的如來藏，所以祂是永遠不壞的，這才是金剛心。而如來藏名為阿賴耶識，與七識同在一起（編案：《楞伽經》說：「此阿梨耶識名如來藏，與七識俱」）。所以你如果想要找到如來藏，千萬別像達賴外道一般向虛空去找，要往你自己身上找，祂常住在你自己蓮花（五陰）身中。有些鍊功的人，求長生不老，在夏天最熱的**三伏天**整整三個十一天裡面，努力鍊功；又在最冷的那三個九天，去冰天雪地裡吸收能量。夏天到了三伏天時，則是每天要在月光下吸收能量，那其實是外道法，因為都是心外求法。其實如來藏在身中，一切能量具足，為什麼要往外去求？祂永遠都不會壞，才是長生不死的根源；證得法身如來藏時，已經先獲得第一個功德——不壞。

「**常住**」：第二個功德是常住。現在「常住」這兩個字，講的是說在寺院裡面出家，長時住在寺中而不遷單的常住僧人；雲遊僧就不能稱為常住了。可是這些常住都不是真正常住者，大部分人幾十年後就死亡而離開了。真正的常住者，是永遠在三界中示現卻都不會壞掉的心；即使入了無餘涅槃，祂一樣不會毀壞，可是眾生都找不到祂，這才是眞的常住。永遠不會間斷，永遠不會斷滅壞失的，才是眞實的常住。

可是世間出世間萬法中，只有一個法是常住的，就是如來藏心。當你親證如來藏時，你可以現觀：原來祂是常住法，從來都沒有一刹那暫斷過，也沒有一法可以斷滅祂，所以祂叫作金剛心；能使人證得這個金剛心的宗乘，才有資格被稱爲金剛乘。般若諸經濃縮下來爲什麼要叫作《金剛經》？而《金剛經》濃縮下來爲什麼又叫作《心經》？都是因爲這個心的自性猶如金剛而不可毀壞。如果你證得這個心，你就證得《金剛經》的密意，就是親證《金剛經》中所說的**此經**；而《金剛經》講的就是這個實相心，因爲祂常住而永遠不可壞，永遠是金剛性、不可壞性，所以講解這個心的經典才會稱爲《金剛經》。世、出世間除了這個如來藏心以外，沒有一個法可以稱爲金剛，因此祂才是常住法。密宗那個樂空雙運、大樂光明，其實是依附於生滅性的欲界五陰才能存在，當欲界五陰壞滅而往生地獄中時，樂受就不再存在了；即使是在人間，也是大部分時間都間斷而不存在的，正是生滅法，密宗怎能妄稱是常住不壞的金剛呢？眞是神智不清的人所講的胡言亂語。

「無有變易」：不是講祂所含藏的種子，而是說祂心體的自身永遠沒有變易過。當某甲造善事而生欲界六天中，五百天女每天侍奉他，每一個天女座下又有七個婢女，這樣算算看，有多少天女？應該有一千多人，可能不止吧！因爲五百天女的每一位天女座下又有七位婢女侍奉她們，那當然也是天女，數目是很多的。你想，那麼多的天女奉事某甲一個人，他在欲界天中快樂不快樂呢？當然快活啊！那眞的比國王還快活。譬如中國古代皇帝，計算三宮六院等等女眷的數目，應該不超過二百人，所以他生天顯然比中國古時皇帝快活多了。可是他不管怎麼快活，他的如來藏還是照樣寂滅清淨的安住。有一天他想：「原來我造善事而生來這裡，也只能生活天壽一千年，忉利天這麼快就過去了，行善果報其實也沒什麼意思，所以世間人行善求生天堂眞是傻瓜。我以後再也不行善了，我可以有什麼快活的事，只管去追求就好，以後不再行善了。」他就開始心性轉惡，多造口業，因此不久就五衰相現，下墮三惡道了。

當他落到餓鬼道去，餓火中燒，滿肚子是餓火，所以都鼓脹起來，卻又咽細如針；好不容易得到一口濃痰，正想要吃呢，卻又被人搶走了！縱使沒有被人搶走，正想要吃它，嘴巴才一張開，餓火噴出來，又把它燒焦了，不能吃了，他痛苦得不得了，只能怨天尤鬼了。可是他正在瞋恨，或者正在後悔以前所造的口業而導致這個痛苦的果報時，他的如來藏卻仍然不動心，仍然沒有任何煩惱，還是照樣清淨自住，照樣是涅槃寂靜，沒有絲毫改變：「無有變易」。

「不可思議功德」：後來終於懂得懺悔了，眞誠的發願：「**願意永生永世行善，修學出世間法。**」終於來到人間當菩薩，再經過好多、好多、好多、好多劫以後，才能來到正覺同修會，終於悟了（大眾笑……）（別笑，這是眞的故事；不但你們無量世以前這樣子走過來，我也曾是這樣子走過來。）如今終於悟了，這時候一看：「**如來藏跟以前一樣，都沒有變，還是照樣清淨自住，都不動心，仍然是涅槃寂靜。**」喔！原來祂的心性都沒有變易過。因爲這個緣故，你的智慧開始出生了，這時候你就有不可思議功德，你能爲人說法。遇到阿羅漢你就告訴他：「**你滅了五陰、十八界，你全部滅盡了以後，你到哪裡去了？**」阿羅漢說：「**我入了無餘涅槃。**」你告訴他說：「**在無餘涅槃中，**

你在哪裡？你消失不見了！」他想一想：「也對，是我消失不見了；無餘涅槃中沒有我，我消失了。」你再請問他：「我請問你囉！請問你入了無餘涅槃以後，涅槃裡面是怎麼回事？」他說：「我也不知道。」「那你就夠笨了！爲什麼不來跟我學呢？因爲我現在沒有入無餘涅槃，就看清楚無餘涅槃裡面的境界了！」他會想：「咦！這菩薩好厲害，我將來可以進入無餘涅槃，而將來入涅槃以後都還不知道無餘涅槃裡面是什麼；他還沒有入無餘涅槃，就已經知道涅槃裡面是什麼，眞難想像。」也許他就因爲你一句話，迴小向大而走向菩薩道了。當他迴小向大而不入涅槃，終於證悟了，此後一直到他成佛的過程當中，會有多少眾生因爲他的教化而得到利益？不能計算啊！所以你能夠爲他說他所不懂的二乘法，而且你也能夠爲他說他所不懂的大乘法，顯然你有了不可思議的功德了。

可是，「不壞、常住、無有變易、不可思議功德」都從哪裡來的？都從如來藏法身來。如來藏爲什麼稱爲法身？因爲如來藏能以五法爲身，所以稱爲法身。即使凡夫眾生還在因地，還沒有開悟，也有五種法身：戒、定、慧身，解脫身，解脫功德身。只是他們不如斷我見的人，不如親證如來藏的人能以意識現觀如來藏具足這五法；所以說如來藏五法成身，祂就是這個不可思議功德的法身。你將來成佛時也是靠如來藏金剛心來成佛的，所以你悟後而在年老捨報時轉入未來世繼續修道，修集種種功德法，仍然是要依靠祂才能修集，否則將會全部唐捐其功。你證悟如來藏，現前得到這些功德、得到這些智慧，那你就是離老病死了，你就是眞正捨身的人了。

什麼是「**捨命**」呢？捨命是說，生的後際、死的後際平等平等，畢竟離死。「**畢竟離死**」，是說你永遠不再有死了；換句話說，你已經捨掉了命根。命根是一個施設法，是依眾生的眾同分來施設命根的。譬如說，人有人同分，狗有狗同分，鬼神有鬼神同分，天有天同分，地獄有地獄同分，各自的五陰就是他們的眾同分，就依這個眾同分應該擁有的出生以及存活的時間來施設命根。

人同分是怎麼取得的呢？因爲在人間不造惡業，所以死後去人類之中入胎；入胎後漸漸成長出生，就取得了人同分；人同分都是一個身體、兩隻腳、兩隻手、一個頭，直立行走而能說話，這就是人同分。如果造了惡業，在死亡後業風猛烈的吹起了，中陰身茫無所依，四處逃避而找到個山洞躲進去；

自以為躲過業風的吹襲了，等到出生以後卻沒有兩手而有兩腳，可是卻增加了前面的兩隻腳，只能身體打橫著行走，就變成狗同分了；牠與其餘的狗都同樣是四隻腳而沒有手，同樣是身體打橫著行走而擁有狗類的特異功能，就說這樣的色身即是狗的眾同分，就依這個狗的眾同分的存活時限來施設狗類命根。

可是在三界中的眾同分有命根，如來藏卻沒有命根可說；因為祂從來沒有生，未來也將永遠離死，生與死的後際顯然完全平等，那怎麼會有死呢？又如何能夠說：「**你的如來藏明年會死，我來跟你送行。**」永遠都不會有這句話可以講。那意思就是說：你證如來藏之後，你已經不在命根的限制之中了。離開命根了，但無妨五陰繼續有命根；你也能現觀每人都有一個沒有命根的實相心，這樣子就是捨命了。看來大乘法中的這個捨命還不錯，所以大家都應該這樣捨命，不要去跟人家廝殺對砍而捨命，留著有用之身來為佛教、為眾生做事。

「**得無邊常住不可思議功德**」：五陰還在就已經斷了命根，因為即使最懈怠的初果人，也可以歷盡七次的人天往返之後，使命根永遠不再存在而入無餘涅槃，這就是眞正的捨命。涅槃就已經捨命了，所以這種捨命的狀況一直維持到成佛之後，仍然是這樣的捨命，仍然繼續有五陰在人間示現利樂有情而沒有命根，這才是眞實的捨命，因此說這叫作究竟的離死；所有的離死，沒有比這個更究竟的離死，這也是了生脫死的一種。這時得到無邊無際的常住的不可思議功德，因爲這個智慧生生世世隨著你，盡未來際都不會消失掉，所以這個智慧是無邊的，也是常住的；只要遇到了法緣，你就又會繼續再回到這個境界之中。乃至將來成佛了，還是這樣的一個離死境界，永遠無死，究竟的離死；因爲成佛時連變易生死都斷盡了，種子都不再有變易了，這叫作畢竟離死，到那個時候，八識心王一一可以各自運作。那時是得到究竟地的無邊無際的常住不可思議功德，當然也能通達一切的甚深佛法。

「捨財」，是說生與死的後際平等平等。但是這個捨財跟一般人想的捨財不一樣。一般人的捨財，心裡面會想：「我爲了護持正法，準備要付出這麼多錢財，要不斷的布施。」可是這種捨財，是讓你獲得人們可以思議的殊勝供養，因爲這種捨財是捨世間財。反過來，得法財的人也能得到世間財，它可以讓人得到不共一切眾生的無盡無滅畢竟常住不可思議的具足功德，這是在法上的實證所獲得的。在世間法上得一切眾生殊勝供養，這樣的捨財當然也很妙；但是假使你悟了，也有音聲明、工巧明、因明，所以也能夠爲大眾解說內明，接著你若剃髮出家著染衣，出來弘法時，大家不是都要爭先恐後來供養你嗎？所以一定能得一切眾生供養。

你如果繼續保持在家身，不願接受供養，因爲你希望把你成佛的資糧更快速的累積下來，所以不願意讓自己成爲福田而被人種福田，你可以另外開闢一方福田——良福田、善福田、妙福田、不可思議功德福田——讓大家來廣種福田。所以我們開發了一方善妙福田，叫作正覺同修會；我就用正覺同修會來接受大家的供養，我把大家對同修會的護持認作是對我所作的法供養，這也可以嘛！並且我自己也來種這個福田，更快速的累積成佛的福德。所以眞正的捨財是：**你可以確定，你捨了財以後，未來世你的法財與世間財一定會更多，這樣得財的人才是眞的捨財。**千萬不要亂捨財，因爲捨財時若捨得不好，未來世會更加沒有財；因爲他捨的財是用在戕害眾生，是在破壞正法。

所以，當你眞正證得如來藏的時候，你才是眞的捨財；因爲你發覺這一世賺來的錢財，或者是繼承來的億萬財產，都是五陰所有，如來藏根本沒有得。悟了以後你會說：「我繼承了好幾億財產，但我也沒有得到財產；我沒有得到財產，就是捨財了。」原來是由五陰得到的財產，現在轉依如來藏了就說：「我都沒有得。」那就是捨財，這才是眞的捨財。

沒有人能把一切財都捨光的，也許有人講：「有啊！人家發大心出家，把所有財產都散光了，完全不持有財產。」那我請問：「他還有沒有三衣一缽？」「有。」「他還有沒有寺院？」「有。」那是不是財？是財嘛！從另一個角度來說，身體是不是還是他的？是。身體算不算財？算啊！叫作內財，所以他還是有財，沒有辦法究竟捨。

但是你轉依如來藏以後，發覺如來藏眞的是捨財，全部都捨，外財、內財都捨盡。因爲如來藏並不是故意要霸佔這個身體，所以眾生留戀貪愛五蘊身，臨命終時眼淚一直掉，不願意死；可是如來藏完全依照業種子來實行，依據業種是該什麼時辰死，祂就什麼時候施行，時辰一到祂就離開；當事人的意識心再怎麼不捨，意根再怎麼執著，祂仍然照樣捨離內財，祂完全沒有執著，這才是眞的捨財，是外財、內財俱捨，所以只有轉依如來藏這個捨性，才是勝鬘夫人所說的捨財。

菩薩悟後，不必把房地產、存款全都捨掉；在你還繼續擁有這一生賺來的財富時，你就已經是捨財了，這樣子捨財不是很殊勝嗎？然後你在人間所擁有的財富，仍然可以在事相上繼續隨分隨力的施捨。也許有人質問說：「你捨財以後怎麼還會有這麼多財產！」你說：「我已經捨光了，所以不論哪一個山頭，都不要再來跟我勸募了，因爲我已經捨光了。」「你在銀行戶頭裡不是還有好幾千萬元嗎？」「沒有，那個我也已經捨光了。」把存摺拿起來給對方看，明明還有好幾千萬元，「可是我已經捨光了。」「那你留著這些錢作什麼？」「我護持正法。」「那你來我們這裡幫忙。」「你們又沒有攝受正法，你們都在搞世間法，所以我對你說：『我已經捨光了。』而我確實也已經捨光了，可是我的五千萬元還是繼續放在摺子裡。」「你這是什麼道理？」「你想知道這個道理？來啊！來我們正覺同修會實修就會懂了。」能夠如此現觀如來藏的捨財，這才是眞的捨財。

有些人眞沒智慧，財產全部都捐出去，把好幾千萬元捐給某某山，然後自己也去那邊出家吃苦。以前老人家說：「吃苦就是吃補。」但他吃苦卻不是吃補，反而是法身慧命一直在漏泄，從來不曾吃補；因爲某某山暗地裡在修雙身法，明裡卻主張意識常住而公然與 佛陀聖教唱反調。他把所有錢財捐給某某山，自己又去那裡出家吃苦，其實根本就不曾捨財；因爲他不知道如來藏無始以來就已經捨財而從來不曾執有錢財。所以眞正的捨身、捨命、捨財，應該像我們如此的親證、現觀，才能符合勝鬘夫人所說的法義。這樣的捨財，能得到與一切眾生不共的，也不共阿羅漢、辟支佛的功德，值得眾生來作殊勝供養。

「得不共一切衆生無盡無減畢竟常住不可思議具足功德，得一切衆生殊勝供養」：聲聞、緣覺捨命時就眞的要捨命，捨財時就眞的要捨財；但是我們菩薩捨財以後卻繼續擁有錢財，不管凡夫大師們怎麼嫉妒，都無可奈何；因爲我們眞的捨了財，可是我們的五千萬元還是很溫暖的放在懷裡，卻是眞的捨了，而且這本來就是法界的實相；這就是與阿羅漢、辟支佛不共，也與一切凡夫大師等有情眾生不共的，而且是不盡而無減的不可思議具足功德。這個功德永遠不會窮盡：生命有盡頭，可是這個功德沒有盡頭，將會永遠跟著你，會跟著你到下一世去；在未來無量世中，這些智慧種子都會繼續存在如來藏中。而這個功德也不會消滅，只有世世增上而沒有次第消滅的，這是因爲它是畢竟法、眞實法的緣故。

爲什麼畢竟呢？因爲祂是世出世間法中最究竟的，沒有一法可以超越祂，所以是畢竟。祂也永遠存在，所以祂是常住，具有這些特性，而且是二乘聖人及凡夫大師等眾生們無法想像以及討論的。這個心具足無量功德，這時誰都要供養，因爲所有眾生都要供養，你自己也要供養。以什麼供養祂呢？法供養。要每天幫祂把不好的種子轉變或消除，使祂含藏各類新熏習的善淨法種，你這樣修行就是在供養祂。可是你供養祂，其實你是在供養自己；而你出來爲眾生宣說這種深妙法時，你就是在供養眾生的自心如來；而眾生接受你的教導、如說而行時，就同樣是在供養你的自心如來，所以這種供養才是最殊勝的。因此說，得到一切眾生殊勝的供養——法供養，這樣的供養才是眞供養。可是這個眞供養又不能說它有供養，因爲如果說有供養，那是用什麼供養呢？是好飲食嗎？妙衣服嗎？或是皇宮寶殿供養？其實都沒有，這樣無所供養的供養才是眞供養。

講到這裡，勝鬘夫人又說：「世尊！像我說的這樣，捨掉身分、命分、財分的善男子、善女人，攝受了眞實、了義、究竟的正法，他一定常常會被一切諸佛所受記，而一切眾生都會瞻仰他。」這一段法義，印順法師的解釋錯得很離譜，請大家看補充資料第三頁第九點，請參照經文「何等爲三？謂身命財。」現在看印順法師怎麼解釋這句經文：

【達身命財的實性不可得而不執著為我我所，即是捨。此與般若經的三輪——自、他、物體空相等。但這不可執理廢事，通達身等的畢竟空寂性；而又能為法為人而施捨，這才是菩薩的大捨。初學者，可先於事上著力；漸漸攝受正法，而能即事契理，了達身等的空寂，即為護持正法、利濟眾生而修捨行。】（正聞出版社．印順法師著《勝鬘經講記》p.110 ~ p.111）

請注意印順所謂的捨身命財的意思，是說：「要能通達身命與財的畢竟空寂性。」他所謂的三輪體空，仍然是只講世俗法的緣起性空，而不是依法界實相、涅槃本際如來藏的無所得來說「捨身命財」，與勝鬘夫人所說正理完全無關。世俗法身命財的緣起性空，能不能生死後際平等平等？不能！有沒有離生死？還沒有！因爲緣起性空正好就是生後死亡，**緣起**就是**生**，**性空**

就是死，並非無生亦無死，不能說它是「生的後際、死的後際平等平等」。像印順這樣解釋三輪體空，就把大乘佛法淺化到非常世俗化而成爲意識思惟所得的境界了，全無勝妙於外道處，也沒有涉及法界實相的正理；因爲印順所說的這種三輪體空的對象是自己，是說有所生的五陰自己是緣起性空。所捨掉的財固然也是緣起性空，但是捨了以後當然是有人得，得的人也是緣起性空，但這都是用世間法的表相來說明三輪體空，與法界實相的「非緣起而本來自在、當下存在之時本無所得」完全不同。

緣起就是本來無，現在有了，才有緣起法，所以緣起法講的就是十二有支的緣生法：因爲有種種緣，所以它生了，這正好是生；這個生不能到後際去，所以這個生沒有後際。而性空的意思是因爲無常，無常終必毀壞，所以是空無，空無就沒有後際，怎能說生與死的後際平等平等？因爲這個生一定會滅，滅了以後，生與死都不在了，當然也沒有後際；既無後際，怎能說生與死的後際都是平等平等？但是菩薩證悟之後，現前觀察生也有後際，而這個死也有後際：生了以後是誰？是如來藏；出生以前又是誰？也是如來藏。死了以後未出生以前也是如來藏，而且死以前也是如來藏；死了以後呢，還是如來藏。依如來藏的金剛性、常住性來看，生死都有後際，而生與死的後際都是同一個如來藏；既然生與死的後際同樣是如來藏，所以生與死的後際都平等平等，這樣才能夠說生死後際平等平等。可是印順所說的自他以及物體生了，卻沒有後際，因爲都會壞、死；壞死了以後根本就是不存在了，空無了，這樣的生與死都沒有後際，當然也無所謂後際的平等可說了。所以，捨身命財不能像他這樣解釋，他是把佛法的眞實義完全遮蓋了。但這不能怪他，因爲他並不是故意要遮蓋佛法的本意，其實是因爲他沒有悟入，無法悟入的原因則是由於他信受密宗應成派中觀的六識論邪見而否定了如來藏，才會輾轉產生這些問題出來。

我們再來看「生死後際等」這一句，印順是怎麼說的，請看補充資料第十點：

【「捨身者，生死後際等」。生死後際等，可作二種解釋：一、過去無量無邊的生死為生死前際，未來直至成佛為生死後際。後際等，即盡未來際的意思。菩薩捨身，是窮生死盡未來際的，如說：地獄未空，誓不成佛，這約事說。二、約理說：生死，即衆生的生死；後際，即涅槃。二乘捨生死而證涅槃，這是不平等的。菩薩達諸法畢竟空寂，知生死即涅槃，涅槃即生死，生死涅槃，平等平等。菩薩這樣的達生死涅槃平等，而盡未來際，為度眾生而捨身，即能「離老病死」；這是一般眾生身的三大病——有老、有病、有死。菩薩攝受正法而成佛，所以離老病死。】（正聞出版社．印順法師著《勝鬘經講記》p.111～p.112）

你們看：印順講的生死後際等，與老病死是如此地簡單明白，可是卻這麼世俗化。這眞的是世俗化的佛法——他們引以爲傲的世俗化佛法、通俗化佛法的人間佛教，但卻不是眞正的佛法。眞正的佛法從來不世俗，卻函蓋了世俗；從來不通俗，卻又無比的通俗。因爲眞正的佛法不離世俗法，在世俗法中很清楚地顯現了超俗的佛法，但卻是無比勝妙。眞正的佛法絕不通俗，可是卻在種種世俗法中都能通達，這才是眞正的通俗。印順講的通俗佛法其實不同於俗法，因爲他的法都是在表面上高高在上的有生有滅，滅了不再存在，但是眾生深心中卻不能接受。印順派的學佛人雖然口頭上說是接受，其實心裡卻很抗拒，因爲一切都要斷滅、都要空掉，因此就無法斷除我見了。也因爲這個原因而使他們走上世俗化的佛教，專在世俗法的保護有情色身與覺知心上面用心，由此而遠離了斷我見、我執，也遠離了取證實相的佛法。

可是實際上印順又說：「後際即涅槃，二乘捨生死而證涅槃。」這句話卻沒有錯，二乘是捨生死而證涅槃。但是他接著說：「生死，即眾生的生死；後際，即涅槃。」他可就是不懂這個意思，只能依照自己的想法隨隨便便而且極簡單的講，無法深入宣講。二乘固然是捨生死而證涅槃，但是「菩薩的達諸法畢竟空寂」，卻不是通達於諸法的無常空而說畢竟空寂；反而是說，在諸法叢鬧當中就已經是空寂的；這樣才叫作通達於諸法的空寂，因為這個空寂才是畢竟寂滅的。可是二乘法以及印順所知道的空寂，都不是畢竟的寂滅，只是在意識喧鬧當中自己建立一個想像中的空寂，而那個空寂都是意識心的境界，陪伴著意識心而自覺這個空寂確實永遠存在意識心中，實際上卻是死後就滅失而不能繼續存在的空寂；因為死後意識已經滅除了，意識心中的空寂之想也就隨之滅失了。但菩薩所觀的空寂是意識心外的另一個眞實心如來藏，祂從無始劫以來就空寂，五陰滅後祂仍然住在原本空寂的境界中，畢竟不變，這才叫作畢竟的空寂。

印順引述說：「生死即涅槃，涅槃即生死。」但這不是沒有證涅槃的人所能知道的，特別是否定**無餘涅槃本際如來藏實有**的印順法師，因爲他所說的畢竟空寂是滅掉蘊處界，而滅掉蘊處界之後的涅槃是無常空、是斷滅空，那明明是生與死都滅盡了，這樣滅盡以後成爲斷滅，**斷滅**哪來空寂可說？斷滅就無法了，怎能有空寂呢！這與二乘聖人信受 佛在阿含所說**涅槃中實有本際識如來藏常住不變**的聖教，並不相符。但是菩薩不然，菩薩證得如來藏以後，五蘊身心都還在，是現觀自己的如來藏從無始劫以來畢竟空寂，因爲祂從來不與六塵相應；祂什麼時候曾經喧鬧過？從來都沒有，是眞正的空寂。因爲祂不取六塵中的一切法，所以才是畢竟空、畢竟寂滅；如來藏在這樣的生與死的過程當中，所有五陰的生死都是依如來藏而有的，而生時死時、生後死後的如來藏都仍然是不生不死的涅槃，所以生死就是涅槃、涅槃就是生死。所以菩薩無妨繼續不斷示現五陰的生死，但卻始終沒有生死，這是因爲菩薩所轉依的如來藏從來沒有生死的緣故；菩薩是以原本就涅槃的如來藏爲歸，生死都是在涅槃中生死，所以從來沒有生死，這樣才能稱爲生死與涅槃平等；菩薩現觀一切有情在生死當中就已經是涅槃，而眞正涅槃的心是如來藏，而在如來藏涅槃當中無妨繼續示現有五陰的生死，這樣才能稱爲生死與涅槃是平等的。

印順在這一段註解後面還有說到：「**菩薩攝受正法而成佛，所以離老病死。**」這也是不對的。他的錯誤是：誤以為成佛之道的修行，只要斷我見、斷思惑就可以成佛了。所以他認為：**斷思惑以後，繼續攝受解脫道正法而永遠不入無餘涅槃，繼續受生於人間而世世攝受眾生、利樂眾生共證解脫道，這樣就可以離開了老病死。**他認為這樣就是生死與涅槃的平等，所以他不是以涅槃本際的如來藏來說生死與涅槃平等，這就是他的問題所在。可是這個問題，百年來只有太虛法師、慈航法師破斥過他，其餘破斥他的人，因為沒什麼名氣，在佛教界中也沒什麼地位，所以大家都不當作一回事。

可是，如果只要斷我見與我執之後，再保留一分思惑而不取無餘涅槃，世世如此度眾生同證解脫道，自己就可以算是離老病死，那麼一切阿羅漢也應當都已經離老病死，那麼應當也都已經斷盡變易生死而成佛了。可是很顯然的是，一切阿羅漢們在 佛入涅槃後，二千五百多年之間沒有人敢自稱已經成佛。所有敢自稱成佛的人都是凡夫，都是由於不懂佛法才敢自稱成佛，也就是西藏密宗那些法王、仁波切等邪淫亂倫的凡夫。由此看來，勝鬘夫人說的離老病死，顯然並不是印順所講的從解脫道中遠離老病死的。因為解脫道的修證，依印順所講的道理，只會成為兩個狀況：第一個狀況是，定性聲聞捨報後一定會入無餘涅槃，他們不可能再有老病死；但是他們也不可能保留一分思惑，或者再起一分思惑，盡未來際利樂有情；他們都不可能作到，因為必入無餘涅槃的緣故。剩下一個狀況，就是繼續擁有老病死，因為阿羅漢所修所證都是在世俗法上修證的，世俗法就是蘊處界。他們既然依世俗法蘊處界的緣起性空來修證，就算迴心大乘成為通教菩薩，也仍然是有老病死；因為他們迴心大乘而成為大乘通教阿羅漢以後，來世仍將繼續擁有五蘊，仍將繼續擁有十二處、十八界。既然是以這個蘊處界為中心，不是依蘊處界本源的無生無死的如來藏，他們當然不可能離老病死，都因為他們所見的範圍都不離蘊處界等有生有死的世俗法。

必須是以如來藏為所依，不落入世俗法蘊處界中，才能說未來的無量世中，每一世都有蘊處界的老病死，而仍然是離老病死的。假使依印順所說的，成為阿羅漢以後再起一分思惑，慈悲眾生而攝受眾生，也攝受了解脫道正法，那他們將來一定會有老病死；因為都無法自外於有生有死的蘊處界世俗法，因爲都不知不證無老、無病、無死的如來藏。所以印順所說的離老病死，是無法自圓其說的，這就是他的根本思想的大病患。所以必須是以如來藏爲所轉依的法，才能夠在未來無量世的老病死中說他已經離開了老病死。所以印順的離老病死，只是依文解義而說，實際上與五陰的老病死仍然緊緊的相連在一起，完全沒有離開老病死。因此，修學成佛之道、修學大乘菩提，一定要依止於從來無生死的如來藏，轉依了如來藏才能說他已經離開老病死，這是菩薩行者在見道之前，必須要先建立的正知見，所以印順宗奉的應成派中觀是完全悖離成佛之道的。

我們再來看經文：「**得不壞、常住、無有變易、不可思議功德如來法身。**」這一句，印順怎麼解釋呢？請大家看補充資料第十一點，印順法師說：

【離無常老病死身，即「得不壞常住無有變易不可思議功德如來法身」。……不為老病死所壞，即是常住。常住，所以是無變易的。常身的功德無邊，不可以心思口議，故名不思議功德。有此不壞常住無變易不可思議功德的，即是如來法身。依法成身，名為法身。】（正聞出版社．印順法師著《勝鬘經講記》p.112）

但是問題來了，印順既然否定常住法，不斷的宣揚錯誤的一切法緣起性空，認爲沒有實體法可以常住，對於另一部分佛學研究者所主張的常住法、本體法，他不斷地破斥。但是他否定了常住法如來藏以後，恐怕別人會評論他是斷見論的外道，所以只好另外建立一個常住法，叫作滅相眞如。印順的滅相眞如是怎麼說的？他說：修學解脫道的人斷了我執，捨報以後蘊處界滅盡，滅盡以後成爲空無，這個空無的滅相是永遠不會再滅的，這個滅相就叫作眞如。我不知道諸位能不能接受這個講法，我是無法接受這個講法的。這就好比說：我有一千萬元美金，但是這一千萬元美金是無常的，我必須要點火把它燒掉以後，別人無法再搶去了，也無法再把火燒後的滅相燒掉；當一千萬元美金燒掉而成爲滅相了，這一千萬元美金的滅相是不可能再滅掉的，所以這一千萬元美金的滅相就是常住而歸我永遠擁有的。這樣子說常住法，諸位能接受嗎？

這個公式或邏輯是完全一樣的：我蘊處界是無常的，我無法帶到未來世去，所以我乾脆就把蘊處界滅了；我執斷了以後，我捨報時就是把蘊處界滅了；蘊處界滅盡了以後，這個滅相是別人都無法再滅的，這就是眞如，這就是常住法。這樣的斷滅相，為什麼可以叫作不可思議的功德法身呢？我們必須質問印順：**這個滅相有什麼功德**？沒有任何功德啊！「它」只是斷滅空。而這個滅相眞如，當印順死了以後（假設印順眞的能滅掉意識與意根，永遠不再投胎了），當印順死了以後，這個滅相眞如也必然要宣告斷滅；因為滅相眞如只是一個觀念，是在他活著時意識心中的一個觀念，說「**我把自己全部滅盡以後成為滅相，而滅相就是眞如，因為滅相不可再滅了，所以是眞、是如**」；但這個意識心中的觀念，當他捨報以後，假設他能入無餘涅槃，意識永遠斷滅不存在了，他這個觀念也就跟著意識的消失而永遠斷滅了，也是不存在了，那不是斷滅了嗎？所以他眞實是斷滅論者，卻巧言施設一個滅相眞如的名相而欺瞞學佛人，說是不斷滅。

因此，當我們在《楞伽經詳解》裡面，依照 佛的說法註解說：因為先有了**牛有角**，所以才能說有**兔無角**；同理，因為有蘊處界，所以才能有滅相眞如；假使沒有蘊處界，就不會有蘊處界顯示的緣起性空而產生的滅相眞如。所以印順所施設創立的滅相眞如，其實是依附於生滅性的蘊處界才能存在的。佛說這個話，有沒有道理？（眾答：有。）有啊！這是絕對的道理。

當然，印順講的緣起性空也是絕對的道理，但那只是世間法表相的道理，不是出世間法的眞實道理，因爲他把出世間法所說緣起性空的大前提——蘊處界之所從生的本識如來藏——毫無根據的隨意否定了，那麼他的緣起性空就成爲**無因唯緣**而生起、而性空的**無因論**邪見了。

印順說一切人的蘊處界全部緣起性空，這當然是世間法中正確的道理。可是這個蘊處界的緣起性空能不能說是實相呢？不行！因爲蘊處界這個緣起性空是依無常生滅的蘊處界而有。既然他這個緣起性空是依生滅法的蘊處界而有，當然在蘊處界無常的狀況下，這個緣起性空也就跟著蘊處界成爲無常法了，當然是虛相法而不是實相法。這是一個很簡單的道理，但印順從來沒有想到這個問題，所以當我們《楞伽經詳解》第三輯中把這個道理寫出來以後，他都一直不敢出來講話；因爲他知道自己出問題了，可是又無法解決，無法解決就只好把它擺著不理會。

生來就很強勢的人，一生都在批判別人；當我們對他提出再三再四的評論以後，他卻這樣子默不作聲，然後昏昏沉沉的死亡而離開人間。印順很可能是在臨命終時，人家預先算計好，特地爲他打了麻醉藥，讓他昏昏沉沉都無法反應，一直處在意識不在的狀態，就這樣死亡了。所以，有人事先在猜測他捨報時會不會有異相，我說不會；因爲人家早就算計好了，在他快捨報前，假使有輕微的異相出現，就趕快打麻醉藥使他的意識斷滅，在全身麻醉、意識斷滅的情況下，還能有什麼異相？雖然這只是猜測，但是不無可能，要等待未來有因緣時，才會被公佈出來。假使沒有特別的因緣，就不會被公佈出來。但是也有可能他是在沒有外力影響的情況下，自己昏迷地捨報。

所以，知見的錯誤以及教導錯誤的知見，都是弘法者極嚴重的事；因爲三界有情之所以會成就種種惡業，都是因爲知見的錯誤所導致。所以經中才會說：錯誤的知見是最大的罪惡。特別是教導眾生修學佛法的人，把錯誤知見教導給別人，佛說：**這樣作的人，比使用毒藥毒死眾生的罪更重**。假使印順用毒藥去毒死一百個人，那一百個人只不過是這一世被害而已；可是邪見的毒種進眾生心中以後（不說一百個人，你看台灣佛教界有多少人中了印順的法毒？我看不下一萬人。這是非常非常保守的估計），這一萬人將來生生世世再學佛之後，這個邪見種子都會不斷的現前，他們可能會在來世謗佛、謗法，沈墜於三惡道中，難回人間；這一萬個人被害是無量世的，是很恐怖的。

印順否定了常住法以後，竟然說：「**由此不壞常住無變易不可思議功德的，就是如來法身。**」既然是斷滅後落入空無一法的滅相中，怎麼可以叫作常住？如果這樣可以叫作常住，我也可以這樣子說：你們過去無量世的所有五蘊的滅相眞如，也都是常住的。對不對？（眾答：對）對啊！道理必然是一樣的，那麼你們大家應該都有無量的常住，而不是如 佛所說的唯我獨尊的一個常住法。大家過去都有無量的常住法滅相眞如一直累積下來，因爲往世的每一世都有蘊處界，而每一世的蘊處界都毀壞了，毀壞就是常住——滅相眞如。請問：**每一個人無量世下來有多少個滅相眞如**？想想看！這樣子，這個常住眞如就是可以不斷累積增多的了，因爲一世都有一個滅相眞如常住。所以印順的說法眞是千古荒唐言！

常住，印順並且說是不變易。滅相當然也是不變易的，可是，所謂的不變易，是應該依空無而說不變易呢？或者有一個實體法永不變易，才可以說是不變易？當然一定是要有一個法前後不變，才能叫作不變易。如果是空無而可以說爲不變易，這樣對法界實相而言會有什麼意義可說呢？對於成佛之道也是全然無意義的，這與成佛之道的實修就完全無關了，當然就不是佛法。依印順的說法，你如果說：「**我想要求證一個永不變易的常。**」那麼我隨時可以給你，當你來跟我要，我就說「空」；這「空」的聲音過去了，永遠滅了，而這個滅相永遠不再變易，那你就是已經得到一個不變易的常了。請問諸位：**你要不要這樣的常住法作爲佛法的實證？**沒有人點頭，大家都搖頭，所以他的說法只是狡辯、詭辯而已。一定是依一個實體法，有功德的、常住的一個眞實法，才能說它是不變易的。假使是空無、斷滅，那就沒有什麼常無常、變不變易可說了。可是他卻又說「一個無變易的」，那個無變易到底是什麼？可以是斷滅空嗎？當然還是要回歸本體論講的實體法如來藏心，才能講祂是常住而無變易。

印順又說斷滅的緣起性空有「不可思議功德」，請問：**空無能有什麼不可思議功德？**沒有，虛空還有一點功德，而他講的滅相空無根本連一點點功德都沒有。虛空的空無還可以容納有情走來走去、種種動轉。可是他這個滅相眞如是滅掉後的斷滅，連虛空都不是，只是一個存在他意識心中的名詞概念而已，而這個概念又會障礙印順派的所有大師、學人們的佛法道業，這樣怎能叫作不可思議的功德呢？

但是常住而不變易的法，祂當然會有不可思議的功德；這是因爲只有常住而無變易的法，才可能是法界萬法的根源；只有祂才能出生蘊處界、出生一切法，才可能有二乘法講的蘊處界緣起性空，但二乘法所說的蘊處界緣起性空只是從大乘法中析出來的一小部分法義。如果沒有常住法如來藏，就不可能出生蘊處界，又怎能有蘊處界的緣起性空呢？所以蘊處界的緣起性空是依常住的實體法才能有，包括蘊處界以及蘊處界顯示出來的緣起法，都是從這個常住法來出生的；由於祂而出生了一切世間法，才可以叫作不可思議功德。一個滅掉後的空無，一絲一毫的功德都沒有，怎麼能夠叫作不可思議的功德呢？所以印順所說的滅相眞如的概念，怎能說爲如來法身呢？

如果依印順所講的邏輯，那麼滅相眞如就應該是出生蘊處界的根源了，否則怎能是具有不可思議功德的常住法呢？如果滅相眞如不是如此，而只是斷滅後的空無之相，那麼如來法身就應該是斷滅空了；這樣一來，阿羅漢入無餘涅槃以後也該是斷滅空了。因爲印順否定了第八識，只承認有六識，而無餘涅槃中是滅盡六識及意根的，當然無餘涅槃也應該是斷滅空才對，那麼斷滅空就應該是如來囉？也應該這樣講：阿羅漢也是已經證得如來法身而成佛了。那麼印順就不應該承認世間還有阿羅漢了，所有阿羅漢都應該改稱爲菩薩甚至改稱爲佛陀了，可是結果顯然不是這樣。

因此，他所說的法都是自相衝突的；但是他善於運用語言，所以把一個簡單的道理，經過語言上的佛法名相九彎十八拐以後，大家迷糊了就同意他的看法了。事實上確實是這樣，所以很多人研究印順的思想，研究了一輩子還弄不清楚他的思想到底是什麼。但是我們不用研究，我把他的書買來大略翻一翻，我兩、三個月中把他那幾十本書大略翻一翻，就知道他的思想是什麼了，根本不必研究就寫出法義辨正的書籍來。我們也不必每年開佛學會議來討論他的思想，那都是無聊事！印順派的法師居士們都是閒著無聊才要這樣作，也是藉此來互相取暖。但是我們學員舉辦讀書會來研究他的思想，可不是閒著無聊；我們是要把他重要的錯誤抓出來，一一解析，讓應成派中觀的邪見在未來一千年中無法再死灰復燃，這件事情，目前也只有我們能作得徹底。

經由讀書會的討論，所有已參加的人都可以很確實地瞭解他的思想偏差到如何嚴重的地步。表面上看起來好像都沒有錯，但是實際上，他骨子裡錯誤連篇，所以他所講的法只能稱爲相似佛法：只是表面上看起來是佛法，骨子裡則是斷滅見的外道法。但是印順用八不中道的名義包裝以後，那個包裝紙讓人覺得他的產品很漂亮很精美，所以大家感覺不到他是斷滅見。但是把他的包裝紙拆開以後，一一拆解了，就顯現出來完全是個斷滅本質的斷見外道法。佛教界不知道這一點，是因爲包裝紙很堅韌、很漂亮，大家都打不開包裝紙（不能理解他的中心思想本質），就誤以爲他的產品太好了！一直到我們把它打開之後，他自己也發覺出了紕漏而無法解決了。

印順這種誤導眾生的狀況，是他們經由大量的書籍，長時間的經營，加上每年召開印順思想研討會去拱出來的；只是藉著學術界的力量把他拱出來，然後再回頭來影響佛教界，成爲外行人領導內行人的不合理現象。但是，因爲他們的作法很成功，所以六、七十年來，他的思想已經在台灣佛教界建立一個很堅固的碉堡，現在我們雖然有親證佛菩提的神兵利器，也只能一寸一寸的加以摧破，沒有辦法用一個簡單的方法一下子就把它摧滅掉，因爲印順的邪見已經根深柢固的生長在台灣佛教界中了。

所以，從這部《勝鬘經》所說的法義，我們把他對於此經的註解作爲實例而列舉出來，諸位漸漸的就會知道：為什麼印順的法不能信，為什麼不能支持印順的法，否則就會跟著印順的腳步共同成就破法的共業。因此，我們在這上面還要再努力、再加把勁，讓佛教界實際上去瞭解，才有可能把即將跟隨他去造作破法共業的人拉回正法中來。否則，佛教界為了想要護持正法，所造的善業結果卻是破法的共業，那眞是天大的冤枉！三界中再也沒有比這個更冤枉的事，因此我們必須要讓所有佛教界都瞭解這一點。

七、八年前，傳悔法師兩、三次贊助昭慧法師的弘誓學院，總共是一億元出頭，當時我曾私下跟某些同修們說過：「傳悔法師也是顚倒啦！他師父弘揚的是如來藏妙法，他卻把從他師父那裡得到傳承的威德所得到的供養金，都送去支持否定他師父法義的昭慧法師，這眞是顚倒！」顯然傳悔法師是沒有得到廣老眞傳的，所以正邪難分而做出這樣的行為來，但是世間人有誰能知道這個事實呢？我以前也一直對此有所懷疑。但是到了兩個月前，看到廣欽老和尚的年譜，我才確認這個懷疑是可以成立的。但是廣老的所有徒弟們都不該怪罪於廣老，因為廣老有許多的機鋒示現，眞是入泥入水為他們了，並不是沒有給他們證悟的機會；只是他們的悟緣還不成熟、福德不夠，所以廣老沒有用特別明白的機鋒給他們，也沒有作特別的引導；只是這樣而已，所以他們不應該怪師父，應該怪自己的福德不夠、悟緣未熟。

我們若是從廣老的立場來講，假使當年廣老眞的把如來藏法傳給徒弟們，我看廣老可能沒幾年就要被徒弟們推翻掉，因爲廣老不認得字，在無道種智的情況下，他又無法經由教證來證明說：「**我講的法、我傳的法是正確的**。」那麼當徒弟們大家都不信受他所明傳的法，在眾口鑠金的情況下，很快就會把他所傳的如來藏妙義推翻掉，反而會導致弟子們造下毀法、謗僧的大惡業。他若想要明傳如來藏妙理時，必須要考慮到這一點，因此他爲了善護弟子四眾，只能以比較隱晦的機鋒來指導，絕對不能明講密意；所以他寧可四度托夢告訴往世的徒弟來正覺同修會修學，而不願意去托夢給那些出家徒弟們說：你們要去正覺學。這不是沒有原因的。

正因爲傳悔法師等人不曾證悟如來藏，因此就無法生起實相般若，就無法辨別法義的大是大非，於是會去贊助昭慧法師的應成派中觀；而應成派中觀是六識論的邪見思想，是專門否定廣老所傳的如來藏妙法，所以傳悔的「護持正法」行爲，事實上是在幫助昭慧法師否定他師父所證悟的妙法。所以，如來藏法才是三乘菩提的根本，假使沒有如來藏，印順的成佛之道、二乘聖人所證的涅槃，都將成爲斷滅空。斷滅空是斷見外道早就在宣揚的理論，假使佛菩提及解脫道所證的同樣是斷滅空，那又何必勞動 釋迦老子來人間辛苦受生及辛苦弘法四十九年。所以佛法絕對不是斷見外道的斷滅空，也絕對不是常見外道的意識境界，絕對是常住法而不落斷、常之中。

這個常住法自身從來不變易，並且祂有不可思議的功德力；三界的成就全都依靠祂，萬法的出生也都依靠祂，乃至成就阿羅漢、辟支佛、究竟佛地的實證也都要靠祂，所以說祂有不可思議的功德。但是滅相眞如既然是依靠生滅性的蘊處界而存在的，而且是絲毫功德都沒有，完全無法出生山河大地世間，無法出生蘊處界世間，更無法使人成就三乘菩提，一點一滴的功德都沒有，那怎能稱爲不可思議功德呢？它既然只是意識心中的一個概念，而且本質是斷滅空，當然不可能是常住法身，也不可能是如來法身，否則，佛法只要依照斷見外道講的來看待就好了，就不需要 佛那麼辛苦來人間受生、弘法了。因此，印順所說的法義根本不值得信受，更不應該弘揚。這一點，希望大家在今天所辨正的這段話當中，都能夠確實的理解；從這一世開始就永遠不會再走入岔道去，永遠都會在正道上行走。

我們再來看這段經文的最後一行：「**得無邊常住不可思議功德，通達一切甚深佛法**。」現在我們來看印順法師怎麼解釋這二句，請看補充資料第十二點：

【常身，為如來法身；常命是慧命，所以能「通達一切甚深佛法」。眾生的命，因無明起業感果而延續。佛得**一切種智**，即以通達一切甚深佛法的智慧為命。】（正聞出版社．印順法師著《勝鬘經講記》p.113）

他這一段話中有三個問題：一、「常身，為如來法身」：常而又有身，這表示是有一個常住法，祂具有功德性；若是沒有功德性，即是無身，就不叫作諸法之身了，就不許說是法身了。若沒有功德性，必然只是一個概念；凡是有功德性的某一個法，一定是有功能及作用的，不只是覺知心中的概念而已。現在印順說如來法身是「常身」，「常身」當然是常住而且有功德（有作用），有作用的常住法才能稱爲「常身」。常身，印順說即是如來法身，這句講得正確啊！可是當印順講出這句話時，應該會覺得已經是自打嘴巴了；因爲他認爲滅相眞如（斷滅空）就是如來法身，假使滅相眞如眞的是如來法身，那就是空無啊！空無怎麼能說是常住而又有作用呢？所以滅相眞如當然不能稱爲常身。當印順說滅相眞如即是如來法身，而如來法身即是常身時，豈不是自語相違？

二、印順在第二句說：「常命是慧命，所以能通達一切甚深佛法。」常命當然是常住的命，不是斷滅的命，也不是生滅性的命，那他講的應該是智慧之命常住囉！那麼問題來了，智慧之命是以什麼爲命？當然是以智慧爲命才叫作慧命。可是智慧是誰所擁有的呢？是意識所擁有的。而意識之所以會有解脫智慧是從斷我見、斷我執而出生；意識會擁有般若智慧，則是從親證如來藏而來的。如果沒有親證如來藏而只是斷盡我執，他捨報一定入無餘涅槃，那又怎麼會有常住的慧命呢？沒有常住的慧命就沒有常命，沒有慧命就表示他不可能通達一切甚深佛法。

所以阿羅漢在 佛入涅槃以後，沒有一個人敢自稱已得甚深佛法，沒有人敢紹繼佛位；他們認爲：「**我的解脫道圓滿了，但仍然不是佛，因爲一切甚深的佛法還沒有得到。**」所以一切三明六通的大阿羅漢，無一人敢紹繼佛位。什麼是一切甚深佛法？當然是要有法界實相的親證，並且究竟了知而沒有遺餘，究竟了知時才能叫作一切而且是甚深的佛法。但是滅相眞如這個法，大家只要一聽我解釋就懂了：**就是把蘊處界全部都滅盡了、斷滅空了，就是滅相眞如**。可是解說如來藏時（還不說種智，光只是說如來藏自身的中道性），在沒有證悟如來藏以前，聽證悟者解說了老半天以後，總是似懂非懂；而親證的人都是一聽就懂，這樣才能叫作甚深般若的甚深佛法。

可是印順講的滅相眞如，一聽就懂了，當然是粗淺佛法，不是甚深佛法。因爲二乘聖人所證的解脫道，遠比印順所講的滅相眞如還要深；而二乘菩提的究竟果——諸阿羅漢——來到證悟的菩薩面前時，竟然沒有開口的餘地；這還只是如來藏自身的中道妙義，還不包括證得中道的菩薩們悟後應該進修的種智呢！由此來看，什麼才叫作一切甚深佛法呢？當然是如來藏及祂含藏的一切種子的智慧妙義；這樣看來，當印順講常命是慧命的時候，他其實應該警覺到自己這一句話講出來，也是在自打嘴巴。可惜的是，他自己仍然愚癡到竟然沒有絲毫的警覺。

三、印順說：「**佛得一切種智，即以通達一切甚深佛法的智慧爲命。**」從這兩句話來看，他所謂的通達一切甚深佛法的智慧，顯然是講一切種智。

那又有問題了，**一切種智**就是現觀如來藏所蘊含的一切種子，由此而生起的智慧。可是當他把如來藏否定掉的時候，就不可能有如來藏所含藏的一切種子可以讓他來觀察了；當如來藏心體不存在時，沒有如來藏來含藏一切種子時，怎能有一切種子可供觀行呢？這是因爲如來藏所含藏的種子不可能離開如來藏而單獨存在，就好像人的意識不能離開人類有根身而存在，人身若是壞了，意識就無法繼續存在了，這又好像意識的智慧不能離開意識心體而存在一樣。

可是印順把如來藏否定以後，怎能有如來藏所含藏的一切種子的智慧可證呢？所以這又是一個大問題。而成佛之道所依憑的就是一切種智，一切種智的分證則是從初地到妙覺位等十二地的道種智（分證一切種智時稱爲道種智）。如果不牽涉到一切種智而講般若，則是如來藏自體的功能差別；不包含祂所蘊藏的一切種子，而是單指如來藏自身的功德，那就是般若的總相智與別相智，而這只是三賢位菩薩的所證；具足總相與別相的智慧以後，才能進入初地的入地心中。當印順把如來藏否定掉以後，且不說諸地的道種智，光是三賢位的般若總相智、別相智（根本智、後得智）就無法證得了；所以印順就必須要發明一些新創的佛法來取代般若的眞實義，才會發明了滅相眞如，才會否定了二乘法中的意根以及無餘涅槃的本際。

印順在這麼短短的三行文字中，就有這麼多的問題存在；可是一般人讀了以後，知道印順這裡面有問題嗎？感覺不到，只能感覺說：「喔！**他講的很深，這個我都不懂。**」正因爲讀不懂，莫測他的高深，所以他在佛教界才有地位；假使你讀了就知道印順的落處，印順在佛教界就沒有崇高的身分可說了。所以，十幾年前，聖嚴法師有一句話講得很好，他的意思是：**有許多大師在佛教界有地位，是因爲他寫的書很深，人家都讀不懂，連寫書者自己也不懂，所以就被稱爲大師。**他那時的言外之意應該是暗指印順的，可是爲什麼後來又走向印順思想的邪路去了？

這樣看來，勝鬘夫人所講的意思，確實被印順曲解到非常的嚴重；不但是這一部經，其他菩薩的論以及別的佛經，也都被他曲解到很嚴重。印順的手法就像宗喀巴在曲解佛經一樣，以前天竺的月稱、寂天等法師曲解佛經時，也都是用這樣的手法；同樣都是把 佛所說的道理，用許多名言加上九彎十八拐以後，變成他們所說的道理；表面上看來，他們講的是 佛經中的道理，實際上卻往往是完全相反的。但是諸位把這一部經的正確講解聽完了，大概就能很清楚知道：原來印順法師的思想是這麼簡單，一點都不複雜。從此以後根本就不用去參加他們的思想研討會，因爲最精通印順思想的專家就是我。你們來共修兩年半，同時聽我講經兩年半，你們也都可以成爲印順思想的專家了。假使到那時，你有興趣去報名他們的印順思想研討會，當他們有人發表論文時，你們就提出他的問題來：請問印順說的……、請問印順說的……、請問印順說的……，與經義不符，您的看法如何？他們那時就只好漲紅了臉，口掛壁上；不然就只能顧左右而言他，迴避答覆你所提出的問題，在事相上虛答，事實必然會這樣。所以，諸位還是應該繼續聽下去，因爲這部經的眞義聽完了，印順法師的思想你就了然於胸了，不再有懷疑了。

【「世尊！又善男子、善女人攝受正法者，法欲滅時，比丘、比丘尼、優婆塞、優婆夷，朋黨諍訟，破壞離散。以不諂曲、不欺誑、不幻僞，愛樂正法、攝受正法，入法朋中；入法朋者，必爲諸佛之所授記。世尊！我見攝受正法如是大力。佛爲實眼實智，爲法根本，爲通達法，爲正法依，亦悉知見。」】

講記：勝鬘夫人又繼續說法：「世尊啊！善男子與善女人如果是眞實攝受正法的人，當未來末法時代正法即將要被壞滅的時候，比丘、比丘尼、優婆塞、優婆夷，他們那時將是朋黨、諍訟、破壞、離散的。」朋黨就是交結親信，結爲一黨，分成許多的黨派而互相諍訟，於是正法僧團就破壞了、離散了。這種現象，諸位認爲有沒有？只有我們同修會中沒有，外面小精舍也不會有，因爲他們只有三、四位常住，無法朋黨。凡是大道場都有朋黨、諍訟，不論是哪一個大道場都一樣。如果只分爲兩個黨派，那還算是比較好的；通常分成三大派、四大派，大家要爭奪住持的權力；特別是開山的法師走了以後，往往就會整個浮現出來。

十幾年前，韓國不是有一群比丘打架，還拿刀子相砍嗎？連台灣的電視新聞都報導出來了。台灣是沒有這麼嚴重，因爲如果台灣有這個狀況出現，大家都不會去護持了；台灣的信眾水準比韓國人高，所以佛門比丘還不敢如此明目張膽；但是結爲不同黨派而互相鬥爭的情形，其實是很平常的。以前甚至曾有一個大道場，兩派人馬在大殿裡面互相叫囂，有一位優婆夷很有智慧，她簡單一句話就把那個場面解決了，她諷刺的說：「用講的實在講不清楚，你們乾脆出去外面打一場架來解決吧！」結果兩位比丘就默默相看，各自離開大殿，不再公開爭吵了。可是他們心結解了嗎？沒有！

這就是說，到了法義即將被壞滅的時候，佛門四眾會朋黨諍訟，當然就會破壞離散，所以才會應驗了一句俗話說：「樹倒猢猻散。」我們正是預見這個情形，所以我們就開始制度化，同修會中沒有一個單獨的領導人，領導整個同修會的就是親教師會議；如果是有私心的人，大家就共同把他請出去，或者一致否定他的建議，這樣就不會再有朋黨與諍訟了。因為眞實了義正法的道場，不堪被破壞、離散；我們親教師會議的絕大多數成員都有這樣的認知，所以我仍在世時就已經是半集體領導了。我把大多數的弘法政策都放在親教師會議裡面來決定；未來同修會弘法重要的方向決策，都在親教師會議來決定，我們一直希望避免朋黨離散的情況。

至於能不能永遠依照我設計的這樣去作呢？我也沒有絕對把握，不過我想，一、二百年內應該有六、七成的把握。照目前的情況看來，應該是可以維持六、七成的機會，可以繼續延續下去。所以說，朋黨、諍訟、破壞、離散的情況，在各大道場中都很常見，特別是在末法時期；其實正法時期就有這個現象了，末法時期當然會更嚴重。所以像我們這樣清淨自持的共修道場，目前可能已經是絕無僅有的了。如果說一個精舍只有三、四位法師，信徒只有一、兩百人，那就不容易朋黨，較難諍訟。像我們這樣一個說大不大，說小也不小的共修團體，數千會員努力精進而能夠免除朋黨諍訟，這是很不容易的，所以我很珍惜這樣一個道場。

勝鬘夫人說：「**到了末法時期這種現象出現時，眞正攝受正法的善男子與善女人，他們能夠以不諂曲的心、不欺誑的心、不幻僞的作法而攝受正法，這樣進入以法爲朋侶的團體中**」，換句話說，眞正攝受正法的善男子、善女人，心地一定不諂曲、不欺誑、不幻僞。不諂曲，譬如遇到某些有重要關係的人，就用諂曲的心態以不直的說法與想法來迎合，那就是諂曲。眞正要使正法道場得以清淨而順利的永續共修和弘法，必須要像國政清明的背後有一個聰明的皇帝一般，眞正聰明的皇帝都能察納建言；假使正在進行的或即將進行的事，是有後遺症、是有過失的，也要有人敢出來說話。但是領導的單位或個人，也要有能接受勸諫的雅量，並且在探討之後或者修正、或者指出建言者的錯誤處；支持及反對的二方說法都必須先聽取，然後加以探討，再作重新的決定。所以必須要有敢諫直言的人，道場才會清淨，而不是大家都來當老好人。老好人容易當，但是對道場並不是好事，所以不諂曲的心態是很重要的；不諂曲的人正是清修道場的防腐劑，如果道場沒有一些不諂曲的人，這個道場不要多久就要腐敗了。

不欺誑，則是講上位領導者。如果上位領導者口中都說：「我不接受錢財供養。」可是私下裡，紅包卻一包又一包不停的收。「我不接受人家色身供養。」私下裡卻偷偷摸摸與許多人上床合修雙身法；這樣的領導人都叫作諂，都是欺誑者。這種欺誑的行為，正是西藏密宗的法王、喇嘛們最擅長的，口中都說：「我不貪錢財。」可是當人家不能以大紅包供養，他便不肯傳法。口中說：「我不貪男女欲。」可是暗中不斷地在找女徒弟合修雙身法，所以說他們都是欺誑者。

當密宗的喇嘛、活佛們因為密傳雙身法，後來被人家發覺根本不是佛法，鬧了起來：「你要還我以前所供養的二千萬元、三千萬元台幣。」他不願拿出來還給對方，那就會爆發出來。賠了錢而把事件敉平的就沒有爆發出來。可是常常有喇嘛、仁波切不願意還錢，事件爆發出來之後，他們密宗很會講話：「那個人是假活佛、假喇嘛啦！不是我們密宗裡的活佛、喇嘛，是假冒的。」全都撇清。而實際上出來說別人是假活佛的那個活佛，自己也在搞雙身法、淫人妻女。這種上位者都是欺誑的心態，像這樣子，怎能攝受正法呢？當然不是善男子、善女人，那要叫作惡男子、惡女人。

不幻僞，就是說法不虛假。爲什麼要幻、要僞？因爲他想要顯示自己的證量。可是明明他沒有佛法上的證量，那麼就用中國古代的那些魔術手法來騙人。此中的代表者就是義雲高、喜饒根登，好多人在早期被他們利用；被利用的人中，有大法師、也有大居士。其實他們所謂的求甘露，都只是一種魔術手法而已。即使眞能求得甘露，也只是欲界天人的食物，吃了並不能使人證得絲毫的佛法。

顯教中也有人誤把玻璃窗上的隱形橡皮印當作法輪，其實明明知道那根本就不是法輪，他們也要騙眾生說：「我們的玻璃上有法輪，表示我們有實證。」其實不論是地面的磁磚或玻璃上的哪一種法輪，都可以造假；或許哪一天，我們閑著無聊時，依照講桌正面漂亮的法輪刻得很具體，弄成一個橡皮印，把玻璃工廠搬玻璃用的那種潤滑油塗了以後，每一塊窗戶都把它印一印，乾了以後用乾布擦一擦；等到天氣變了、空氣潮濕了，玻璃上的法輪就出現了，你看：「**每一片窗户都有法輪哦！可見我們是有證量的佛法團體。**」可是這跟正法的實證有什麼關聯？完全無關。因爲感應與實證是無關的，如果有感應就是實證，問題可就大了！這種法輪，我舊宅三樓的佛堂玻璃窗也都有，只要把嘴巴湊上去呵一呵，法輪就出現了，那有什麼希奇！如果把這個拿來宣揚、騙人，那就是**僞**。

像義雲高他們搞魔術，那就叫作**幻**。如果以幻法、僞法來欺誑眾生，那就是惡男子、惡女人，不是眞實攝受正法。也許諸位想：「**幻、僞畢竟是少數啦！有那麼多戲法可以變嗎？**」我告訴諸位：「有。」十年前我們還在中山北路那個地下室的時候，有人從匈牙利或是哪個國家（總之是從歐洲）寄了一捲錄影帶來，還有一分錄影帶中的文字紀錄。他們也搞把戲，用抽籤的方式，冒充說是請 觀世音菩薩來勘驗當代的大法師、大居士們，是有悟或是還沒有悟、悟錯了。結論是所有的大法師、大居士們都沒有悟，只有蕭平實眞的悟了。

可是我認爲那也是**幻**、**僞**的手法。他有兩個作法：第一個作法是用十幾支大約一台尺長的竹籤放在籤筒中，如同道教的廟裡面抽籤一樣，用竹籤來抽出籤詩，用來證明某些人悟錯了、只有一個蕭平實是證悟者。但那是可以暗中作手法的，在錄影帶中是看不出來的；這其實很簡單，只要把女人長髮一根一根綁長一些，一頭先綁在特定的竹籤上；準備好了才開始錄影，由一個人假裝在求籤，拿著籤筒一上一下的搖著，另外一個站在鏡頭外，就慢慢的把特定的竹籤拉出去；那個搖籤筒的人就假裝是抽中某一籤了，然後就核對事先擺在案上的籤詩，就根據那張籤詩說某某人是沒有悟的假大師；抽到後來說蕭平實確實有開悟，但這都是可以作假的。

他們還有一招，一樣可以作手腳而達到所要的效果；他們在案上放著一個中等大小的磬，直徑大約八寸；他們宣稱那個磬有佛菩薩加持著，很靈感。一般來說，磬聲都不會響很久；但如果某人所說的法是眞實無誤的話，當這個磬敲了以後，它的聲音會響好幾分鐘都不會中斷；當他們把想要捧上天的人名高唱了以後就敲一下，果然響了三、四分鐘之久，就說那個人有證量。然後又測試另外一個人證量，就講出某某人的名號，重新再敲一次，磬聲很短，就說他沒有悟。他們在敲的時候，有人的聲音會響一分多鐘，有的人會響兩、三分鐘，但那一樣是可以作假的。

也許你以為說：「那可能是把錄音帶重放嘛！」我告訴你：「不是。」那個其實很簡單，只要拿一個稍微大一點的金剛鈴，像這麼大；然後用一根木棍沿著金剛鈴的外緣，順著同一方向繞圈圈的一直摩擦著；摩擦到後來，磬聲的嗡嗡聲就響起來了；當案前的人唱名之後敲了磬，躲在後面的人就開始摩擦金剛鈴，當磬聲變小時，金剛鈴的聲音就接著響，不知道訣竅的人就被他們唬住了：「喔！你看這個人的磬聲響了將近三分鐘。他一定是有證量的人！」用這個手法確實可以騙得一些人信受他們。但是這些手法我都知道，騙不了我的！

當時有人看了那個歐洲寄來的錄影帶以後，想要把它拷貝出來流通。我說：「不行！因為證悟的事情是要依教證來檢驗的，不是用感應來檢驗的；而且，這些都是可以造假的，說什麼觀世音菩薩來示現印證？都是裝神弄鬼來騙人的！」假使哪一天我們有機會去天竺朝聖，去買一個稍微大一點的，像這麼大的金剛鈴，用一根圓木棍來磨擦，弄上一、二分鐘，它那個聲音就出來了。那也可以用來騙人，眞是不直心。可是沒有知識的人，就很容易會被瞞騙：「不得了！那個小磬一敲竟然響了將近三分鐘。」但其實都是可以作手腳的。這一類手段都是**幻**、**僞**，是用虛僞的手法來誑惑眾生。

我們弘法要很小心，如果沒有一些知識，當初如果好大喜功，拷貝了流通出去，可就慘了！到時候人家來告你侵犯著作權，又會用這件事情來弄出許多後遺症，譬如刊登報紙廣告，讓你吃不了、兜著走：「你們看！蕭平實說是已經開悟了，卻要由我這個裝神弄鬼的人來爲他印證。這麼容易就把他騙倒了。」我今天講到**幻**與**僞**，順便就把這件事情告訴大家，諸位又多了一些知識了。以後如果再有密宗法王爲你敲磬說：「你學密法一定可以即身成佛，如果不能即身成佛，這個聲音不會響過二分鐘。」因爲一般小磬的聲音敲下去最多不過三十秒就消失了，但是他爲你一敲，竟超過兩分多鐘了還在響，你若是眞的想：「那我眞的有希望成佛了。」不免要把整個財產都投進去。可是你眞實是上當了！因爲他們不過是背後躲著一個人配合著，弄出金剛鈴來響久一點來騙你而已。我相信一定會有某些急功近利的人被騙，但我希望所有人以後都不要再被這種手法給騙了，假使有人談到說那個磬聲可以響多久，你就告訴他這個道理，因爲這個是可以實驗的，瞞不了人的。

諂曲、欺誑、幻僞，都不是愛樂正法的人，那種人都不是在攝受正法；只有不諂曲、不欺誑、不幻僞的人，純粹在法上來用心，老老實實的在法上來利樂眾生，絕不裝神弄鬼，這樣的人才是眞正能進入**法朋**中的人。假使哪一天我蕭平實開始裝神弄鬼了，那就是你們應該離開的時候了。要記住這句話：**凡是會裝神弄鬼的，你千萬不要去親近，因爲那是諂曲、欺誑以及幻僞。**那些裝神弄鬼的大師們爲什麼要這樣作呢？因爲他們沒有正法，必須用這種不正當的手段、不如法的方法來欺瞞眾生。這樣的人當然不是攝受正法的人，當然不是**法朋**中人。假使眞的是進入**法朋**中了，他一定永遠都是以法爲歸，絕對不在世間法上用心，也絕不裝神弄鬼；這樣的人就是正修佛法的人，他一定已經被諸佛所授記了。

也許哪一天你出來弘法十幾年了，你說：「**佛爲什麼還不爲我授記？我已經入法朋中了。**」但是你要知道，授記有顯授記，也有密授記，也許天界的菩薩們都已經知道你被授記了，就只有你一個人不知道；而且，佛陀都是在菩薩入地以後才會授記的；所以你不必爲了有沒有被授記的事情而掛心，你只管挑起重擔，把正法弘揚出去就夠了。什麼時候你會知道被授記了呢？如果已經被授記，天界菩薩們都知道了，你入了中陰身就一定會知道你已經被授記了。如果入了中陰身還不知道，那就表示眞的還沒有被授記。但你若是努力攝受正法，久而久之，自然就能增長智慧與福德；當你入地之時，就一定會被授記的。

所以勝鬘夫人說：「世尊啊！我看見攝受正法的人，有這樣的大功德力。佛是眞實眼、眞實智，佛是一切佛法的根本，是眞實通達一切佛法的聖者，也是一切正法的所依，並且也全都知、全都見一切眾生如何在攝受正法；凡是攝受正法者，佛沒有不知不見的，因此佛是一切法的根本。」

勝鬘夫人講的這句「朋黨、諍訟、破壞、離散」，函蓋面是很廣的，不是只有在道場的世俗利益上朋黨諍訟，在法義上也是朋黨諍訟的。至於什麼才是朋黨諍訟？當然大家都應該瞭解，否則就會被影響、走偏了路。這個朋黨諍訟四字，我們來看看印順法師怎麼說，請看補充資料第十三點：

【但法將滅時，他們是「朋黨諍訟」，四眾弟子，互相結黨，不能如水乳合。**黨同伐異**，互相水火。由**相諍而相訟**，由諍訟而「破壞離散」。佛法因見地的多少差異而聚訟紛紜，而宗派紛紜，已不盡合佛意。後來，已不是為法而諍訟，是為了寺廟財產的主權與享用，與一般俗人同樣的吵鬧，以至於聚訟公庭。寺廟財物，本是公有的，現在要據為私有；再滲雜地方、派系、眷屬觀念，完全成為一爭權奪利的非法朋黨。出家者利用在家二眾的權位勢力，諍訟不休。有些在家二眾，因曾經布施或利用自己的名望勢力，也爭取發言與支配權。這樣的諍訟成風，即使寺廟多，出家眾，在家信佛的人也不少，佛法也必日趨衰滅。】（正聞出版社．印順法師著《勝鬘經講記》p.115～p.116）

他這段話，是在台灣佛教界的第一件諍訟事件之前，就已經寫出來了，所以說他還眞的有世間智慧，把台灣佛教界即將出現的事情預記了。台灣如是，大陸也如是。但是出家眾爭權奪利乃至諍訟於公堂的事情，雖然是佛教衰敗的原因，可是這其實只是一個小原因而已，大原因是從佛法根本加以否定而產生的。而否定佛法根本的人，在世間法上都不會與人朋黨諍訟，他們會示現很崇高的無求表相，但是會經由門人以黨同伐異之舉，來作法義上的諍訟。

本來，印順法師的思想在他的書剛出來的那十年中，傳統佛教對他是很反感的，是很反對的。因爲，傳統佛教的大乘觀點從來都是有一個常住法，是有一個常住不滅的如來——法身——是常住不滅的，那就是人人都有的第八識如來藏。這是自古以來中國傳統佛教就這樣傳的，禪宗代代相傳的也是傳這個如來藏心。

但是自從印順開始弘法以後，說如來藏是外道神我、外道梵我，傳統佛教中雖然絕大多數人都反對他的說法，可是卻一直沒有人能有智慧來破斥他。這是因爲在印順的年代，太虛大師並沒有證得如來藏，所以無法加以深入的破斥；後來四川有個南懷瑾的老師——袁煥仙——也沒有證得如來藏，虛雲老和尚也沒有證得如來藏，弘一大師也沒有證得。只有一位南方福建的廣欽老和尚證得如來藏，可是他卻不識字，沒有辦法深入經藏，不能發起道種智，所以也無法破斥印順的邪說，因此就由著印順的六識論斷滅邪見漸漸經營擴充而深入傳統佛教。蠶食數十年的結果，中國傳統佛教（特別是在台灣）就被一分一分的轉變成應成派中觀了；再加上外面有達賴喇嘛幾乎每年來台灣湊合，所以中國傳統佛教的法義，幾乎已經被印順派邪說全面推翻了，只剩下淨土宗堅持原有的信願苟延殘喘著。淨土宗的弘揚者，永遠都不可能接受印順的法，是因爲印順否定了極樂世界、琉璃世界，使淨土信仰的根本完全被破壞了。假使他不否定極樂世界，可能連淨土宗都會被他轉變了。

當年弘揚唯識學的慈航法師極力反對印順，台中的李炳南老居士也蒐集了印順的一些著作公開燒掉、表達抗議；但是印順的著作是要用錢買的，能有多少錢可以去買來不斷地焚燒呢？你買得越多，他賺得越多，印得越多，你根本沒辦法燒光它，只能象徵性的公開燒掉一兩套。慈航法師後來撂下一句話說：「**將來自然有人會來收拾他！**」除此以外，也沒辦法作什麼了。因此，破壞佛教，在寺院中朋黨而分裂，爭取寺院中的財物或者權力，那還算是小事；但是以應成派中觀的六識論斷滅邪見來朋黨諍訟，這才是最嚴重的，因爲這是從三乘佛法的根本全面推翻，後果是不得不落入意識境界中，成爲常見外道法；西藏密宗就藉應成派中觀的六識論來認定意識心爲常住不壞心，於是順理成章而以意識境界的雙身法，合法的弘揚起來了；所以，我才說印順是明貶藏密、暗助藏密。

印順的門徒們又年年舉辦印順思想佛學學術會議，藉學術界來討論印順的思想，其實都是爲印順歌功頌德，不曾討論印順思想的眞僞；而佛學學術界也需要藉這種場合來拉抬自己的地位，互相得利。這就是他們朋黨諍訟的一種手段，藉著學術界來哄抬他們，而學術界也從他們得到了拉高地位的利益，因此他們就擁有了崇高的地位。然後學術界人士再回頭藉著佛學院的課程，來影響出家眾在佛學院的學法思想而整個改變，他們在台灣就是這樣成功了，也似乎快要全面取代傳統佛教的法義了。但是佛學學術界的所有人都認同他們嗎？沒有！認同他們想法的人應該不到半數；因爲有更多的學術界人士，認爲如來藏才是眞正的傳統佛法，只是不想當惡人，以免如同前人提出辨正時遭受惡意攻擊，也還沒有把握能針對印順的邪見作出全面的評判。

雖然印順派的弘傳者近來一直都以傳統佛法自居，但其實他們是把眞正傳統的佛法推翻掉以後，取代而成爲傳統佛法，他們也幾乎成功了；但是我們必須要讓傳統佛教再度回歸三乘經典所講的如來藏妙義——常住的如來法身——這才是眞正的傳統佛法。所以，他們不肯依止 佛陀三乘經典中的本識常住眞義，在法義上不斷的黨同伐異，才是眞正的朋黨諍訟者。

四十年來，台灣、大陸的佛教界沒有辦法反駁印順的邪見，也沒有辦法對他們作任何的抗議，所以他們在台灣年年召開佛學會議，並且印成學報去流通，以廣宣揚。今天我們必須走入佛學學術界的象牙塔裡面，去把他們從根本轉變回來，讓全體佛教回歸眞正的、原有的佛法，回歸實證的佛法。並且不應該由學術界來領導佛教，而應該由佛教的親證者來領導佛教，才不會走偏，佛教的未來才會有前途。這是因爲最懂得佛法的人，是實證佛法的人，不是意識思惟研究佛經的人，不是落入意識境界的佛學研究者。所以說，導致中國佛教衰敗的原因，當然是朋黨諍訟破壞離散；但是世俗權力的爭奪而破壞離散，那只是小緣故，不是大原因；眞正的大原因，還是在法義上的朋黨諍訟、破壞離散。

眞實佛法的弘揚者，出來破邪顯正，是不是諍訟呢？答案是：非諍訟。佛曾開示過，外道說法錯誤，卻來與 佛辯論而不肯改變，強詞奪理，那才叫作諍訟。所以 佛說：「**是外道與我諍訟，我沒有與外道諍訟，因爲我說的是如實語。**」說如實語的人，是把錯誤的法義加以辨正，不是強詞奪理的諍辯，只是說如實語，是在救護眾生，所以都不能叫作諍訟。只有被破斥了以後，明知自己的法義錯誤了，卻還要強辯說他的法義是正確的，甚至繼續誣賴別人法義錯誤，那些人才叫作諍訟。那種諍訟的人往往會爲了增長自己的力量而朋黨，來對正法住持者諍訟，這樣才會破壞離散佛教。因此，法義的辨正，是護持佛教的正法，使正法發揚光大，當然不是朋黨諍訟。

這一點，大家一定要認識清楚；否則，往往外面的人一句話說：「**你們都喜歡批評別人啦！**」那就變成我們是在朋黨諍訟了。但其實不是！我們不是作人身攻擊批評，我們純粹從法義上來作辨正，法義上的辨正可以將佛教導歸正法，這才是攝受正法。如果讓眾生被邪知邪見的大法師、大居士們引入邪法中，而我們知道法義的正訛卻不肯出來作法義辨正，我們就成爲濫好人，叫作無慈無悲；因爲眼睜睜的看著那麼多的眾生被誤導了，而這個邪見種子種進學佛人的八識田以後，它們未來世會不斷的繼續現行，遇到正法時就會加以否定，這其實是在戕害眾生。所以說，濫好人當不得，我寧可這一世被人亂罵，也要救眾生，不該與邪見和稀泥；大家都不應該考慮世俗法上名聞利養之得與失，應該全心全意救護眾生回歸正法，即使會被愚癡人罵到狗血淋頭，也不要皺眉頭。所以，關於朋黨諍訟、破壞離散，它的眞實狀況，諸位也都應該要瞭解。如果瞭解了，你就能夠生起慈悲心，爲救護眾生而努力，才能眞實的攝受正法，眞實攝受正法的人入法朋中，必被諸佛之所授記。

【爾時世尊於勝鬘所說攝受正法大精進力，起隨喜心：「如是，勝鬘！如汝所說攝受正法大精進力，如大力士少觸身分生大苦痛；如是，勝鬘！少攝受正法，令魔苦惱，我不見餘一善法令魔憂苦如少攝受正法。又如牛王形色無比，勝一切牛；如是，大乘少攝受正法，勝於一切二乘善根，以廣大故。又如須彌山王端嚴殊特，勝於眾山；如是，大乘捨身命財以攝取心攝受正法，勝不捨身命財初住大乘一切善根，何況二乘？以廣大故。是故，勝鬘！當以攝受正法，開示眾生、教化眾生、建立眾生。如是，勝鬘！攝受正法如是大利，如是大福，如是大果；勝鬘！我於阿僧祇、阿僧祇劫，說攝受正法功德義利，不得邊際；是故攝受正法，有無量無邊功德。」】

講記：這時 世尊對於勝鬘夫人所說攝受正法的大精進力，生起了隨喜心，於是就略作開示。我們從勝鬘夫人一連串的說法當中，確實可以看見她眞的有大精進力，像她這樣攝受正法的人，確實很不容易。千萬不要小看我們會中的女眾菩薩，女眾菩薩當中確實有許多人有大精進力，能攝受正法，這在會外是很不容易看得見的。一般而言，會外女眾能夠出來宣說勝妙法，並且心中都無所畏懼，這是很少見的；通常都是說一些表相正法、無關痛癢，不會跟人家產生衝突；這樣的法，她們很勇敢的出來宣講；可是遇到要爲人宣講如來藏正法時，明知會跟應成派中觀等六識論者起衝突，就不敢出來宣講了。

像勝鬘夫人這種大精進力，我們會中的女眾還眞的不少，因此才說妳們可以有證悟如來藏的因緣。如果妳沒有這種大精進力，光聽到如來藏法的親證就害怕了，何況敢出來攝受這種正法，而且是爲眾生攝受這個正法。所以她眞的有大精進力，一般男人都作不到的，她卻能夠作到毫無畏懼。像這樣的菩薩，當然是要被 佛授記的。

所以，她一連串說了很多法，佛生起了隨喜之心就開示說：「正是像妳所說的這樣啊！勝鬘啊！猶如妳所說的攝受正法的大精進力一樣，妳這個攝受正法，確實有大威德力，就好像大力士稍微去接觸一個人的身體，那個人就生起大苦痛了。」這個「少」字在這裡要讀作「稍」，是稍微的意思。假使你遇到一個大力士，你跟他握手之前，你可先要交代他輕一點，因爲他只要稍微用一點力，你就會痛得不得了，這叫作少觸身分生大苦痛。「同樣的道理，妳勝鬘只是像這樣子稍微攝受正法，就使得天魔苦惱得不得了啊！我不曾看見有另外一個善法能夠使得天魔波旬如此憂愁苦惱，如同妳稍微攝受正法時這樣子。」

因爲勝鬘這個稍微攝受正法，就會使人不斷的往佛地邁進、永不退失；並且會使人產生大智慧，不再被二乘法所退轉而回到二乘小法中，將會在成佛過程中廣度許多人得道，而且每一個被度而得道的人，也都會一樣度化更多人不受天魔波旬的控制，所以天魔波旬當然很苦惱。只要有一位攝受正法的菩薩在人間，就勝過一萬個阿羅漢在人間；因爲一萬個阿羅漢在人間，他們終究會入涅槃，不再出生於人間；而他們所度的人一樣會在捨報時入涅槃，所以人間的阿羅漢一定會越來越少。可是只要有一位菩薩，他可以變成一百位、一千位、一萬位；而且這些菩薩又都不入涅槃，每一輩子又會來度更多的眾生，每一個被度的人又都不入涅槃而繼續廣度一百位、一千位。想一想：天魔的眷屬將會減少了多少，天眾又會增加了多少？天魔當然會很憂愁。

所以人間只要有一位眞悟的菩薩在弘法時，天魔就會來破壞；破壞的事情會不斷的出現，所以了義正法一定會遭受許多的打擊。諸位千萬不要這樣想：「我們是了義而且究竟的正法，弘揚時一定會很順利。」沒這回事。很順利的只有西藏密宗，所有天魔、邪魔都會來擁護他們，因爲他們都可以分得一杯羹。可是我們了義正法從來不供養那些魔神，他們不但分不到一杯羹，連一點點香氣也聞不到，所以他們當然要破壞我們正法。因爲正法中的修行人不會跟他們相應，他們無法從正法中得到不正當的、世俗法上的利益。所以說，像勝鬘夫人這樣，只要稍微講一些攝受正法的事，天魔波旬就會覺得很痛苦，心中生起大苦惱。

「又譬如牛王的形色，沒有別的牛可以跟牠相提並論，牠勝過一切牛。同樣的道理，大乘的菩薩們稍微攝受正法，就可以勝過一切二乘人的善根，不論二乘人的善根是初果或者阿羅漢、辟支佛；這是因爲大乘法中攝受正法的善根，極爲廣大的緣故。又譬如須彌山王端正莊嚴，殊勝而且奇特，勝過一切山。同樣的道理，大乘菩薩以勝妙智慧能夠不捨身命財而捨身命財，來攝取甚深勝妙的正法，他生起了攝取眾生的心去攝受正法，當然勝過一切不捨身命財而初住於大乘法中的一切善根，何況是二乘小法怎能相提並論呢？」

諸位還記得一個典故嗎？有一位阿羅漢帶著徒弟上路，他的徒弟幫他背著行囊。出門以後在路上行走時，徒弟突然發了大心，心裡面自言自語：「我應該要發起菩薩心，廣度眾生永不入滅，不怕輪迴生死。」那位大阿羅漢有他心通，很佩服徒弟，不敢讓發大心的徒弟菩薩為他揹行囊，於是趕快把徒弟的行囊拿過來自己揹。可是那個徒弟發大心，只有五分鐘的熱度；走沒多久，這徒弟想：「我跟著師父走這段路都覺得很累了，怎能再去行菩薩道？那不是更累嗎？還能受得了啊？不行！我還是跟著師父學聲聞解脫道就好了。」師父的他心通又聽到了，於是又把行囊交給徒弟揹。這徒弟覺得奇怪：「師父！為什麼現在又交給我揹了？你剛才為什麼拿過去揹？」師父說：「因為你發了菩薩大心，我怎敢讓你揹行囊，你是菩薩。可是你現在退失了菩薩心，當然還是得要由你揹行囊；因為你退回聲聞心中，只是我的徒弟，不再是菩薩了。」

阿羅漢親受　佛的教誨，所以這樣子對待徒弟。可見發大乘心的凡夫菩薩心，就已經超過二乘阿羅漢了；如果是證悟而出世利樂眾生的菩薩呢？豈不是遠超阿羅漢了嗎？像這樣來攝受正法，當然二乘聖者絕對無法相提並論。所以當你證悟如來藏而進入內門修行以後，乃至進而出世弘法度化眾生也成爲證悟的菩薩，你就成爲很尊貴的有情，是因爲你有了實義及表義的菩薩心。假使證悟之後，原來的菩薩心消失了，心中想一想：「我只要自己努力進修，我自己進步就好，我才不管眾生淪入邪見中呢。」那就已經不是菩薩了，天界的菩薩從此就用下巴來看他，不用正眼來看他。這一點諸位都要記住，天界的菩薩們會尊敬你、護持你，是因爲你有菩薩性，能廣度眾生成爲菩薩，天人可以大量增長，而且能使阿修羅大量減少，他們的敵人大量的減少了，天眾便得安樂，所以他們尊敬你、護持你；這都是因爲你眞的在攝受正法，以攝受心來攝受正法，所以超過二乘人，也是因爲心量廣大的緣故。

「由於這個緣故，勝鬘啊！妳應當以攝受正法來開顯實相，示現眞實行給眾生；要這樣教化眾生，教眾生悟入，化導眾生眞實取證，這樣來建立眾生入於法朋之中。就像是這個道理，勝鬘啊！攝受正法有這樣的大利，有這樣的大福德，有這一種大果報。勝鬘啊！如果於阿僧祇、阿僧祇劫中，來說明攝受正法功德的眞實義和大利益，還是說不完的，所以攝受正法有無量無邊的功德。」攝受正法才是菩薩的正行，假使攝受邪法，就離地獄不遠了；因爲朝著反方向來進行，將使自己及所度的眾生跟著越來越遠離正法。在攝受正法時，若不能以攝受心來攝受正法，也就是說不能以攝受眾生的心態來攝受正法，那就不是菩薩的心行了，因此攝受正法的重要就在這裡被彰顯出來了。希望佛教界都能遠離邪法而攝受正法，不久將會獲得廣大功德而得以實證正法，眞正的進入菩薩數中。

所以我們聽了勝鬘夫人的開示、世尊的開示，要能從這裡去攝取正見，攝取發願心，如實去履行，這樣你的佛道修行就會非常的迅速。若是攝受了錯誤的法，是因地發心不眞，將來成佛的道路就一定是九彎十八拐，很難成就。因此攝受正法有兩個層面：第一、你所攝受的法必定是正法：因地所證的心必定是果地覺時的同一個心，不能以因地意識心而想要變成未來果地覺的無垢識眞如。如果因地所證的眞心，不是果地所覺悟的同一個眞心，就是悟錯了。第二、一定是爲了攝受眾生的心態，以這個攝受眾生的慈悲心去攝受正法，所攝受的正法都是爲了利益眾生，這樣才是眞正的攝受正法。這兩個層面只要你把握到了，就知道什麼叫攝受正法。

這一段經文中所講的「我不見餘一善法令魔憂苦如少攝受正法」這一句話，我們來看印順法師怎麼解釋，請看補充資料第十四點：

【魔，是惡者，是能障礙我們行善法者。**障礙善法的領導者，稱魔王；其他障礙善法的，為魔子孫**。攝受正法，為一切善法的根本。因為菩薩攝受正法，一切世間出世間的善法，都從此出生。所以障善的魔，就是見了少少的攝受正法，也生大恐怖。】（正聞出版社．印順法師著《勝鬘經講記》p.119）

依照他所說的這個標準，我們當然要先探討什麼是正法：**否定如來藏的說法是正法？或是弘揚如來藏的說法是正法？**我們從這一部經中以及從諸位親證的如來藏來判定，當然知道如來藏才是正法。依照他這一段文字的標準來看，否定如來藏的人一定會落入意識中，意識是世間法、生死輪轉法，是不善法，當然不是世間出世間的善法；而如來藏則是出世間法也是出生世間法的根本法，兼含了世間法、出世間法；由此可以斷定：印順否定如來藏當然就是否定正法，他障礙大眾修學世間出世間善法，即是障善者；依據他自己的說法，如此障善者當然就是魔，而這些障善者之中的領導者正是印順，所以他當然是無可卸責的魔王。

到底誰才是當代的魔王？諸位根據印順這一段文字中的正確說法，加以推尋也就知道了。當然，我們不必指名道姓說誰是魔王；而且，我們只問「到底誰才是魔王」？這樣也就知道誰是魔子、魔孫了。我們再來看他的心態有沒有很像魔王？那些追隨他的人們心態有沒有很像魔的子孫？根據他講的最後一句「**就是見了少少的攝受正法，也生大恐怖**」，這不正是印順追隨者的寫照嗎？他們看見我們弘揚如來藏，心裡很恐怖，所以就謗說如來藏是外道神我，因此就要百般的否定，私心中其實往往是破口大罵，只是文字上沒有看到他們大罵而已。

眞正在弘揚正法的人是應該說誠實語的，不應該表面講一套，私下裡做的卻是完全不同的事。他們這樣做法的背後原因，就是因爲聽到如來藏正法的妙理，聽到我們弘揚如來藏正法；而我們也眞實在攝受正法，就顯示出他們不是正法，因此他們心中就很恐怖。不過他們也有自知之明，不像索達吉、慧廣一類無智之人，不斷的在文字上公開堅持「意識是常住不滅的」；印順的門徒們這幾年都不講話，因爲想要避免招來同修會更大的回應——辨正法義而在月刊中連載多年。所以由印順這段話的正確性，其實我們是可以把這段話回送給他們的。假使誰說他有大神通，我就拜託他把這一段話帶去送給印順，讓他懂得懺悔彌補罪業。

接著再看經文：「**如是，大乘少攝受正法，勝於一切二乘善根，以廣大故。**」意思是說，攝受正法的菩薩，雖然還只是初住大乘的善根中，都勝過二乘法中的一切善根，即使有人在二乘法中所發起的善根已經是親證阿羅漢聖位了，這是因爲法義及心量都很廣大的緣故。在大乘法中確實攝受正法時，是心量廣大、法義廣大、內涵廣大的。關於「廣大」，印順法師怎麼說呢？請看補充資料第十五點，印順說：

【《金剛經》說：釋迦牟尼在然燈佛所得無生法忍，勝前所行一切功德。大乘初學的有漏心行，不如得般若的無漏行；最後身菩薩，不如佛；這是大乘經的共義。這不是權實或了不了義的問題，是初學、久行、圓證的問題。二乘證涅槃，自以為究竟了；其實沒有成佛以前都是不究竟的，所以否定他，二乘非真實，佛乘是真實，會歸於一乘。菩薩從來沒有自以為究竟，以成佛為究竟，這何須說權說實？怎能以**初行為權教，久行為實教**；或者**久行為權**

教，圓證為實教呢？那些**自稱實教圓教的學者，難道就沒有初學久行等分別嗎？】**（正聞出版社．印順法師著《勝鬘經講記》p.121 ~ p.122）

現在，由他這段話中可以看出他對佛法的見解。他的見解其實很容易理解，他認爲阿羅漢的證量、智慧是與諸佛相等的，所差別的只在於有沒有發大心、有沒有慈悲心。他認爲：佛所成就的是無餘涅槃，阿羅漢成就的也是無餘涅槃，但是因爲 佛發願要世世不斷的度很多眾生，所以已經在因地菩薩位中不斷的利樂很多眾生；這樣修行很久以後，福德累積夠多了所以成佛，但他的智慧與解脫都和阿羅漢完全相等。這就是他對權教與實教的看法。因此，他在這一段話中不承認權教、實教、圓教的差別。而他對通教的解釋，則是認爲涅槃解脫道是通於二乘的，也是通於大乘的，是三乘共通的，這樣叫通教。可是事實上並不是這樣，事實上是：

大乘法裡面有一部分通二乘，就是聲聞人所證解脫道；但是大部分都不通二乘，所以稱爲別教。這意思是說，大乘法中大部分的法是與二乘解脫道不共的，與二乘聖人們不共、不通，是二乘法中的所有聖人們都不能證得的；大乘法中有不同於二乘法的解脫道，也有不同於二乘法的佛菩提道，所以才稱爲別教。當別教的內容修習圓滿了，到達佛地時，一圓一切圓，才能稱爲圓教。這樣的眞實法都是以法界實相心爲入道根本，要親證了如來藏才能實證；所以教導眾生親證如來藏的法義，才是實教。

權教是方便權巧之教義，譬如佛地的境界甚深難證，眾生難以了知及實證，所以方便開出快速解脫的教理，就是二乘教的解脫道；利根人可以在一世之中就證得阿羅漢果而出三界生死痛苦；這本是 佛的方便權巧而從大乘圓教中施設出來的教法，稱爲權教。但因爲印順私心中認爲阿羅漢的證境同於 佛陀，所以他不認同聲聞法是權教的說法，他認爲聲聞法解脫道是究竟教。眞實的法教（實教）則是佛菩提道，入門親證則是實證法界萬法根源的如來藏，由於是法界的眞實義，也是可以使人由此而實證佛菩提的究竟義，所以就稱爲實教。聲聞解脫道所證的則是生滅法蘊處界的緣起性空，由此而斷盡我執、滅盡無餘；所證並非宇宙萬有的眞實法，只是從大乘法中方便析出的蘊處界緣起性空觀，屬於虛相法，所以不是眞實法，不能稱爲實教。

佛地境界，必須要由親證萬法根源的實教入手親證，總共要歷經三大無量數劫才能成就，這才是眞實教。但是連最基本的親證如來藏，不迴心的大阿羅漢們都無法實證了，如何能成就佛地境界？而且他們也都害怕三大無量數劫修學佛道的長劫辛苦，於是 佛陀施設方便，使他們一世就能親證解脫果而出離三界生死；這本是權巧施設的法門，不可能使人成佛；連法界的實相都無法證知，當然是權教。但印順講的是說：「初行為權教，久行為實教。」是以初行及久行作爲權教與實教的區別，不肯認同菩薩們對於權教與實教的判教。實教的修證圓滿了，此後一眞一切眞，才能說是圓教的實證。由於圓教與實教的說法，是主張二乘人所證的解脫道究竟極果只能出離分斷生死，是方便教，所以是權，所以聲聞解脫道的法教並不是圓教與實教的內容。我在這裡爲什麼要講圓教、實教以及權教的差別呢？目的是想要使大家都對整體佛法有深入的理解。這些判教的法義，你們既然證得法界實相了，當然也應該要瞭解一下。如果你有如實瞭解三乘菩提的內涵，你將會對實教、權教、圓教有更深入的理解。

在佛法中分爲五時三教，三教講的是二乘教、般若教以及別教。五時就是在這三個時期的前面加上一個華嚴時，後面再加上圓教的法華時，這樣總共就有五個時間的法義，把這五時約略分成三教。華嚴時是說，釋迦牟尼佛初成佛時，本來是認爲佛道根本不是眾生所能理解的，極難宣說，所以就想入涅槃而離世。但是因爲大梵天王及釋提桓因等天主們下來人間請求 佛陀憐憫眾生，請 佛常轉法輪，令佛法常住、天人增廣；所以 佛受到請求而不入涅槃，因此就思索應該如何來爲眾生解說佛菩提深妙法。因爲佛法太廣大、太精妙、太深奧了，只好先針對久劫已修佛菩提道的根性勝妙的菩薩們說法；才會有對菩薩們宣說的《華嚴經》，從人間講到天上，這就是五時中的第一時。這個華嚴時又叫作頓教，也就是說，在短短的一小段時間中，就把佛法的所有內涵概要地解說完畢——頓時說完全部佛法概要；這叫作頓說，就是很快速的一時間就把它講完，顯示佛法本來就是這樣的。這就是五時中的第一時教，名爲頓教，又叫作華嚴時。

佛陀在華嚴時的二十一天中，從人間講到天上而把佛法全貌概略的講完了，成佛的大概內涵與次第都函蓋在裡頭了，名爲第一時——華嚴時。這是在五濁惡世成佛弘法前都必須先講的，如果不先講華嚴，將來初轉法輪二乘菩提之後，接著再講第三時（第二教）的般若教，愚癡人就會這樣講：「佛是最近才懂得般若啦！以前都沒有講過般若，可見初成佛時還是不懂般若，顯然是最近才又悟到的。」接著在最後那十幾年第三轉法輪宣講方廣別教的法，眾生又會講：「祂是後來才懂唯識的，並不是本來就懂，那也是最近才悟出來的。」爲避免這個情形，佛陀必須先頓說三乘菩提，所以在華嚴時就全部的頓時略說了。如果有人不信，菩薩們可以這樣說：「那你去問某某菩薩，佛是否已經在某一個時節講過了大乘法。」如果人間菩薩的證明他們還不肯信，菩薩們也可以這樣子說：「你有神足通，也可以去天界問問看，佛是否已經在什麼時候就講過成佛之道了。」這樣眾生就不能誹謗，所以一定要先頓說成佛之道的華嚴要理，這就是第一時——華嚴時。

華嚴全部的法，在二十一天之中講完了之後，就行腳去找憍陳如等五人。當年佛從菩提迦耶走路大約二百公里，去鹿野苑度五比丘。他們五人遠遠的看見佛來了，五個人本來約好：「悉達多太子竟然放棄了苦行，一定不可能成就道業；等一下悉達多太子來的時候，我們都不要爲他安排座位，讓他自己找座位；我們也都坐著就好，不要站起來歡迎他。」五人約定好了坐著等，都因爲佛陀認爲苦行不能成佛而放棄了苦行。可是他們在鹿野苑遠遠看見佛來了，卻不知不覺之間就一個一個站起來，還往前走上前去迎接；所以鹿野苑不遠處才會建了一個迎佛塔，就是建在他們前去歡迎 佛陀的地方；然後再一起回到鹿野苑，差不多有一公里的距離。然後，佛爲他們講二乘菩提解脫道，就是初轉四聖諦、八正道法輪，他們五個人就都成爲阿羅漢。然後就以這五個人建立爲聲聞僧團，就開始弘揚起來；所以前十幾年是阿含期，專講二乘菩提，專講解脫道。

等到有很多人斷了我見與我執，大家口耳相傳：眞的可以出三界的生死。已經對 佛產生了絕對信心，大家的信心都夠了；佛觀察因緣成熟了，才轉進第三時第二教。第三時第二教即是講般若諸經，主要是講法界萬法的根源，是講萬法緣起性空背後的法界眞實相。在般若諸經中就已經講到佛菩提的內涵了，所以般若諸經講的是實相，不是像二乘聲聞解脫道都是講虛相法：蘊處界緣起性空。由於二乘菩提講的只是世俗法：蘊處界的空，蘊處界是無常，無常所以是苦，苦就不是眞我。蘊處界沒有一法是恆存的眞我，是苦所以空，是虛妄不實，這當然是虛相法，是二乘菩提的眞義。但是般若教講的卻是滅了蘊處界以後不是斷滅空，是說蘊處界的緣起性空背後隱藏著一個眞實有、常住不滅的實相法，這就是實相般若教。這般若教雖然只是第二轉法輪的教義，卻已經是第三時了。只有般若教才能稱爲實教，因爲它宣示的是眞實的教法而不是虛相法，因爲已經談到萬法的根源、法界的眞實相，而且是成佛所依憑的眞實法，當然是實教而非權教。阿含期的蘊處界緣起性空觀，不能使人了知實相法，只能出離三界生死，當然是權教而非實教；所以權與實，不是從初學或久行來判定，而是從所證的法義是虛相法或實相法來判定的。

第三時、第二教的般若正理，十幾年下來講完之後，菩薩們的實相智慧已經增上了，所以佛陀接著要教導他們如何進入諸地乃至如何成佛，這個內涵與次第就必須宣講了。若沒有宣講這些法，新學菩薩及從聲聞法中迴心的阿羅漢們將會永遠停在三賢位中，所以 佛就進入第四時宣講第三教的唯識教，或稱爲方廣教，這已經是第四個時節了。這第四個時節講的都是如來藏所蘊藏的一切種子，這一切種子的修證具足圓滿時，就是成就一切種智，那就是成佛了；而分證一切種智的人，只是諸地菩薩而已。這第四時第三教，講的是如何成爲究竟佛的次第與內涵，當然也是實教；因爲這是**萬法實際**的內容，所以當然也是實教。

然後，入滅前宣講《無量義經》而教導菩薩們貫通一切佛法，也宣講《大般涅槃經》，宣講十住菩薩的見性乃至佛地的見性成佛；這是因爲最後身菩薩明心時只能發起大圓鏡智，成所作智還沒現起，還不能成佛；得要到後面眼見佛性的時候，成所作智才能現起，那時才算是成爲究竟佛；所以佛陀入滅前，必須要講《大般涅槃經》的眼見佛性。《大般涅槃經》說完了，《無量義經》、《法華經》已經更早講完了，一代時教就都講解圓滿了，這就是圓教；這是把三乘菩提收歸唯一佛乘而圓滿了，就是入涅槃的時候了，所以佛陀就示現入涅槃，這已經是第五時也圓滿了。這第五時講的《無量義經》、《法華經》、《大般涅槃經》，就是把所有的佛法收攝起來成爲唯一佛乘的圓滿法教，這叫作圓教。這樣諸位已經瞭解五時三教的內容了，對於權教與實教就能確實瞭解。

最後，我要再爲大家講漸教的意思。爲什麼叫作漸教？漸教就是講五時三教的整個過程。換句話說，爲了利樂眾生，特別是娑婆世界百歲人壽時的小根器眾生，必須施設五時三教而漸次說法，由淺入深。引導眾生由淺入深而漸次理解全盤的佛法，這樣的施設與教導就叫作漸教。所以一般眾生來見佛時，佛看他的緣不很成熟，就爲他講如何保住人身，一定要持五戒；如何往生欲界天？你要修十善業。如果想進一步生到色界、無色界天，你要修四禪八定；這就是人、天乘。如果講完了以後，看他心性轉變了，猶如白疊易能染色，就用勝妙的色彩把他染上去，那就是爲他宣講解脫道乃至般若、唯識種智。對於五濁惡世的眾生，一定要這樣次第性的施設，由淺入深來作漸次的教導，這個就叫作漸教。

印順在這段文字中所講的權教，其實就是漸教中的方便施設。哪一些是權教呢？就是人天乘的法以及二乘菩提的法，都叫作權教，就是權巧方便施設的法教。所以人天乘是 佛陀的權巧方便施設，二乘菩提也是 佛陀從大乘法中權巧方便析出的法教，都不是眞實教。佛在圓教的《法華經》裡面說：**諸佛以一大事因緣降生人間，這個大事因緣就是開佛知見、示佛知見、悟佛知見、入佛知見。**所以六祖大師聽人家誦《法華經》而請問法華的主旨，他聽到這裡時就說：「**你不必再背誦了，這一部經講的就只是四個字：開、示、悟、入。**」釋迦佛來人間的主要目的，是把諸佛的所知所見打開給眾生看，眾生在打開之後看不清楚， 佛就把它拿出來顯示、開示。開示之後，就是

要他們悟入 佛的所知與所見。悟了以後，眾生才能進入 佛的所知所見，所以說開、示、悟、入。然而 佛的所知所見，並不是一般眾生一世之中所能實證的，因此 佛陀施設因緣，先說二乘法，也就是爲五比丘等人所說的解脫道。若有居士來了，親證解脫道的因緣還不具足，就爲他講人乘與天乘；若是聞法以後心性轉變了，就可以爲他講二乘法；等到緣熟了，再爲他們說眞實教，就是第二轉法輪的般若與第三轉法輪的方廣、唯識。所以，經由漸教的次第施設中，就已經顯示了人乘、天乘等善法及二乘菩提的解脫道，都是權教，不是眞實的法教，因爲不能使人悟入 佛的知見。

印順在這一段話中，他反駁說：「那些自稱實教圓教的學者，難道就沒有初學久行等分別嗎？」所以他的定義，權教就是初行者，實教就是久行者。所以他的看法是：你們自稱實教的人其實也有權教，因爲你們也曾經是初行者，一樣是從初行走過來而成爲久行的人。他是這樣解釋權教與實教的。但他爲什麼要這樣解釋呢？是因爲他不承認二乘菩提是權教。如果印順承認聲聞解脫道就是權教，就必須承認大乘的般若教以及唯識教都是佛說。但印順不能接受大乘是佛說的事實，因為如果般若教與唯識教也是　佛所說的法，那麼印順自己等於是承認說：「我印順是沒有開悟的。因為般若教的實證是要親證如來藏，唯識教的實證也是要親證如來藏，而我印順都沒有證得。是可忍，孰不可忍？」所以他就一直堅定的主張：「沒有所謂的權教與實教的法義不同啦！一切人都有權有實，因為一切人都有初行的經過，到現在久行而成為實教菩薩。」他對權教與實教是這樣解釋的。因此，權教、實教與別教，他的解釋都嚴重錯誤了。

所以，他的落處，我們看得清清楚楚。在我們這一次試辨的印順思想論文發表會中，可以看得出來：我們會中有好多的印順思想專家。我們才是印順思想的專家，我們最瞭解他的思想；當我們舉證出來辨正時，那些所謂的印順思想專家都是無法反駁的。法如果錯誤了，書寫得越多，把柄就跟著越多；所以法如果沒有正確的話，最好是少寫書啦！因為寫得越多，就等於是將把柄送出去越多；到最後，可能會有幾千個人、幾萬個人，拿著那些把柄丟回去給他，也就把他丟死了！所以說，權教、實教、圓教，並不是在初行、久行以及實證上來區分的，而是證境差別以及是否圓滿具足所致。他不肯承認這個事實，單單用阿含所說的聲聞解脫道來作爲大乘的法義，就只能以解脫道的初行、久行，以及解脫道的久學圓證，作爲區分權教、實教、圓教的分判標準，反而來否定了中國古時祖師正確的判教標準。

所以，我們作一個結論說：阿含諸經中所說的二乘教是權教，般若教是實教；別教也是實教，也就是方廣唯識教；圓教就是在《無量義經》、《法華經》、《大般涅槃經》中，將整個佛法收攝圓滿了，這樣才能叫作**收圓**。所以，並不是從初學、久學、久學圓滿的差別，來分判權教、實教、別教、圓教等法。這樣說明以後，大家對整個佛菩提就應該會有比較明確的概念。所以四阿含諸經中的教義是定位在什麼地位呢？（眾答：權教）喔！它是權教。般若教是定位在什麼地位呢？（眾答：實教）它是實教。方廣唯識定位在哪裡呢？（眾答：實教）它也是實教，又叫作唯識教，這也是眞實教。然後，最後三部經就把所有佛法圓滿綜合收攝起來了，就是圓教。所有的佛法是在什麼時候就一次把它概略的講完而稱爲頓說呢？（眾答：華嚴時）華嚴時期是第一個時間，就全部略說了。這樣就叫作五時三教，整個佛法的全部輪廓就顯示出來了。

所以，從所作的教判上面，我們就可以了知：某人的證量如何？是不是空口說白話？這就很清楚了。但是正因爲我們把這個道理講出來了，這就好像許許多多的針往四面八方發射出去，那些牛皮吹得越大的山頭，牛皮越薄，一碰到針就越容易爆破了。牛皮吹得小的道場，他們不會感覺怎麼樣，因爲我們根本不會注意他們，他們牛皮也還很小、還很厚，細針戳不破它；就算戳到了也不打緊，因爲他們並不是故意要吹大。如果像印順、像四大山頭一樣吹得很大，牛皮一定很薄，我們吹出去的細針一戳就破了。所以牛皮吹得很大的道場，心中對我都是很厭惡的；假使有機會，最好能把我血淋淋的咬一口洩憤。

所以，他們爲我造謠、辱罵我，我都接受，但是不許否定正法；他們私下怎麼罵我是邪魔外道，就讓他們繼續去罵吧！我早就知道了，懶得回應。不過假使有人對我放話說：「有種的話，請他放馬過來。」我就會在書上一匹又一匹馬開始漸漸放過去。這就是說，佛法的修證不該吹牛皮，有多少證量就講多少，但是最好保留一、二分不講，不要十分都寫出來，人們對你也就莫測高深，你自己卻應該要諱莫如深。若是全都寫出來，人家秤一秤你，也許他就起慢心了，難以得度了。你如果不全部寫出來，他想：「不曉得他心裡還有多少東西，我還是少惹為妙。」所以有時候弘法是要看因緣的，不能強求，也不能躁進。

也許有人想：「你講這些話，都在自我標榜啦！」但是，其實平實並沒有自我標榜，因為平實所說的都是如實語；即使有法難的因緣而不得不寫一些不太有機會講的法義，也還是保留了許多內容。而我以前承諾的是不跨過濁水溪，事實上也是這樣，我們也已經把台南講堂移交給法蓮師了；可惜的是，他們自己不爭氣呀！偏要亂破壞正法，因緣既然如此，我們也無可奈何，只得由台南學員們另行籌立台南講堂。並且，台中講堂本來也已經計畫好了時程，兩年半以後也要交給一位法師，可是他們都不爭氣，都只在世俗法的利益上用心，與正法的弘揚很難相應，就只好取消了！真的沒辦法！

這一次在台南試辦的印順思想研討會，有人說：「那幾位法師這樣亂搞，我們反而是因禍得福，這樣對我們還是最好的啦！」台南同修們的意思是說：他們幾位法師不爭氣，退失了，對正法反而是好的，因為我們被逼著了，也就不得不在台南另外設立同修會直屬的正法道場，我們反而因禍得福。所以我們沒有世俗法上的企圖心，沒有絲毫的野心。如果要說野心，就只有一個：希望如來藏正法再延續至少一千年而不會被破壞，這可以說是我們的野心。不過目前沒有人敢這樣想，就只有我們敢想，所以還眞是大野心！由於這個想法，我們就必須要想辦法，儘量提升大家。如果你們提升得越多，將來我走的時候就越放心；因爲我什麼都沒有牽掛，我就只是牽掛如來藏正法會不會中斷。如果大家證量都越來越高，到時候所向無敵，已經用不著我了，《正覺藏》也編輯完成了，我就可以放心的走了。那時走的時候，當然就是很輕鬆愉快，沒有任何牽掛了。

正因爲這個緣故，所以才必須不斷的把一部又一部的大乘經典，將它們的眞實義講給大家，讓你們增加廣度以及深度，所以講經這件事情很重要。我不但是爲你們而講，也是爲佛法的未來以及爲未來世的你們而講，當然也是爲未來世的初學佛時的我而講的，除非那時我已離開胎昧了；這樣，大家都得到利益，這才是最好的。

經文：【佛告勝鬘：「汝今更說一切諸佛所說攝受正法。」勝鬘白佛：「善哉！世尊！唯然受教。」即白佛言：「世尊！攝受正法者是摩訶衍，何以故？摩訶衍者，出生一切聲聞、緣覺世間出世間善法。世尊！如阿耨大池出八大河，如是，摩訶衍出生一切聲聞、緣覺世間出世間善法。世尊！又如一切種子皆依於地而得生長，如是，一切聲聞、緣覺世間出世間善法，依於大乘而得增長；是故，世尊！住於大乘、攝受大乘，即是住於二乘、攝受二乘一切世間出世間善法。」】

講記：前面已經讚佛、歸依、受戒、發願護法，教導眾生護持正法、攝受正法，接下來就是要讚歎大乘了。要人家發願護法、攝受正法，而又說攝受正法就是攝受大乘，可是大乘究竟是有什麼功德，而要教大家都來發願護持？當然要爲大家說明白。前面，勝鬘夫人還沒有談到這個部分，所以佛又提示她說：「妳現在還得要再進一步把諸佛所說的攝受正法加以說明。」

勝鬘夫人聽了，向 佛稟白說：「非常好啊！世尊！我用很單純的心來聽受您的教導。」意思是說，她心中絕無懷疑，接著就向 佛稟白說：「世尊！攝受正法就是大乘。」摩訶衍就是大乘，摩訶是大。爲什麼勝鬘夫人說攝受正法就是大乘法呢？她說：「大乘之所以稱爲大乘，是因爲它出生了一切聲聞教、緣覺教的世間出世間的一切善法。」這意思就是說，大乘法才是實教，聲聞、緣覺的法教只是權教，二乘法只是從大乘法中分析出來的一小部分，讓畏懼生死的人可以迅速了斷生死。由生死的了斷，可以讓二乘人對 佛具足信心，然後才能漸次引入眞實教裡面，所以才會說摩訶衍（大乘）出生了一切聲聞、緣覺的世間法和出世間的善法。

勝鬘夫人接著又說：「世尊！又譬如一切種子都依於土地而能夠生長，就像是這個道理一般，一切聲聞、緣覺的世間與出世間善法，都是依於大乘法才能夠增長廣大的。由於這個緣故，世尊啊！住於大乘法中攝受大乘的一切法，也同時是住於二乘法中在攝受二乘一切世間與出世間的善法。」勝鬘夫人有一句話說：「譬如阿耨大池，出八大河。」這個阿耨大池講的是無熱池，也就是說，這個大池流水溢出來分爲八個大河流，八個大河都是從這個大池流出來的。同樣的道理，二乘法的世間善法和出世間善法，也都是從大乘法中攝取、分析而方便建立出來的。

印順法師在他的《勝鬘經講記》中，畫了一個圓形圖；他的圓形圖是說：「由信而產生願，由願而有行，由行才成就佛國。」他的意思是說：以聲聞、緣覺的解脫道來修行就可以成佛了，不必親證如來藏。而般若諸經所講的中觀就是一切法緣起性空，緣起性空以後諸法都滅盡了；滅盡後的滅相是一直存在的，不會再被滅壞了，所以是常；這滅相就叫作眞如，眞如是常，所以不斷。當蘊處界都滅盡了，滅了所以不常；這樣便能成就不斷不常義，不斷不常所以是中道。這種說法眞是胡扯！所以他的說法是不可信受的。關於這一段經文，印順是怎麼註解的，請大家看第十六點，印順說：

【但一乘，是三乘中的大乘——即無二唯一大乘呢？還是於聲聞、緣覺、菩薩——三乘之外另有一乘呢？這就有異說了。其實，對二說一，或對三說一，是一樣的。如手中只有一顆荔枝，而對小孩說：我手裡有三樣果子，有梅有杏有荔枝。等到伸開手來，手中只有一顆荔枝，餘二皆無。這即如《法華經》說的：『唯此一事實，餘二則非眞』。但也可以說，並無三果，唯有一果。以初說有三果，開手時只有一枚。如《法華經》說：『但以一佛乘故為眾生說法，無有餘乘，若（第）二若（第）三』。**由此看來，簡三說一，與簡二說一，根本是一樣的，並沒有什麼矛盾。**】（正聞出版社．印順法師著《勝鬘經講記》p.13）

所以，綜而言之，他就是要把三乘菩提壓縮起來，打碎了再加上水，再把它們和一和，使它們成為一個法，就是聲聞羅漢的解脫道；他認為成佛之道就是阿羅漢們所修、所證的解脫道，所以二乘、三乘其實就是聲聞乘的解脫道，就是唯一佛乘，他的理路就是這樣。為什麼要這樣呢？「**這是因為眞常唯心是禪宗的主幹，禪宗那些證悟的祖師都是悟得如來藏心，而他們留下的公案，我印順每一則都看不懂，那不就證明我印順沒有開悟了嗎？這還得了！**」所以印順後來不信禪宗祖師：那些禪宗公案應該都只是野狐禪吧！所以他在書中說：「中國禪宗所傳的野狐禪。」

然後他把經典再翻出來讀一讀：般若講的是眞妄二心和合的境界，六百卷《大般若經》濃縮了成為《金剛經》，《金剛經》也是在講眞妄二心和合的境界；《金剛經》再濃縮以後變成《心經》，還是在講眞心與妄心和合；可是這個心，應該不是講我現前了知、有覺有知的意識心吧？那麼眞心到底是什麼？我印順始終都不知道。這樣子，我還能怎麼弘法呢？所以乾脆就把眞心如來藏全面推翻掉。可是苦於沒有資料可以推翻祂，因爲當時他只有二十八、九歲，總不能夠自己一句話就把祂推翻掉。後來三十幾歲時遇到了法尊法師翻譯出應成派中觀的重要論著——宗喀巴的《菩提道次第廣論、密宗道次第廣論》，印順如獲至寶：啊！原來不必證得如來藏，就可以算是親證中觀了，太棒了！只要把蘊處界觀空了，一切就解決了，這樣就成佛了，太棒了！所以用應成派中觀的法理作根據，就把般若教、唯識教一竹篙打翻了。這樣，他就可以振振有詞地說：「中國禪宗所傳的野狐禪。」別人就不能說他沒有開悟。只要有人說他沒有開悟、沒有證得眞心，他就說禪宗的禪是野狐禪，這樣就解決了。

當代沒有人比他更有世間智慧，當然不可能破他，所以就由著他橫行中國佛教界六十年。他的「遊心法海」就是這樣思惟想像而遊的，都是在蘊處界等生滅法中建立，都在蘊處界法中遊了一輩子。結果他還沒有死，就被我們破盡了，直到死前都不敢開口或寫文章來反駁，問題就出在這裡。他只因為開始學佛時無法證得如來藏，就乾脆把祂否定掉，才會招來今天被我們辨正而無法回應的後果。如果他的說法是正確的，那麼　佛在唯識教、般若教中講心，豈不都是戲論！他的意思就是要表明：**般若與唯識教都是戲論。**可是他不敢明著講，怕反擊的力量會很強，所以他就說般若與唯識教，都是後來的佛弟子們由於對　佛陀永恆的懷念，所以長期創造大乘佛法再編輯起來的。

假使他這個說法可以成立，那麼印順「懂得」阿含而不懂般若，也不懂唯識，就沒有過失了；他的意思是說「阿含是比般若、唯識更高深的法」囉？或者說後來創造般若經、唯識經的佛弟子們，智慧遠比　佛陀好？是不是這樣？如果不是這樣，你印順怎麼可以說大乘經典是後人創造編輯成的呢？因為般若經與唯識經明明是比四阿含諸經勝妙多了，不可同日而語，顯然他的說法是有許多問題，而且是他窮盡世智辯聰都無法解決的。所以他最大的過失就是把三乘菩提用阿含道來全面取代，所以就把般若的實相心否定，也把方廣唯識諸經的如來藏妙義與實證全面否定，才會使今天的中國佛教界（海峽兩岸都一樣），都落入意識心中。

既然不必證得如來藏，那就太妙了，我們大家都可以說是開悟聖者了；因爲你只要坐到一念不生時就開悟了，這是意識離念靈知的境界。如果沒有定力，那也沒有關係，給你一個方便法：突然間敲你一棒，你被驚嚇而突然忘了前念在打妄想，這時後念也還沒有生起，這被驚嚇的前後念中間並沒有妄念，那也可以算是開悟。那眞是太棒了！大家都可以開悟了。或者大家正在靜坐時，把木魚在你耳邊用力一敲——叩！你被驚嚇而使覺知心中的語言妄想突然斷了，就算是開悟了，眞的太棒了！所以我說他們眞是天才。但是這種天才，遇到地上菩薩時都是使不上力的；不但如此，遇到剛悟入的第七住位菩薩，也是說不上話的。所以在你們上個禮拜六的論文發表會中，大眾提出來印順的錯誤已經有這麼多了，而且每一個人都是證據充分的列舉出來，並且加以實質上的辨正。

所以說，學佛時還眞的不能太自信；太自信的人都可能會走上印順那一條路，不免要落入直覺之中；後來就只剩下一條路：懺悔改過。除此以外，再也沒有別的路可以走了。否則，就是每天要提心吊膽，不曉得哪一天又要被正覺同修會的會員們寫文章連載辨正，或是出書破斥，顏面喪盡。也許你會說：「本來就沒有面子，何需照顧什麼面子！實相中無背、無面、無裡、無外，顧慮面子幹嘛？」可是他們「我見」還沒有斷，所以他們仍然有面子的問題，因爲他們都落在五陰之中。你證得如來藏，不是落在五陰中，所以沒有面子可說。可是他們都落在五陰中，當然要顧慮面子；因此可以說，他們現在心情都很惡劣。當一個人心中有隱憂時，睡覺就不安心，所以漸漸的臉上就沒什麼光彩了；當他們上電視說法的時候，都裝著一副理直氣壯的模樣；其實心虛的樣子已經都顯示出來了，不都是這樣嗎？

有些人以前在電視上說法時都理直氣壯的，可是那幾個人現在上電視說法時，爲什麼看來都不一樣了？所以我們要勸告當代以及未來世所有的大師們，千萬不要太有自信，一定要安分守己的修習。在學佛之前，要先把孔老夫子的一句話記住：知之爲知之，不知爲不知，是知（智）也。這樣才是眞正的知道諸法的人。如今藉著這部《勝鬘經》，把印順法師的大錯誤列舉給諸位比對；諸位對於法義的正邪之間，對於相似佛法的錯誤所在，就可以了知更多；還沒有悟入的人，在將來斷了我見，進一步證得如來藏以後，就不容易被惡知識給轉退了，因此才要選這一部經來講解。既然這一部經是獅子吼經，我們就效法勝鬘夫人的獅子吼，把印順列舉出來比對正確與錯誤之間的差別。當然，如果有人聽了不爽快，中途隨時可以離席，我會當作沒看見。

【「如世尊說六處，何等為六？謂正法住、正法滅、波羅提木叉、毘尼、出家、受具足，為大乘故說此六處；何以故？正法住者，為大乘故說，大乘住者即正法住；正法滅者，為大乘故說，大乘滅者即正法滅。波羅提木叉、毘尼，此二法者義一名異；毘尼者即大乘學，何以故？以依佛出家而受具足，是故說大乘威儀戒是毘尼、是出家、是受具足；是故阿羅漢無出家、受具足，何以故？阿羅漢依如來出家受具足故。」】

講記：這一段經文，勝鬘夫人接著又說：「如同世尊您說有六處，是哪六處呢？是說正法住、正法滅、別別解脫、類解脫、出家、受具足戒，這其實都是為了大乘法的緣故，才說這六處。為什麼這樣說呢？因為正法住的意思其實就是為大乘的緣故，才說是正法住的；因為大乘的法在人間繼續住持著，那就是正法住。而正法滅的意思，也是為大乘法的緣故而說的；因為大乘法滅了，也就是正法已經滅了。波羅提木叉稱為別別解脫，毘尼是類解脫、類似解脫，這兩個法其實道理是相同的，只是名詞不同而已。毘尼的意思也就是大乘法的修學內涵，爲什麼這樣說呢？因爲毘尼這個類解脫，它是大乘學中的一部分；爲什麼這麼說呢？因爲依止於佛陀出家而受具足戒，所以由這個緣故而說大乘的威儀戒是類解脫、是出家戒、是受具足戒。由這個緣故，我勝鬘夫人說，阿羅漢們並沒有出家，也沒有受具足戒，爲什麼呢？因爲阿羅漢一定要依止於如來才有出家，也是要依止如來才有受具足戒。」

可是這樣語譯以後，好像還是有許多人不太能瞭解她眞正的意思，我們再來詳細講解一下吧！正法住，所講的是指大乘的了義法；表相正法若是還留在人間，仍然不能叫作正法住。所以正法能不能繼續住持於人間，當然是表示如來藏正法還能不能繼續有人證得。換句話說，將來末法時期到了最後五十二年，月光菩薩率領諸菩薩、阿羅漢、緣覺進入山中，不再出來弘法了，人間就再也沒有別人可以證得如來藏了，這時就叫作正法滅。所以我們這個法可以傳到什麼時候呢？可以傳到月光菩薩率眾入山隱居爲止，那個時間過了以後就只剩下表相上的正法：仍然有寺院，仍然有人出家在說法，可是永遠都無法再有人親證了，只剩下佛法的名相與寺院及出家人；那時只有表相正法，已經沒有正法可以實證了。那時連斷我見也作不到，更不要說是親證如來藏了。

爲什麼我們現在被稱爲末法？而古時候被稱爲正法？這是從眾生的根性差異來定位的。佛陀在世以及入滅後的五百年間，菩薩們簡單的說一說法義，座下的徒眾很容易就能證得如來藏；那時人們根性殊勝，親證的人很多，這叫作正法時期。像法時期的人，根性差了一些，菩薩說法時要說得細膩一些，然而實證的人數卻比正法時期少了一些。到了末法時期，同一個時代如果有幾十個人證悟了，那就不得了了。所以我們現在算是大乘佛教的復興期，實證如來藏而參加增上班課程的人，已經有三百來人，還在穩定的繼續增加之中；看來我將來走的時候，或許有可能到達四位數。那你們想想看，這已經是從末法時期拉回到像法時期了。有你們這麼多證悟者繼續護持、弘揚，就可以有空間、時間容許他們再來搗蛋一千年以後，正法仍然會繼續存在。所以我們最多只會退到末法時期，正法還是會繼續存在，不至於很快就使末法時期終結，這就是我們的企圖，是很大的野心，但我們絕不在世俗法上生起野心。所以，正法住，指的是正法，就是大乘法，不是講二乘法。如果了義正法如來藏的親證，已經沒有辦法再有人能作到了，但是還有人能斷我見，那已不算是正法住了，根據勝鬘夫人的定義就是這樣。

正法滅，她講的也是指大乘法。當大乘法的眞實義已經無人可以親證了，只剩下一些表相正法的佛法名相被人亂講著；那時候的大師與徒眾們參禪都是跟現在外面道場一樣以定爲禪的一念不生；只要可以長時間一念不生時，心裡面就很高興的說是開悟了；那只能叫作心花朵朵開，就誤認是見性了。以前日本那些教人**只管打坐**的人，不就是這樣嗎？以前台灣有法師去日本留學回來教禪，就是這樣講的嘛！一念不生時，心花朵朵開，看見「花」了就恭喜開悟了！其實都是離念境界，落在意識心中，連我見都還沒有斷除。如果已經沒有人能親證如來藏了，就叫作正法滅，只剩下佛法名相在流傳著，只剩下相似佛法。因此正法滅，也是依大乘法來說的，不是依二乘法來說的。

波羅提木叉，叫作別別解脫；毘尼叫作類解脫、類似解脫。毘尼講的是二乘戒，就是聲聞出家戒：比丘眾要受二百五十幾戒，比丘尼眾要受將近五百戒（連同其餘應遵守的規定），這叫作類似解脫戒，並不是正解脫戒。可是依二乘聲聞人來講（大乘佛教中有許多這樣的聲聞人），聲聞戒才是正解脫戒；所以台灣有許多大法師們反而主張：菩薩戒才是別解脫戒，聲聞出家戒才是正解脫戒。他們這樣顛倒過來說。他們認為只有受持聲聞戒才能出離生死，你們受菩薩戒是無法證四果的。可是問題來了，當他們在說大乘菩薩戒是別解脫戒的時候，當他們在說聲聞戒才是正解脫戒的時候，他們都沒有想到一個大問題：受聲聞戒毘尼，沒有辦法斷變易生死而成佛；可是諸大菩薩們只受菩薩戒而不受聲聞戒，卻不但能斷分段生死，更可以進而斷除變易生死。請問：哪一個生死的斷除是成佛之道的究竟解脫、正解脫？所以正解脫戒的答案，當然是菩薩戒。而且，聲聞戒也是由受持菩薩戒的最後身菩薩成佛以後來制定的，不是由阿羅漢們來制定的，當然正解脫戒不是聲聞戒。

既然受持菩薩戒而永不入無餘涅槃，世世修學佛道，可以斷盡變易生死，並且在六地滿心前一定要證滅盡定（其實是三地滿心就可以證滅盡定了，但是菩薩不樂實證滅盡定，一直拖到最後，不得不在六地滿心時才證滅盡定，也是不情不願去證的），但是諸地菩薩們認為取證滅盡定並沒有意義，就這樣拖到最後才取證。所以諸地菩薩其實很早就可以入無餘涅槃，但他們都不進入無餘涅槃。在這種不斷進修無生法忍而不入無餘涅槃的過程當中，一直在斷除習氣種子，一直藉無生法忍的修證來增益道種智，最後斷盡變易生死而究竟解脫；二乘聖人之所不能，這些菩薩們卻都只依靠菩薩戒，而不是依靠聲聞戒來成就，所以說菩薩戒才是正解脫戒。

因此，波羅提木叉中的菩薩戒，不能像那些大法師們編的佛法名相註解一樣稱爲別解脫戒，而是正解脫戒；反而是聲聞毘尼才應該被定位爲類似解脫的別解脫戒；因爲它最多只能幫助聲聞人斷除分段生死，無法斷除變易生死，但是菩薩戒卻可以使人同時斷盡變易生死。所以勝鬘夫人才會說，其實兩個戒本來就是同一個戒，毗尼是從菩薩戒裡面分析出來以後，爲了聲聞人的共住需要而再另外增設別別條款。所以聲聞戒只是用來約束聲聞人出家以後共住的生活，讓眾生因爲聲聞人的離欲清淨表相而生起恭敬心，所以其實聲聞戒反而應該說是類解脫戒，不是眞正的解脫戒，不該說爲正解脫戒。

因此勝鬘夫人才會說，這兩個法名詞不同，表面看來也不同，但是這兩個戒法的眞實義其實是相同的。這就是說：聲聞戒是方便施設的戒法，用來攝受眾生；大乘菩薩戒所依的大乘法，才是眞正的戒法，可以讓人直接往佛道去實踐。所以說，眞正的毘尼其實還是大乘學，大乘學才能稱爲眞實的毘尼。因爲二乘人受了聲聞出家戒（比丘戒、比丘尼戒），仍然是依止 佛陀出家以後才能受具足戒的。如果不是依止 佛陀出家，就不能受具足戒。可是 佛陀因地所行，直到後來成就佛果，所依止的一直都是菩薩戒，從來就不是依止聲聞戒。而聲聞出家戒卻是依止於 佛陀來制定的，是爲了住於佛座下，爲了依止在佛座下修行而受的戒，所以這出家戒其實還是從 佛陀的因地所行的菩薩戒中抽離出來施設的。

因此說，大乘的威儀戒，也就是菩薩戒中的**攝律儀戒**，才是眞正的毘尼，才是眞正的出家戒；所以正受菩薩戒而出家的人，才是正受具足戒。可是這些話，如果不是在這一段經文裡面來解釋，而是我自己把它講出來，一定又要挨罵說：「你這個蕭平實，混亂了戒律！」但這是勝鬘夫人說的，是 佛所認同的，其實也是 佛陀在世時的大乘佛教僧團中的歷史事實。

眞正的解脫戒就是大乘的威儀戒，就是**攝善法戒、攝律儀戒、攝有情戒**。如果不具足這三個菩薩戒的精神，怎麼能夠說是具足戒呢？二乘人證得涅槃而捨報以後是灰身泯智，不會再去攝受眾生；只有在生前隨緣隨分去攝受眾生，他們不肯盡未來際去攝受眾生，所以他們的毘尼本身就不具足攝受有情戒；而他們把解脫道的法修學具足了，就不再進修佛菩提了，所以他也沒有攝受一切善法戒；在律儀戒上面，他們又無法與眾生同事、利行，是高高在上的，所以他們的威儀並不能函蓋眾生的一切威儀；因此並不是具足戒，所以只有菩薩戒才是眞正的具足戒。菩薩戒中如此具足了一切戒法，所以才叫作眞正的出家戒。因爲菩薩不但能出世俗家，也能出三界家；而出三界家以後卻又不離三界，生生世世不斷的利樂有情，攝受一切有情，修集一切善法，所以只有菩薩才有佛道中的出家戒，才說是有具足戒的人。

「**阿羅漢沒有出家、沒有受具足戒**」，因爲阿羅漢的戒是不具足的，他們的出家是不圓滿的；所有的阿羅漢都要依 如來出家而受表相的具足戒，而如來無量劫以來是依菩薩戒而成佛的；所以就因爲阿羅漢不受菩薩戒的緣故，說他們的出家不具足，所受的戒律也不具足。這也是由於若沒有 佛出世就沒有聲聞戒的緣故，所以說阿羅漢不是眞的出家，不是眞的受具足。也是因爲若是沒有大乘法中的佛，就沒有聲聞戒的緣故，所以說阿羅漢不是眞出家、沒有受具足。

這意思就是說，**正法住**是依大乘法講的，因爲五乘法收歸一乘時就是唯一大乘。唯一大乘的妙法出生了人、天乘，也出生了二乘，再加上大乘這一法，就是具足五乘法。所以如果大乘法滅了，那就是正法滅了；縱使還有二乘法還在流傳著，也是叫作正法滅。這樣的說法可能當前的佛教界，會有很多道場都不能或不樂接受。我就學昭慧法師的話說：「**有種的話，請他們放馬過來吧！你們就出面來否定勝鬘夫人的說法吧！**」因爲《勝鬘經》中就是這麼講的。

這一段經文中說：「**大乘滅者即正法滅。**」我們就來看看補充資料第十七點，看印順法師怎麼解釋這一句經文：

【**出家**的佛子，能依律而如法修學，**大乘法即能住世**，並非離大乘的根本，如聲聞者所說的。依《涅槃經》說，正法是不會滅的；說正法滅，約一分小乘說。依大乘說：說經過幾久，正法就滅，是佛策勵我們的。正法本無所謂住滅，其關鍵在乎人。人**不能依大乘學，正法即滅**；有人修學，正法即住。】（正聞出版社．印順法師著《勝鬘經講記》p.132）

印順這一段文字中所講的正法是指什麼？他所講的正法，是指出家的佛子依聲聞律典的規定如法修學，大乘就能住世，因爲他所說的律典是指聲聞律。所以，若是依印順的說法，你們在家菩薩們此時都可以回家了，不必修學我們所說的大乘法了，因爲你們都無法受持聲聞出家戒。這就是他的觀念。他打從心裡面就不承認《華嚴經》講的那些在家菩薩們的證量，因爲華嚴中的菩薩們絕大部分是不受聲聞戒的，這就是他的心態；因此，印順認爲只有出家的佛子依聲聞出家律而修學，大乘成佛之法才能住世。

印順所說的**大乘學到底又是什麼呢？因爲他在這裡主張：人不能依大乘學，正法就滅了**。可是在他的《成佛之道》、《妙雲集》、《華雨集》中所講的大乘學，卻完全是小乘學，都是四阿含諸經中所講的聲聞解脫道；他認爲，只要能出離生死，那就是大乘學；出離生死而想要得究竟，就得要出家；他認爲在家人最多只能修到三果，不可能此世就出離生死，所以一定要出家。依聲聞律而出家修學阿含諸經所講的聲聞解脫道，然後發願不入涅槃，生生世世這樣度人，就是在修大乘學。所以大乘滅，就是沒有人依聲聞律出家了，也沒有依他所定義的「大乘法」去修學小乘的解脫道，那就是大乘法滅了。

但這是什麼樣的邏輯呢？我們眞的不懂他是怎麼理解佛法的。出家人，可以是菩薩，也可以是聲聞；佛世更有許多人是單依菩薩戒而出家的，他們都不受聲聞戒。但印順認爲出家以後，如果是以聲聞出家戒爲主要的依止，只要發願永遠不入涅槃而依止聲聞戒、而世世度化眾生修習聲聞解脫道，那就是出家的菩薩了，那就是大乘佛法。但他講的顯然不對，他是不以菩薩戒爲主要依止的，是出家後以聲聞戒爲主要依止，菩薩戒只是要你不入涅槃的約束罷了！然後印順又說，所修學的大乘法仍然是四阿含中所說的聲聞解脫道小乘法。他這個邏輯眞的無法講得通，卻也有人相信，眞是沒智慧。

所以，印順認爲只要沒有人依聲聞戒出家，或是依聲聞戒出家的人，如果都沒有發願不入涅槃、世世度眾生，就是正法滅了。或者說，受持了聲聞戒而出家，但是所修學的法是如來藏「外道神我」，那也是正法滅了。你把他的說法反過來解釋時就會變成這樣，無怪乎大乘正法的流傳會淪落到今天這個地步！假使不是我們把大乘法的眞實義再度宣揚開來，佛教就眞的會變成人間的世俗宗教等法了。所以，他所解釋的「大乘滅就是正法滅」，而他的正法滅就是沒有人出家，以及沒有人修學聲聞解脫道，再加上修學解脫道的人如果沒有發願世世度眾生而不入涅槃，那就是正法滅了。但他這樣的解釋，跟正法的意思完全不合，也與勝鬘夫人的開示完全顛倒。

既然這一章講的是一乘法，名爲一乘章；那麼我們且再來看補充資料第十八點，看印順是怎麼解說一乘法的。印順說：

【推究**聲聞法**的根源，知道無一不含攝在大乘中，無一不從大乘中流出，所以**道一切即大乘學。**】（正聞出版社．印順法師著《勝鬘經講記》p.133）我們考證他這個意思，其實就是在說：「正法住及正法滅，都是依聲聞解脫道法義是否仍然住在世間來定義的。若是聲聞解脫道的法義已經滅了，就說正法已經滅了；如果聲聞解脫道的法義還在人間，就說正法仍住在人間。然後再以波羅提木叉、毘尼爲主，依是否出家及受聲聞的具足戒，來作爲大乘正法的依止。」這就是他的看法。由於這樣的錯誤的認知，所以他認爲：末法時，如果仍然有阿含的解脫道存在，並且還有出家人受具足戒，那就是大乘正法仍然住世未滅。由於這樣的認知，所以他否定了佛菩提道的修證，單以二乘法的解脫道（就是阿含道）來作爲大乘的成佛之道。大家都可以從他的《妙雲集》、《華雨集》、《如來藏之研究》等等書中，處處證實他的佛法的認知就是如此。

他在這一段話中，仍然是在曲解聲聞法爲大乘法，目的是要使人相信：修學聲聞解脫道就是修學成佛之道，不必修學大乘法，只要修學聲聞羅漢道就可以成佛了。所以他這麼說：「推究聲聞法的根源，知道無一不含攝在大乘中，無一不從大乘中流出，所以**這一切即大乘學**。」他眞的很能曲解大乘佛法爲聲聞法，只因爲聲聞法的根源是含攝在大乘法中，只因爲聲聞法全部都從大乘中流出，所以「這（聲聞法）的一切就等於是大乘學」，這是完全曲解，完全不合邏輯。假使他的說法可以講得通，那麼下面這個邏輯應該也可以講得通：「推究胎兒的根源，知道無一不含攝在母體中，無一不從母體中流出，所以**胎兒的一切即等於母體。**」而且接下來這個邏輯也應該可以講得通：「推究手的根源，知道手的種種功能無一不含攝在身體中，無一不從身體的功能中流出，所以**手的一切即等於身體。**」這其實是以殘缺不全的局部內容，取代爲全體。等於是說：胎兒的一切即是母體，所以胎兒就是母體全部。印順常常以這種手法說明：聲聞法解脫道含攝在大乘中，所以聲聞解脫道即是大乘，即是成佛之道。這樣子暗示說：聲聞法就是成佛之道，就是佛菩提道，不必另外修學佛菩提道而另外尋求見道，所以不必因爲佛菩提的見道是證如來藏，就去求證如來藏。印順一向很擅長這種暗示手法，只要有人肯不斷的細讀他的書，遲早都會被他洗腦成功，除非是已經證得如來藏而發起大乘見道的智慧者。

所以末法時代佛法的可悲就在這裡：迷信那些不事修證的佛學學術界人士，迷信那些專做研究而不曾實修的人；而大法師們也跟著那些學術研究者一起把究竟法如來藏推翻掉，不得不落入意識境界中，就無法實證超越意識境界的如來藏實相境界了。更可悲的是：他們否定了最究竟的實相心如來藏以後，只能弘揚剩下的屬於權教的四阿含聲聞道；偏偏他們所認知的阿含解脫道又完全偏離四阿含教義而無法斷除意識我見了；因此只好繼續去作佛學的學術研究，用佛學的學術研究意識思惟所得的認知，來取代聲聞羅漢道的眞修實證。但是，這一類庸人卻正在領導現代的中國佛教，於是海峽兩岸的佛教就在這樣的邪見領導下發展著，因此就把學術研究擺在第一，認爲佛法的學術研究可以超過眞修實證，這就是現代中國佛教界的可悲之處。

這個錯誤知見已經在中國佛教界根深柢固之後，我們不得不進入學術界去接收他們的地盤。我們要把佛學學術界的地盤接收過來，我們將針對否定如來藏正法的學術單位投稿，若他們不合理、不合正法而強詞奪理藉詞退回，不肯登載，我們將會針對他們提出的歪理給予評論、判定，剝奪他們原有的崇高地位。如果是合理的反駁，使我們自知理虧，我們一定會接受；若不是如此，我們將會在《正覺學報》中加以辨正。當我們的學報印出去以後，要使那些不肯依理依教的學報發行單位無法做任何回應，也要使那些不肯眞修實證的人喪失學術地位。若不如此，他們永遠會回過頭來影響各佛學院，而使得佛學院中的比丘、比丘尼學生被誤導而深入歧途。所以我們必須要成立正覺教育基金會來作這件事，佛學研討會議及學報的發行，要雙管齊下，希望可以迅速的讓未來被誤導的人急速的減少，這就是我們的目的（編案：後來平實導師檢討會內試辦性質的第一次印順思想研討會的成果，並比對各道場所辦理的佛學研討會，認爲佛教界花費許多人力物力以後，都只能成爲佛學學術大拜拜，對於糾正佛教界錯誤的方向與思想，實質上的幫助不大，故已經改爲專在學報的發行上著手，不準備對外舉辦佛學研討會了。）

雖然你們大家都會跟著我辛苦，但是這個功德很大，讓諸位可以迅速成就廣大福德來增益道業。所以雖然辛苦，我們寧可這一輩子辛苦一點，下輩子再來時就很輕鬆了；因爲天下太平了，千年之內的佛教界再也沒有邪見了。我們在這一世把它處理掉，未來世再也不會有人說：「人總共就只有六識。」當然，佛教界中也有人主張七識，有人主張九識、十識，甚至發明第十一識；但是我們現在把這些六、七、八、九、十識的冷飯全部都吃掉，未來世就沒有人能再拿這個剩飯來炒了，那麼我們未來世的佛道都會很順利。而且未來世的整個佛教界，大家都可以直接走上正途，不會再有人被誤導了。可能未來世你們再來時，根本就不必有我出世弘法來引導，只要讀過我們這一世留下來的學報以及書籍，你們自己依著正見去參究，就都悟入了！多麼輕鬆愉快！這就是我們今天要這麼辛苦去作的緣故。

佛教正覺同修會〈修學佛道次第表〉

第一階段

* 以憶佛及拜佛方式修習動中定力。
* 學第一義佛法及禪法知見。
* 無相拜佛功夫成就。
* 具備一念相續功夫—動靜中皆能看話頭。
* 努力培植福德資糧，勤修三福淨業。

第二階段

* 參話頭，參公案。
* 開悟明心，一片悟境。
* 鍛鍊功夫求見佛性。
* 眼見佛性〈餘五根亦如是〉親見世界如幻，成就如幻觀。
* 學習禪門差別智。
* 深入第一義經典。
* 修除性障及隨分修學禪定。
* 修證十行位陽焰觀。

第三階段

* 學一切種智真實正理—楞伽經、解深密經、成唯識論…。
* 參究末後句。
* 解悟末後句。
* 透牢關—親自體驗所悟末後句境界，親見實相，無得無失。
* 救護一切衆生迴向正道。護持了義正法，修證十迴向位如夢觀。
* 發十無盡願，修習百法明門，親證猶如鏡像現觀。
* 修除五蓋，發起禪定。持一切善法戒。親證猶如光影現觀。
* 進修四禪八定、四無量心、五神通。進修大乘種智，求證猶如谷響現觀。

佛菩提二主要道次第概要表——二道並修，以外無別佛法

佛菩提道——大菩提道

遠波羅蜜多

資糧位

十信位修集信心——一劫乃至一萬劫

初住位修集布施功德（以財施爲主）。

二住位修集持戒功德。

三住位修集忍辱功德。

四住位修集精進功德。

五住位修集禪定功德。

六住位修集般若功德（熏習般若中觀及斷我見，加行位也）。

外門廣修六度萬行

七住位明心般若正觀現前，親證本來自性清淨涅槃。

八住位於一切法現觀般若中道。漸除性障。

十住位眼見佛性，世界如幻觀成就。

一至十行位，於廣行六度萬行中，依般若中道慧，現觀陰處界猶如陽焰，至第十行滿心位，陽焰觀成就。

一至十迴向位熏習一切種智；修除性障，唯留最後一分思惑不斷。第十迴向滿心位成就菩薩道如夢觀。

內門廣修六度萬行

見道位

初地：第十迴向位滿心時，成就道種智一分（八識心王一一親證後，領受五法、三自性、七種第一義、七種性自性、二種無我法）復由勇發十無盡願，成通達位菩薩。復又永伏性障而不具斷，能證慧解脫而不取證，由大願故留惑潤生。此地主修法施波羅蜜多及百法明門。證「猶如鏡像」現觀，故滿初地心。

二地：初地功德滿足以後，再成就道種智一分而入二地；主修戒波羅蜜多及一切種智。滿心位成就「猶如光影」現觀，戒行自然清淨。

解脫道：二乘菩提

→ 斷三縛結，成初果解脫

→ 薄貪瞋癡，成二果解脫

→ 斷五下分結，成三果解脫

入地前的四加行令煩惱障現行悉斷，成四果解脫，留惑潤生。分段生死已斷，煩惱障習氣種子開始斷除，兼斷無始無明上煩惱。

近波羅蜜多

心、五神通。能成就俱解脫果而不取證，留惑潤生。滿心位成就「猶如谷響」現觀及無漏妙定意生身。

四地：由三地再證道種智一分故入四地。主修精進波羅蜜多，於此土及他方世界廣度有緣，無有疲倦。進修一切種智，滿心位成就「如水中月」現觀。

五地：由四地再證道種智一分故入五地。主修禪定波羅蜜多及一切種智，斷除下乘涅槃貪。滿心位成就「變化所成」現觀。

六地：由五地再證道種智一分故入六地。此地主修般若波羅蜜多——依道種智現觀十二因緣一一有支及意生身化身，皆自心眞如變化所現，「非有似有」，成就細相觀，不由加行而自然證得滅盡定，成俱解脫大乘無學。

七地：由六地「非有似有」現觀，再證道種智一分故入七地。此地主修一切種智及方便波羅蜜多，由重觀十二有支一一支中之流轉門及還滅門一切細相，成就方便善巧，念念隨入滅盡定。滿心位證得「如犍闥婆城」現觀。

七地滿心斷除故意保留之最後一分思惑時，煩惱障所攝色、受、想三陰有漏習氣種子全部斷盡。

修道位

大波羅蜜多

八地：由七地極細相觀成就故再證道種智一分而入八地。此地主修一切種智及願波羅蜜多。至滿心位純無相觀任運恆起，故於相土自在，滿心位復證「如實覺知諸法相意生身」故。

九地：由八地再證道種智一分故入九地。主修力波羅蜜多及一切種智，成就四無礙，滿心位證得「種類俱生無行作意生身」。

十地：由九地再證道種智一分故入此地。此地主修一切種智——智波羅蜜多。滿心位起大法智雲，及現起大法智雲所含藏種種功德，成受職菩薩。

等覺：由十地道種智成就故入此地。此地應修一切種智，圓滿等覺地無生法忍；於百劫中修集極廣大福德，以之圓滿三十二大人相及無量隨形好。

煩惱障所攝行、識二陰無漏習氣種子任運漸斷，所知障所攝上煩惱任運漸斷。

圓滿波羅蜜多

究竟位

妙覺：示現受生人間已斷盡煩惱障一切習氣種子，並斷盡所知障一切隨眠，永斷變易生死無明，成就大般涅槃，四智圓明。人間捨壽後，報身常住色究竟天利樂十方地上菩薩；以諸化身利樂有情，永無盡期，成就究竟佛道。

斷盡變易生死
成就大般涅槃

圓滿成就究竟佛果

佛子蕭平實 謹製
（二〇〇九、〇二 修訂）
（二〇一二、〇二 增補）

佛教正覺同修會 共修現況 及 招生公告　2016/1/16

一、共修現況：（請在共修時間來電，以免無人接聽。）

台北正覺講堂 103 台北市承德路三段 277 號九樓 捷運淡水線圓山站旁 Tel..**總機** 02-25957295（晚上）（**分機：九樓**辦公室 10、11；知客櫃檯 12、13。 **十樓**知客櫃檯 15、16；書局櫃檯 14。 **五樓**辦公室 18；知客櫃檯 19。**二樓**辦公室 20；知客櫃檯 21。）
Fax..25954493

第一講堂 台北市承德路三段 277 號九樓

禪淨班：週一晚上班、週三晚上班、週四晚上班、週五晚上班、週六下午班、週六上午班（皆須報名建立學籍後始可參加共修，欲報名者詳見本公告末頁）

增上班：瑜伽師地論詳解：每月第一、三、五週之週末 17.50～20.50 平實導師講解（僅限已明心之會員參加）

禪門差別智：每月第一週日全天　平實導師主講（事冗暫停）。

佛藏經詳解　平實導師主講。已於 2013/12/17 開講，歡迎已發成佛大願的菩薩種性學人，攜眷共同參與此殊勝法會聽講。詳解 釋迦世尊於《佛藏經》中所開示的眞實義理，更爲今時後世佛子四眾，闡述佛陀演說此經的本懷。眞實尋求佛菩提道的有緣佛子，親承聽聞如是勝妙開示，當能如實理解經中義理，亦能了知於大乘法中：如何是諸法實相？善知識、惡知識要如何簡擇？如何才是清淨持戒？如何才能清淨說法？於此末法之世，眾生五濁益重，不知佛、不解法、不識僧，唯見表相，不信眞實，貪著五欲，諸方大師不淨說法，各各將導大量徒眾趣入三塗，如是師徒俱堪憐憫。是故，平實導師以大慈悲心，用淺白易懂之語句，佐以實例、譬喻而爲演說，普令聞者易解佛意，皆得契入佛法正道，如實了知佛法大藏。

此經中，對於實相念佛多所著墨，亦指出念佛要點：以實相爲依，念佛者應依止淨戒、依止清淨僧寶，捨離違犯重戒之師僧，應受學清淨之法，遠離邪見。本經是現代佛門大法師所厭惡之經典：一者由於大法師們已全都落入意識境界而無法親證實相，故於此經中所說實相全無所知，都不樂有人聞此經名，以免讀後提出問疑時無法回答；二者現代大乘佛法地區，已經普被藏密喇嘛教滲透，許多有名之大法師們大多已曾或繼續在修練雙身法，都已失去聲聞戒體及菩薩戒體，成爲地獄種姓人，已非眞正出家之人，本質只是身著僧衣而住在寺院中的世俗人。這些人對於此經都是讀不懂的，也是極爲厭惡的；他們尚不樂見此經之印行，何況流通與講解？今爲救護廣大學佛人，兼欲護持佛教血脈永續常傳，特選此經宣講之。每逢週二 18.50~20.50 開示，不限制聽講資格。會外人士需憑身分證件換證入內聽講（此是大樓管理處之安全規定，敬請見諒）。桃園、台中、台南、高雄等地講堂，亦於每週二晚上播放平實導師所講本經之 DVD，不必出示身分證件即可入內聽講，歡迎各地善信同霑法益。

第二講堂　台北市承德路三段 267 號十樓。

禪淨班：週一晚上班、週六下午班。

進階班：週三晚上班、週四晚上班、週五晚上班（禪淨班結業後轉入共修）。

佛藏經詳解：平實導師講解。每週二 18.50~20.50（影像音聲即時傳輸）。本會學員憑上課證進入聽講，會外學人請以身分證件換證進入聽講（此爲大樓管理處安全管理規定之要求，敬請諒解）。

第三講堂　台北市承德路三段 277 號五樓。

進階班：週一晚上班、週三晚上班、週四晚上班、週五晚上班。

佛藏經詳解：平實導師講解。每週二 18.50~20.50（影像音聲即時傳輸）。本會學員憑上課證進入聽講，會外學人請以身分證件換證進入聽講（此爲大樓管理處安全管理規定之要求，敬請諒解）。

第四講堂　台北市承德路三段 267 號二樓。

進階班：週一晚上班、週三晚上班、週四晚上班、週五晚上班（禪淨班結業後轉入共修）。

佛藏經詳解：平實導師講解。每週二 18.50~20.50（影像音聲即時傳輸）。本會學員憑上課證進入聽講，會外學人請以身分證件換證進入聽講（此爲大樓管理處安全管理規定之要求，敬請諒解）。

第五、第六講堂　爲**開放式講堂**，不需以身分證件換證即可進入聽講，台北市承德路三段 267 號地下一樓、地下二樓。已規劃整修完成，每逢週二晚上講經時段開放給會外人士自由聽經，請由大樓側面梯階逕行進入聽講。**聽講者請尊重講者的著作權及肖像權，請勿錄音錄影，以免違法；若有錄音錄影被查獲者，將依法處理。**

正覺祖師堂　大溪鎮美華里信義路 650 巷坑底 5 之 6 號（台 3 號省道 34 公里處 妙法寺對面斜坡道進入）電話 03-3886110　傳眞 03-3881692 本堂供奉 克勤圓悟大師，專供會員每年四月、十月各二次精進禪三共修，兼作本會出家菩薩掛單常住之用。除禪三時間以外，每逢單月第一週之週日 9:00~17:00 開放會內、外人士參訪，當天並提供午齋結緣。教內共修團體或道場，得另申請其餘時間作團體參訪，務請事先與常住確定日期，以便安排常住菩薩接引導覽，亦免妨礙常住菩薩之日常作息及修行。

桃園正覺講堂（第一、第二講堂）：桃園市介壽路 286、288 號 10 樓（陽明運動公園對面）電話：03-3749363（請於共修時聯繫，或與台北聯繫）

禪淨班：週一晚上班、週三晚上班、週四晚上班、週五晚上班。

進階班：週六上午班、週五晚上班。

佛藏經詳解：平實導師講解。每週二晚上，以台北正覺講堂所錄 DVD 放映；歡迎會外學人共同聽講，不需出示身分證件。

新竹正覺講堂 新竹市東光路 55 號二樓之一　電話 03-5724297（晚上）

第一講堂：

禪淨班：週一晚上班、週五晚上班、週六上午班。

進階班：週三晚上班、週四晚上班（由禪淨班結業後轉入共修）。

佛藏經詳解：平實導師講解。每週二晚上，以台北正覺講堂所錄 DVD 放映。歡迎會外學人共同聽講，不需出示身分證件。

第二講堂：

禪淨班：週三晚上班、週四晚上班。

佛藏經詳解：每週二晚上與第一講堂同時播放佛藏經詳解 DVD。

台中正覺講堂 04-23816090（晚上）

第一講堂 台中市南屯區五權西路二段 666 號 13 樓之四（國泰世華銀行樓上。鄰近縣市經第一高速公路前來者，由五權西路交流道可以快速到達，大樓旁有停車場，對面有素食館）。

禪淨班：週三晚上班、週四晚上班。

進階班：週一晚上班、週六上午班（由禪淨班結業後轉入共修）。

增上班：單週週末以台北增上班課程錄成 DVD 放映之，限已明心之會員參加。

佛藏經詳解：平實導師講解。每週二晚上，以台北正覺講堂所錄 DVD 放映。歡迎會外學人共同聽講，不需出示身分證件。

第二講堂 台中市南屯區五權西路二段 666 號 4 樓

禪淨班：週一晚上班、週三晚上班、週六上午班。

進階班：週五晚上班（由禪淨班結業後轉入共修）。

佛藏經詳解：每週二晚上與第一講堂同時播放佛藏經詳解 DVD。

第三講堂、第四講堂：台中市南屯區五權西路二段 666 號 4 樓。

嘉義正覺講堂 嘉義市友愛路 288 號八樓之一　電話：05-2318228

第一講堂：

禪淨班：週一晚上班、週四晚上班、週五晚上班。

進階班：週三晚上班（由禪淨班結業後轉入共修）。

佛藏經詳解：平實導師講解。每週二晚上，以台北正覺講堂所錄 DVD 放映。歡迎會外學人共同聽講，不需出示身分證件。

第二講堂 嘉義市友愛路 288 號八樓之二。

台南正覺講堂

第一講堂 台南市西門路四段 15 號 4 樓。06-2820541（晚上）

禪淨班：週一晚上班、週三晚上班、週四晚上班、週五晚上班、週六下午班。

增上班：單週週末下午，以台北增上班課程錄成 DVD 放映之，限已明心之會員參加。

佛藏經詳解：平實導師講解。每週二晚上，以台北正覺講堂所錄 DVD 放映。歡迎會外學人共同聽講，不需出示身分證件。

第二講堂　台南市西門路四段 15 號 3 樓。

佛藏經詳解：每週二晚上與第一講堂同時播放佛藏經詳解 DVD。

第三講堂　台南市西門路四段 15 號 3 樓。

進階班：週三晚上班、週四晚上班、週六上午班（由禪淨班結業後轉入共修）。

佛藏經詳解：每週二晚上與第一講堂同時播放佛藏經詳解 DVD。

高雄正覺講堂　高雄市新興區中正三路 45 號五樓 07-2234248（晚上）

第一講堂（五樓）：

禪淨班：週一晚上班、週三晚上班、週四晚上班、週五晚上班、週六上午班。

增上班：單週週末下午，以台北增上班課程錄成 DVD 放映之，限已明心之會員參加。

佛藏經詳解：平實導師講解。每週二晚上，以台北正覺講堂所錄 DVD 放映。歡迎會外學人共同聽講，不需出示身分證件。

第二講堂（四樓）：

進階班：週三晚上班、週四晚上班、週六上午班（由禪淨班結業後轉入共修）。

佛藏經詳解：每週二晚上與第一講堂同時播放佛藏經詳解 DVD。

第三講堂（三樓）：

進階班：週四晚上班（由禪淨班結業後轉入共修）。

香港正覺講堂　☆**已遷移新址**☆

九龍觀塘，成業街 10 號，電訊一代廣場 27 樓 E 室。

（觀塘地鐵站 B1 出口，步行約 4 分鐘）。電話：(852) 23262231

英文地址：Unit E, 27th Floor, TG Place, 10 Shing Yip Street, Kwun Tong, Kowloon

禪淨班：雙週六下午班 14:30-17:30，已經額滿。

雙週日下午班 14:30-17:30，2016 年 4 月底前尚可報名。

進階班：雙週五晚上班（由禪淨班結業後轉入共修）。

增上班：單週週末上午，以台北增上班課程錄成 DVD 放映之，限已明心之會員參加。

妙法蓮華經詳解：平實導師講解。雙週六 19:00-21:00，以台北正覺講堂所錄 DVD 放映；歡迎會外學人共同聽講，不需出示身分證件。

美國洛杉磯正覺講堂　☆已遷移新址☆

825 S. Lemon Ave Diamond Bar, CA 91798 U.S.A.
Tel. (909) 595-5222（請於週六 9:00~18:00 之間聯繫）
Cell. (626) 454-0607

禪淨班：每逢週末 15：30~17：30 上課。

進階班：每逢週末上午 10：00~12：00 上課。

佛藏經詳解：平實導師講解。每週六下午 13：00~15：00，以台北正覺講堂所錄 DVD 放映。歡迎各界人士共享第一義諦無上法益，不需報名。

二、招生公告　**本會台北講堂及全省各講堂，每逢四月、十月下旬開新班，每週共修一次**（每次二小時。開課日起三個月內仍可插班）；**但美國洛杉磯共修處之禪淨班得隨時插班共修。各班共修期間皆爲二年半，欲參加者請向本會函索報名表**（各共修處皆於共修時間方有人執事，非共修時間請勿電詢或前來洽詢、請書），**或直接從本會官方網站**(http://www.enlighten.org.tw/newsflash/class)**或成佛之道網站下載報名表**。共修期滿時，若經報名禪三審核通過者，可參加四天三夜之禪三精進共修，有機會明心、取證如來藏，發起般若實相智慧，成爲實義菩薩，脫離凡夫菩薩位。

三、新春禮佛祈福 農曆**年假**期間停止共修：自農曆新年前七天起停止共修與弘法，正月 8 日起回復共修、弘法事務。新春期間正月初一～初七 9.00～17.00 開放台北講堂、正月初一~初三開放新竹講堂、台中講堂、台南講堂、高雄講堂，以及大溪禪三道場（正覺祖師堂），方便會員供佛、祈福及會外人士請書。美國洛杉磯共修處之休假時間，請逕詢該共修處。

密宗四大派修雙身法，是外道性力派的邪法；又以生滅的識陰作爲常住法，是常見外道，是假的藏傳佛教。

西藏覺囊巴以他空見弘揚第八識如來藏勝法，才是真藏傳佛教

佛教正覺同修會 共修現況 及 招生公告　2016/1/16

一、共修現況：（請在共修時間來電，以免無人接聽。）

台北正覺講堂 103 台北市承德路三段 277 號九樓 捷運淡水線圓山站旁
Tel..總機 02-25957295（晚上）（**分機：九樓**辦公室 10、11；知客櫃檯 12、13。 **十樓**知客櫃檯 15、16；書局櫃檯 14。 **五樓**辦公室 18；知客櫃檯 19。**二樓**辦公室 20；知客櫃檯 21。）
Fax..25954493

第一講堂 台北市承德路三段 277 號九樓

禪淨班：週一晚上班、週三晚上班、週四晚上班、週五晚上班、週六下午班、週六上午班（皆須報名建立學籍後始可參加共修，欲報名者詳見本公告末頁）

增上班：**瑜伽師地論詳解**：每月第一、三、五週之週末 17.50～20.50 平實導師講解（僅限已明心之會員參加）

禪門差別智：每月第一週日全天 平實導師主講（事冗暫停）。

佛藏經詳解 平實導師主講。已於 2013/12/17 開講，歡迎已發成佛大願的菩薩種性學人，攜眷共同參與此殊勝法會聽講。詳解 釋迦世尊於《佛藏經》中所開示的眞實義理，更爲今時後世佛子四眾，闡述佛陀演說此經的本懷。眞實尋求佛菩提道的有緣佛子，親承聽聞如是勝妙開示，當能如實理解經中義理，亦能了知於大乘法中：如何是諸法實相？善知識、惡知識要如何簡擇？如何才是清淨持戒？如何才能清淨說法？於此末法之世，眾生五濁益重，不知佛、不解法、不識僧，唯見表相，不信眞實，貪著五欲，諸方大師不淨說法，各各將導大量徒眾趣入三塗，如是師徒俱堪憐憫。是故，平實導師以大慈悲心，用淺白易懂之語句，佐以實例、譬喻而爲演說，普令聞者易解佛意，皆得契入佛法正道，如實了知佛法大藏。

此經中，對於實相念佛多所著墨，亦指出念佛要點：以實相爲依，念佛者應依止淨戒、依止清淨僧寶，捨離違犯重戒之師僧，應受學清淨之法，遠離邪見。本經是現代佛門大法師所厭惡之經典：一者由於大法師們已全都落入意識境界而無法親證實相，故於此經中所說實相全無所知，都不樂有人聞此經名，以免讀後提出問疑時無法回答；二者現代大乘佛法地區，已經普被藏密喇嘛教滲透，許多有名之大法師們大多已曾或繼續在修練雙身法，都已失去聲聞戒體及菩薩戒體，成爲地獄種姓人，已非眞正出家之人，本質只是身著僧衣而住在寺院中的世俗人。這些人對於此經都是讀不懂的，也是極爲厭惡的；他們尚不樂見此經之印行，何況流通與講解？今爲救護廣大學佛人，兼欲護持佛教血脈永續常傳，特選此經宣講之。每逢週二 18.50~20.50 開示，不限制聽講資格。會外人士需憑身分證件換證入內聽講（此是大樓管理處之安全規定，敬請見諒）。桃園、台中、台南、高雄等地講堂，亦於每週二晚上播放平實導師所講本經之 DVD，不必出示身分證件即可入內聽講，歡迎各地善信同霑法益。

第二講堂　台北市承德路三段 267 號十樓。

禪淨班：週一晚上班、週六下午班。

進階班：週三晚上班、週四晚上班、週五晚上班（禪淨班結業後轉入共修）。

佛藏經詳解：平實導師講解。每週二 18.50~20.50（影像音聲即時傳輸）。本會學員憑上課證進入聽講，會外學人請以身分證件換證進入聽講（此爲大樓管理處安全管理規定之要求，敬請諒解）。

第三講堂　台北市承德路三段 277 號五樓。

進階班：週一晚上班、週三晚上班、週四晚上班、週五晚上班。

佛藏經詳解：平實導師講解。每週二 18.50~20.50（影像音聲即時傳輸）。本會學員憑上課證進入聽講，會外學人請以身分證件換證進入聽講（此爲大樓管理處安全管理規定之要求，敬請諒解）。

第四講堂　台北市承德路三段 267 號二樓。

進階班：週一晚上班、週三晚上班、週四晚上班、週五晚上班（禪淨班結業後轉入共修）。

佛藏經詳解：平實導師講解。每週二 18.50~20.50（影像音聲即時傳輸）。本會學員憑上課證進入聽講，會外學人請以身分證件換證進入聽講（此爲大樓管理處安全管理規定之要求，敬請諒解）。

第五、第六講堂　爲**開放式講堂**，不需以身分證件換證即可進入聽講，台北市承德路三段 267 號地下一樓、地下二樓。已規劃整修完成，每逢週二晚上講經時段開放給會外人士自由聽經，請由大樓側面梯階逕行進入聽講。**聽講者請尊重講者的著作權及肖像權，請勿錄音錄影，以免違法；若有錄音錄影被查獲者，將依法處理。**

正覺祖師堂　大溪鎮美華里信義路 650 巷坑底 5 之 6 號（台 3 號省道 34 公里處 妙法寺對面斜坡道進入）電話 03-3886110　傳眞 03-3881692 本堂供奉 克勤圓悟大師，專供會員每年四月、十月各二次精進禪三共修，兼作本會出家菩薩掛單常住之用。除禪三時間以外，每逢單月第一週之週日 9:00~17:00 開放會內、外人士參訪，當天並提供午齋結緣。教內共修團體或道場，得另申請其餘時間作團體參訪，務請事先與常住確定日期，以便安排常住菩薩接引導覽，亦免妨礙常住菩薩之日常作息及修行。

桃園正覺講堂（第一、第二講堂）：桃園市介壽路 286、288 號 10 樓（陽明運動公園對面）電話：03-3749363（請於共修時聯繫，或與台北聯繫）

禪淨班：週一晚上班、週三晚上班、週四晚上班、週五晚上班。

進階班：週六上午班、週五晚上班。

佛藏經詳解：平實導師講解。每週二晚上，以台北正覺講堂所錄 DVD 放映；歡迎會外學人共同聽講，不需出示身分證件。

新竹正覺講堂 新竹市東光路 55 號二樓之一 電話 03-5724297（晚上）

第一講堂：

禪淨班：週一晚上班、週五晚上班、週六上午班。

進階班：週三晚上班、週四晚上班（由禪淨班結業後轉入共修）。

佛藏經詳解：平實導師講解。每週二晚上，以台北正覺講堂所錄 DVD 放映。歡迎會外學人共同聽講，不需出示身分證件。

第二講堂：

禪淨班：週三晚上班、週四晚上班。

佛藏經詳解：每週二晚上與第一講堂同時播放佛藏經詳解 DVD。

台中正覺講堂 04-23816090（晚上）

第一講堂 台中市南屯區五權西路二段 666 號 13 樓之四（國泰世華銀行樓上。鄰近縣市經第一高速公路前來者，由五權西路交流道可以快速到達，大樓旁有停車場，對面有素食館）。

禪淨班：週三晚上班、週四晚上班。

進階班：週一晚上班、週六上午班（由禪淨班結業後轉入共修）。

增上班：單週週末以台北增上班課程錄成 DVD 放映之，限已明心之會員參加。

佛藏經詳解：平實導師講解。每週二晚上，以台北正覺講堂所錄 DVD 放映。歡迎會外學人共同聽講，不需出示身分證件。

第二講堂 台中市南屯區五權西路二段 666 號 4 樓

禪淨班：週一晚上班、週三晚上班、週六上午班。

進階班：週五晚上班（由禪淨班結業後轉入共修）。

佛藏經詳解：每週二晚上與第一講堂同時播放佛藏經詳解 DVD。

第三講堂、第四講堂：台中市南屯區五權西路二段 666 號 4 樓。

嘉義正覺講堂 嘉義市友愛路 288 號八樓之一 電話：05-2318228

第一講堂：

禪淨班：週一晚上班、週四晚上班、週五晚上班。

進階班：週三晚上班（由禪淨班結業後轉入共修）。

佛藏經詳解：平實導師講解。每週二晚上，以台北正覺講堂所錄 DVD 放映。歡迎會外學人共同聽講，不需出示身分證件。

第二講堂 嘉義市友愛路 288 號八樓之二。

台南正覺講堂

第一講堂 台南市西門路四段 15 號 4 樓。06-2820541（晚上）

禪淨班：週一晚上班、週三晚上班、週四晚上班、週五晚上班、週六下午班。

增上班：單週週末下午，以台北增上班課程錄成 DVD 放映之，限已明心之會員參加。

佛藏經詳解：平實導師講解。每週二晚上，以台北正覺講堂所錄 DVD 放映。歡迎會外學人共同聽講，不需出示身分證件。

第二講堂　台南市西門路四段 15 號 3 樓。

佛藏經詳解：每週二晚上與第一講堂同時播放佛藏經詳解 DVD。

第三講堂　台南市西門路四段 15 號 3 樓。

進階班：週三晚上班、週四晚上班、週六上午班（由禪淨班結業後轉入共修）。

佛藏經詳解：每週二晚上與第一講堂同時播放佛藏經詳解 DVD。

高雄正覺講堂　高雄市新興區中正三路 45 號五樓 07-2234248（晚上）

第一講堂（五樓）：

禪淨班：週一晚上班、週三晚上班、週四晚上班、週五晚上班、週六上午班。

增上班：單週週末下午，以台北增上班課程錄成 DVD 放映之，限已明心之會員參加。

佛藏經詳解：平實導師講解。每週二晚上，以台北正覺講堂所錄 DVD 放映。歡迎會外學人共同聽講，不需出示身分證件。

第二講堂（四樓）：

進階班：週三晚上班、週四晚上班、週六上午班（由禪淨班結業後轉入共修）。

佛藏經詳解：每週二晚上與第一講堂同時播放佛藏經詳解 DVD。

第三講堂（三樓）：

進階班：週四晚上班（由禪淨班結業後轉入共修）。

香港正覺講堂　☆已遷移新址☆

九龍觀塘，成業街 10 號，電訊一代廣場 27 樓 E 室。

（觀塘地鐵站 B1 出口，步行約 4 分鐘）。電話：(852) 23262231

英文地址：Unit E, 27th Floor, TG Place, 10 Shing Yip Street, Kwun Tong, Kowloon

禪淨班：雙週六下午班 14:30-17:30，已經額滿。
雙週日下午班 14:30-17:30，2016 年 4 月底前尚可報名。

進階班：雙週五晚上班（由禪淨班結業後轉入共修）。

增上班：單週週末上午，以台北增上班課程錄成 DVD 放映之，限已明心之會員參加。

妙法蓮華經詳解：平實導師講解。雙週六 19:00-21:00，以台北正覺講堂所錄 DVD 放映；歡迎會外學人共同聽講，不需出示身分證件。

美國洛杉磯正覺講堂　☆已遷移新址☆

825 S. Lemon Ave Diamond Bar, CA 91798 U.S.A.
Tel. (909) 595-5222（請於週六 9:00~18:00 之間聯繫）
Cell. (626) 454-0607

禪淨班：每逢週末 15：30~17：30 上課。

進階班：每逢週末上午 10：00~12：00 上課。

佛藏經詳解：平實導師講解。每週六下午 13：00~15：00，以台北正覺講堂所錄 DVD 放映。歡迎各界人士共享第一義諦無上法益，不需報名。

二、招生公告　**本會台北講堂及全省各講堂，每逢四月、十月下旬開新班，每週共修一次**（每次二小時。開課日起三個月內仍可插班）；**但美國洛杉磯共修處之禪淨班得隨時插班共修。各班共修期間皆為二年半，欲參加者請向本會函索報名表**（各共修處皆於共修時間方有人執事，非共修時間請勿電詢或前來洽詢、請書），**或直接從本會官方網站**(http://www.enlighten.org.tw/newsflash/class)**或成佛之道網站下載報名表**。共修期滿時，若經報名禪三審核通過者，可參加四天三夜之禪三精進共修，有機會明心、取證如來藏，發起般若實相智慧，成為實義菩薩，脫離凡夫菩薩位。

三、新春禮佛祈福　農曆**年假**期間停止共修：自農曆新年前七天起停止共修與弘法，正月 8 日起回復共修、弘法事務。新春期間正月初一～初七 9.00～17.00 開放台北講堂、正月初一~初三開放新竹講堂、台中講堂、台南講堂、高雄講堂，以及大溪禪三道場（正覺祖師堂），方便會員供佛、祈福及會外人士請書。美國洛杉磯共修處之休假時間，請逕詢該共修處。

密宗四大派修雙身法，是外道性力派的邪法；又以生滅的識陰作為常住法，是常見外道，是假的藏傳佛教。

西藏覺囊巴以他空見弘揚第八識如來藏勝法，才是真藏傳佛教

佛教正覺同修會　弘法行事表

2014/08/19

1、**禪淨班**　以無相念佛及拜佛方式修習動中定力，實證一心不亂功夫。傳授解脫道正理及第一義諦佛法，以及參禪知見。共修期間：二年六個月。每逢四月、十月開新班，詳見招生公告表。

2、**《佛藏經》詳解**　平實導師主講。已於 2013/12/17 開講，歡迎已發成佛大願的菩薩種性學人，攜眷共同參與此殊勝法會聽講。詳解釋迦世尊於《佛藏經》中所開示的眞實義理，更爲今時後世佛子四眾，闡述 佛陀演說此經的本懷。眞實尋求佛菩提道的有緣佛子，親承聽聞如是勝妙開示，當能如實理解經中義理，亦能了知於大乘法中：如何是諸法實相？善知識、惡知識要如何簡擇？如何才是清淨持戒？如何才能清淨說法？於此末法之世，眾生五濁益重，不知佛、不解法、不識僧，唯見表相，不信眞實，貪著五欲，諸方大師不淨說法，各各將導大量徒眾趣入三塗，如是師徒俱堪憐憫。是故，平實導師以大慈悲心，用淺白易懂之語句，佐以實例、譬喻而爲演說，普令聞者易解佛意，皆得契入佛法正道，如實了知佛法大藏。每逢週二 18.50~20.50 開示，不限制聽講資格。會外人士需憑身分證件換證入內聽講（此是大樓管理處之安全規定，敬請見諒）。桃園、新竹、台中、台南、高雄等地講堂，亦於每週二晚上播放平實導師講經之 DVD，不必出示身分證件即可入內聽講，歡迎各地善信同霑法益。

有某道場專弘淨土法門數十年，於教導信徒研讀《佛藏經》時，往往告誡信徒曰：「後半部不許閱讀。」由此緣故坐令信徒失去提升念佛層次之機緣，師徒只能低品位往生淨土，令人深覺愚癡無智。由有多人建議故，平實導師開始宣講《佛藏經》，藉以轉易如是邪見，並提升念佛人之知見與往生品位。此經中，對於實相念佛多所著墨，亦指出念佛要點：以實相爲依，念佛者應依止淨戒、依止清淨僧寶，捨離違犯重戒之師僧，應受學清淨之法，遠離邪見。本經是現代佛門大法師所厭惡之經典：一者由於大法師們已全都落入意識境界而無法親證實相，故於此經中所說實相全無所知，都不樂有人聞此經名，以免讀後提出問疑時無法回答；二者現代大乘佛法地區，已經普被藏密喇嘛教滲透，許多有名之大法師們大多已曾或繼續在修練雙身法，都已失去聲聞戒體及菩薩戒體，成爲地獄種姓人，已非眞正出家之人，本質上只是身著僧衣而住在寺院中的世俗人。這些人對於此經都是讀不懂的，也是極爲厭惡的；他們尚不樂見此經之印行，何況流通與講解？今爲救護廣大學佛人，兼欲護持佛教血脈永續常傳，特選此經宣講之，主講者平實導師。

3、**瑜伽師地論**詳解　詳解論中所言凡夫地至佛地等 17 師之修證境界與理論，從凡夫地、聲聞地……宣演到諸地所證一切種智之眞實正理。由平實導師開講，每逢一、三、五週之週末晚上開示，僅限已明心之會員參加。

4、**精進禪三**　主三和尚：平實導師。於四天三夜中，以克勤圓悟大師及大慧宗杲之禪風，施設機鋒與小參、公案密意之開示，幫助會員剋期取證，親證不生不滅之眞實心——人人本有之如來藏。每年四月、十月各舉辦二個梯次；平實導師主持。僅限本會會員參加禪淨班共修期滿，報名審核通過者，方可參加。並選擇會中定力、慧力、福德三條件皆已具足之已明心會員，給以指引，令得眼見自己無形無相之佛性遍佈山河大地，眞實而無障礙，得以肉眼現觀世界身心悉皆如幻，具足成就如幻觀，圓滿十住菩薩之證境。

5、**阿含經**詳解　選擇重要之阿含部經典，依無餘涅槃之實際而加以詳解，令大眾得以現觀諸法緣起性空，亦復不墮斷滅見中，顯示經中所隱說之涅槃實際—如來藏—確實已於四阿含中隱說；令大眾得以聞後觀行，確實斷除我見乃至我執，證得**見到**眞現觀，乃至**身證**……等眞現觀；已得大乘或二乘見道者，亦可由此聞熏及聞後之觀行，除斷我所之貪著，成就慧解脫果。由平實導師詳解。不限制聽講資格。

6、**大法鼓經**詳解　詳解末法時代大乘佛法修行之道。佛教正法消毒妙藥塗於大鼓而以擊之，凡有眾生聞之者，一切邪見鉅毒悉皆消殞；此經即是大法鼓之正義，凡聞之者，所有邪見之毒悉皆滅除，見道不難；亦能發起菩薩無量功德，是故諸大菩薩遠從諸方佛土來此娑婆聞修此經。由平實導師詳解。不限制聽講資格。

7、**解深密經**詳解　重講本經之目的，在於令諸已悟之人明解大乘法道之成佛次第，以及悟後進修一切種智之內涵，確實證知三種自性性，並得據此證解七眞如、十眞如等正理。每逢週二 18.50~20.50 開示，由平實導師詳解。將於《大法鼓經》講畢後開講。不限制聽講資格。

8、**成唯識論**詳解　詳解一切種智眞實正理，詳細剖析一切種智之微細深妙廣大正理；並加以舉例說明，使已悟之會員深入體驗所證如來藏之微密行相；及證驗見分相分與所生一切法，皆由如來藏—阿賴耶識—直接或展轉而生，因此證知一切法無我，證知無餘涅槃之本際。將於增上班《瑜伽師地論》講畢後，由平實導師重講。僅限已明心之會員參加。

9、**精選如來藏系經典**詳解　精選如來藏系經典一部，詳細解說，以此完全印證會員所悟如來藏之眞實，得入不退轉住。另行擇期詳細解說之，由平實導師講解。僅限已明心之會員參加。

10、**禪門差別智**　藉禪宗公案之微細淆訛難知難解之處，加以宣說及剖析，以增進明心、見性之功德，啓發差別智，建立擇法眼。每月第一週日全天，由平實導師開示，僅限破參明心後，復又眼見佛性者參加（事冗暫停）。

11、**枯木禪**　先講智者大師的《小止觀》，後說《釋禪波羅蜜》，詳解四禪八定之修證理論與實修方法，細述一般學人修定之邪見與岔路，及對禪定證境之誤會，消除枉用功夫、浪費生命之現象。已悟般若者，可以藉此而實修初禪，進入大乘通教及聲聞教的三果心解脫境界，配合應有的大福德及後得無分別智、十無盡願，即可進入初地心中。親教師：平實導師。未來緣熟時將於大溪正覺寺開講。不限制聽講資格。

註：本會例行年假，自 2004 年起，改爲每年農曆新年前七天開始停息弘法事務及共修課程，農曆正月 8 日回復所有共修及弘法事務。新春期間（每日 9.00~17.00）開放台北講堂，方便會員禮佛祈福及會外人士請書。大溪鎭的正覺祖師堂，開放參訪時間，詳見〈正覺電子報〉或成佛之道網站。本表得因時節因緣需要而隨時修改之，不另作通知。

佛教正覺同修會　贈閱書籍 目錄　　2015/09/29

1.**無相念佛**　平實導師著　回郵 10 元
2.**念佛三昧修學次第**　平實導師述著　回郵 25 元
3.**正法眼藏—護法集**　平實導師述著　回郵 35 元
4.**真假開悟簡易辨正法＆佛子之省思**　平實導師著　回郵 3.5 元
5.**生命實相之辨正**　平實導師著　回郵 10 元
6.**如何契入念佛法門**（**附**：印順法師否定極樂世界）平實導師著　回郵 3.5 元
7.**平實書箋**—答元覽居士書　平實導師著　回郵 35 元
8.**三乘唯識**—如來藏系經律彙編　平實導師編　回郵 80 元
（精裝本　長 27 cm　寬 21 cm　高 7.5 cm　重 2.8 公斤）
9.**三時繫念全集**—修正本　回郵掛號 40 元（長 26.5 cm×寬 19 cm）
10.**明心與初地**　平實導師述　回郵 3.5 元
11.**邪見與佛法**　平實導師述著　回郵 20 元
12.**菩薩正道**—回應義雲高、釋性圓…等外道之邪見　正燦居士著　回郵 20 元
13.**甘露法雨**　平實導師述　回郵 20 元
14.**我與無我**　平實導師述　回郵 20 元
15.**學佛之心態**—修正錯誤之學佛心態始能與正法相應　孫正德老師著　回郵35元
附錄：平實導師著《**略說八、九識並存…等之過失**》
16.**大乘無我觀**—《悟前與悟後》別說　平實導師述著　回郵 20 元
17.**佛教之危機**—中國台灣地區現代佛教之真相（附錄：公案拈提六則）
平實導師著　回郵 25 元
18.**燈　影**—燈下黑（覆「求教後學」來函等）　平實導師著　回郵 35 元
19.**護法與毀法**—覆上平居士與徐恒志居士網站毀法二文
張正圜老師著　回郵 35 元
20.**淨土聖道**—兼評**選擇本願念佛**　正德老師著　**由正覺同修會購贈** 回郵 25 元
21.**辨唯識性相**—對「紫蓮心海《辯唯識性相》書中否定阿賴耶識」之回應
正覺同修會 台南共修處法義組 著　回郵 25 元
22.**假如來藏**—對法蓮法師《如來藏與阿賴耶識》書中否定阿賴耶識之回應
正覺同修會 台南共修處法義組 著　回郵 35 元
23.**入不二門**—公案拈提集錦 第一輯（於平實導師公案拈提諸書中選錄約二十則，
合輯爲一冊流通之）平實導師著　回郵 20 元
24.**真假邪說**—西藏密宗索達吉喇嘛《破除邪說論》真是邪說
釋正安法師著　回郵 35 元
25.**真假開悟**—真如、如來藏、阿賴耶識間之關係　平實導師述著　回郵 35 元
26.**真假禪和**—辨正釋傳聖之謗法謬說　孫正德老師著　回郵 30 元

27.**眼見佛性**—駁慧廣法師眼見佛性的含義文中謬說
游正光老師著　回郵 25 元

28.**普門自在**—公案拈提集錦 第二輯（於平實導師公案拈提諸書中選錄約二十則，合輯爲一冊流通之）平實導師著　回郵 25 元

29.**印順法師的悲哀**—以現代禪的質疑為線索　恒毓博士著　回郵 25 元

30.**識蘊真義**—現觀識蘊內涵、取證初果、親斷三縛結之具體行門。
—依《成唯識論》及《惟識述記》正義，略顯安慧《大乘廣五蘊論》之邪謬
平實導師著　回郵 35 元

31.**正覺電子報** 各期紙版本　免附回郵　每次最多函索三期或三本。
（已無存書之較早各期，不另增印贈閱）

32.**現代人應有的宗教觀**　蔡正禮老師 著　回郵 3.5 元

33.**遠惑趣道**—正覺電子報般若信箱問答錄　第一輯　回郵 20 元

34.**遠惑趣道**—正覺電子報般若信箱問答錄　第二輯　回郵 20 元

35.**確保您的權益**—器官捐贈應注意自我保護　游正光老師 著　回郵 10 元

36.**正覺教團電視弘法三乘菩提 DVD 光碟（一）**
由正覺教團多位親教師共同講述錄製 DVD 8 片，MP3 一片，共 9 片。有二大講題：一爲「三乘菩提之意涵」，二爲「學佛的正知見」。內容精闢，深入淺出，精彩絕倫，幫助大眾快速建立三乘法道的正知見，免被外道邪見所誤導。有志修學三乘佛法之學人不可不看。（製作工本費 100 元，回郵 25 元）

37.**正覺教團電視弘法 DVD 專輯（二）**
總有二大講題：一爲「三乘菩提之念佛法門」，一爲「學佛正知見（第二篇）」，由正覺教團多位親教師輪番講述，內容詳細闡述如何修學念佛法門、實證念佛三昧，以及學佛應具有的正確知見，可以幫助發願往生西方極樂淨土之學人，得以把握往生，更可令學人快速建立三乘法道的正知見，免於被外道邪見所誤導。有志修學三乘佛法之學人不可不看。（一套 17 片，工本費 160 元。回郵 35 元）

38.**佛藏經** 燙金精裝本 每冊回郵 20 元。正修佛法之道場欲大量索取者，請正式發函並蓋用大印寄來索取（2008.04.30 起開始敬贈）

39.**喇嘛性世界**—揭開假藏傳佛教譚崔瑜伽的面紗　張善思 等人合著
由正覺同修會購贈　回郵 20 元

40.**假藏傳佛教的神話**—性、謊言、喇嘛教　張正玄教授編著　回郵 20 元
由正覺同修會購贈　回郵 20 元

41.**隨 緣**—理隨緣與事隨緣　平實導師述　回郵 20 元。

42.**學佛的覺醒**　正枝居士 著　回郵 25 元

43.**導師之真實義**　蔡正禮老師 著　回郵 10 元

44.**淺談達賴喇嘛之雙身法**—兼論解讀「密續」之達文西密碼
吳明芷居士 著　回郵 10 元

45.**魔界轉世**　張正玄居士 著　回郵 10 元

46.**一貫道與開悟**　蔡正禮老師 著　回郵 10 元

47.**博愛**—愛盡天下女人　正覺教育基金會 編印　回郵10元

48.**意識虛妄經教彙編**—實證解脫道的關鍵經文　正覺同修會編印　回郵25元

49.**邪箭囈語**—破斥藏密外道多識仁波切《破魔金剛箭雨論》之邪說
陸正元老師著　上、下冊回郵各30元

50.**真假沙門**—依 佛聖教闡釋佛教僧寶之定義
蔡正禮老師著　俟正覺電子報連載後結集出版

51.**真假禪宗**—藉評論釋性廣《印順導師對變質禪法之批判
及對禪宗之肯定》以顯示真假禪宗
附論一：凡夫知見 無助於佛法之信解行證
附論二：世間與出世間一切法皆從如來藏實際而生而顯
余正偉老師著　俟正覺電子報連載後結集出版　回郵未定

52.**假鋒虛焰金剛乘**—揭示顯密正理，兼破索達吉師徒《般若鋒兮金剛焰》。
釋正安 法師著　俟正覺電子報連載後結集出版

★ 上列贈書之郵資，係台灣本島地區郵資，大陸、港、澳地區及外國地區，請另計酌增（大陸、港、澳、國外地區之郵票不許通用）。尚未出版之書，請勿先寄來郵資，以免增加作業煩擾。

★ 本目錄若有變動，唯於後印之書籍及「成佛之道」網站上修正公佈之，不另行個別通知。

函索書籍請寄：佛教正覺同修會　103台北市承德路3段277號9樓
台灣地區函索書籍者請附寄郵票，無時間購買郵票者可以等值現金抵用，但不接受郵政劃撥、支票、匯票。大陸地區得以人民幣計算，國外地區請以美元計算（請勿寄來當地郵票，在台灣地區不能使用）。欲以掛號寄遞者，請另附掛號郵資。

親自索閱：正覺同修會各共修處。　★請於共修時間前往取書，餘時無人在道場，請勿前往索取；共修時間與地點，詳見書末正覺同修會共修現況表（以近期之共修現況表爲準）。

註：正智出版社發售之局版書，請向各大書局購閱。若書局之書架上已經售出而無陳列者，請向書局櫃台指定洽購；若書局不便代購者，請於正覺同修會共修時間前往各共修處請購，正智出版社已派人於共修時間送書前往各共修處流通。 郵政劃撥購書及 大陸地區 購書，請詳別頁正智出版社發售書籍目錄最後頁之說明。

成佛之道 網站：http://www.a202.idv.tw　正覺同修會已出版之結緣書籍，多已登載於 成佛之道 網站，若住外國、或住處遙遠，不便取得正覺同修會贈閱書籍者，可以從本網站閱讀及下載。　書局版之《宗通與說通》亦已上網，台灣讀者可向書局洽購，售價300元。《狂密與眞密》第一輯~第四輯，亦於 2003.5.1.全部於本網站登載完畢；台灣地區讀者請向書局洽購，每輯約400頁，售價300元（網站下載紙張費用較貴，容易散失，難以保存，亦較不精美）。

＊＊假藏傳佛教修雙身法，非佛教＊＊

正智出版社 籌募弘法基金發售書籍目錄　2016/4/15

1.**宗門正眼**—公案拈提 第一輯 重拈　平實導師著 500 元
因重寫內容大幅度增加故，字體必須改小，並增爲 576 頁 主文 546 頁。比初版更精彩、更有內容。初版《禪門摩尼寶聚》之讀者，可寄回本公司免費調換新版書。免附回郵，亦無截止期限。(2007 年起，每冊附贈本公司精製公案拈提〈超意境〉CD 一片。市售價格 280 元，多購多贈。)

2.**禪淨圓融**　平實導師著　200 元(第一版舊書可換新版書。)

3.**真實如來藏**　平實導師著　400 元

4.**禪—悟前與悟後**　平實導師著　上、下冊，每冊 250 元

5.**宗門法眼**—公案拈提 第二輯　平實導師著　500 元
(2007 年起，每冊附贈本公司精製公案拈提〈超意境〉CD 一片)

6.**楞伽經詳解**　平實導師著　全套共 10 輯　每輯 250 元

7.**宗門道眼**—公案拈提 第三輯　平實導師著　500 元
(2007 年起，每冊附贈本公司精製公案拈提〈超意境〉CD 一片)

8.**宗門血脈**—公案拈提 第四輯　平實導師著　500 元
(2007 年起，每冊附贈本公司精製公案拈提〈超意境〉CD 一片)

9.**宗通與說通**—成佛之道 平實導師著 主文 381 頁 全書 400 頁售價 300 元

10.**宗門正道**—公案拈提 第五輯　平實導師著　500 元
(2007 年起，每冊附贈本公司精製公案拈提〈超意境〉CD 一片)

11.**狂密與真密 一～四輯**　平實導師著　西藏密宗是人間最邪淫的宗教，本質不是佛教，只是披著佛教外衣的印度教性力派流毒的喇嘛教。此書中將西藏密宗密傳之男女雙身合修樂空雙運所有祕密與修法，毫無保留完全公開，並將全部喇嘛們所不知道的部分也一併公開。內容比大辣出版社喧騰一時的《西藏慾經》更詳細。並且函蓋藏密的所有祕密及其錯誤的中觀見、如來藏見……等，藏密的所有法義都在書中詳述、分析、辨正。每輯主文三百餘頁　每輯全書約 400 頁　售價每輯 300 元

12.**宗門正義**—公案拈提 第六輯　平實導師著　500 元
(2007 年起，每冊附贈本公司精製公案拈提〈超意境〉CD 一片)

13.**心經密意**—心經與解脫道、佛菩提道、祖師公案之關係與密意　平實導師述　300 元

14.**宗門密意**—公案拈提 第七輯　平實導師著　500 元
(2007 年起，每冊附贈本公司精製公案拈提〈超意境〉CD 一片)

15.**淨土聖道**—兼評「選擇本願念佛」　正德老師著　200 元

16.**起信論講記**　平實導師述著　共六輯　每輯三百餘頁　售價各 250 元

17.**優婆塞戒經講記**　平實導師述著 共八輯 每輯三百餘頁 售價各 250 元

18.**真假活佛**—略論附佛外道盧勝彥之邪說(對前岳靈犀網站主張「盧勝彥是證悟者」之修正)　正犀居士(岳靈犀)著　流通價 140 元

19.**阿含正義**—唯識學探源　平實導師著　共七輯　每輯 300 元

20.**超意境** CD 以平實導師公案拈提書中超越意境之頌詞，加上曲風優美的旋律，錄成令人嚮往的超意境歌曲，其中包括正覺發願文及平實導師親自譜成的黃梅調歌曲一首。詞曲雋永，殊堪翫味，可供學禪者吟詠，有助於見道。內附設計精美的彩色小冊，解說每一首詞的背景本事。每片 280 元。【每購買公案拈提書籍一冊，即贈送一片。】

21.**菩薩底憂鬱** CD 將菩薩情懷及禪宗公案寫成新詞，並製作成超越意境的優美歌曲。 1.主題曲〈菩薩底憂鬱〉，描述地後菩薩能離三界生死而迴向繼續生在人間，但因尚未斷盡習氣種子而有極深沈之憂鬱，非三賢位菩薩及二乘聖者所知，此憂鬱在七地滿心位方才斷盡；本曲之詞中所說義理極深，昔來所未曾見；此曲係以優美的情歌風格寫詞及作曲，聞者得以激發嚮往諸地菩薩境界之大心，詞、曲都非常優美，難得一見；其中勝妙義理之解說，已印在附贈之彩色小冊中。 2.以各輯公案拈提中直示禪門入處之頌文，作成各種不同曲風之超意境歌曲，值得玩味、參究；聆聽公案拈提之優美歌曲時，請同時閱讀內附之印刷精美說明小冊，可以領會超越三界的證悟境界；未悟者可以因此引發求悟之意向及疑情，真發菩提心而邁向求悟之途，乃至因此真實悟入般若，成真菩薩。 3.正覺總持咒新曲，總持佛法大意；總持咒之義理，已加以解說並印在隨附之小冊中。本 CD 共有十首歌曲，長達 63 分鐘。每盒各附贈二張購書優惠券。每片 280 元。

22.**禪意無限** CD 平實導師以公案拈提書中偈頌寫成不同風格曲子，與他人所寫不同風格曲子共同錄製出版，幫助參禪人進入禪門超越意識之境界。盒中附贈彩色印製的精美解說小冊，以供聆聽時閱讀，令參禪人得以發起參禪之疑情，即有機會證悟本來面目而發起實相智慧，實證大乘菩提般若，能如實證知般若經中的真實意。本 CD 共有十首歌曲，長達 69 分鐘，每盒各附贈二張購書優惠券。每片 280 元。

23.**我的菩提路**第一輯　釋悟圓、釋善藏等人合著　售價 300 元

24.**我的菩提路**第二輯　郭正益、張志成等人合著　售價 300 元

25.**鈍鳥與靈龜**—考證後代凡夫對大慧宗杲禪師的無根誹謗。

平實導師著 共 458 頁 售價 350 元

26.**維摩詰經講記** 平實導師述 共六輯 每輯三百餘頁 售價各 250 元

27.**真假外道**—破劉東亮、杜大威、釋證嚴常見外道見 正光老師著　200 元

28.**勝鬘經講記**—兼論印順《勝鬘經講記》對於《勝鬘經》之誤解。

平實導師述　共六輯　每輯三百餘頁　售價 250 元

29.**楞嚴經講記** 平實導師述 共 **15** 輯，每輯三百餘頁 售價 300 元

30.**明心與眼見佛性**—駁慧廣〈蕭氏「眼見佛性」與「明心」之非〉文中謬說

正光老師著　共 448 頁　售價 300 元

31.**見性與看話頭** 黃正倖老師 著，本書是禪宗參禪的方法論。

內文 375 頁，全書 416 頁，售價 300 元。

32.**達賴真面目**—玩盡天下女人 白正偉老師 等著 中英對照彩色精裝大本 800 元

33.**喇嘛性世界**—揭開假藏傳佛教譚崔瑜伽的面紗　張善思 等人著　200 元
34.**假藏傳佛教的神話**—性、謊言、喇嘛教　正玄教授編著　200 元
35.**金剛經宗通**　平實導師述　共九輯　每輯售價 250 元。
36.**空行母**—性別、身分定位，以及藏傳佛教。
珍妮・坎貝爾著 呂艾倫 中譯 售價 250 元
37.**末代達賴**—性交教主的悲歌　張善思、呂艾倫、辛燕編著 售價 250 元
38.**霧峰無霧**—給哥哥的信　辨正釋印順對佛法的無量誤解
游宗明 老師著　售價 250 元
39.**第七意識與第八意識？**—穿越時空「超意識」
平實導師述　每冊 300 元
40.**黯淡的達賴**—失去光彩的諾貝爾和平獎
正覺教育基金會編著　每冊 250 元
41.**童女迦葉考**—論呂凱文〈佛教輪迴思想的論述分析〉之謬。
平實導師 著 定價 180 元
42.**人間佛教**—實證者必定不悖三乘菩提
平實導師 述，定價 400 元
43.**實相經宗通**　平實導師述　共八輯　每輯 250 元
44.**真心告訴您(一)**—達賴喇嘛在幹什麼？
正覺教育基金會編著　售價 250 元
45.**中觀金鑑**—詳述應成派中觀的起源與其破法本質
孫正德老師著　分為上、中、下三冊，每冊 250 元
46.**佛法入門**—迅速進入三乘佛法大門，消除久學佛法漫無方向之窘境。
○○居士著　將於正覺電子報連載後出版。售價 250 元
47.**藏傳佛教要義**—《狂密與真密》之簡體字版　平實導師 著 上、下冊
僅在大陸流通　每冊 300 元
48.**法華經講義**　平實導師述　共二十五輯　每輯 300 元
已於 2015/05/31 起開始出版，每二個月出版一輯
49.**西藏「活佛轉世」制度**—附佛、造神、世俗法
許正豐、張正玄老師合著　定價 150 元
50.**廣論三部曲**　郭正益老師著　定價 150 元
51.**真心告訴您(二)**—達賴喇嘛是佛教僧侶嗎？
—補祝達賴喇嘛八十大壽
正覺教育基金會編著　售價 300 元
52.**廣論之平議**—宗喀巴《菩提道次第廣論》之平議　正雄居士著
約二或三輯　俟正覺電子報連載後結集出版　書價未定
53.**末法導護**—對印順法師中心思想之綜合判攝　正慶老師著　書價未定
54.**菩薩學處**—菩薩四攝六度之要義　陸正元老師著　出版日期未定。
55.**八識規矩頌**詳解　○○居士 註解　出版日期另訂　書價未定。
56.**印度佛教史**—法義與考證。依法義史實評論印順《印度佛教思想史、佛教史地考論》之謬說　正偉老師著　出版日期未定　書價未定

57.**中國佛教史**—依中國佛教正法史實而論。 ○○老師 著　書價未定。
58.**中論正義**—釋龍樹菩薩《中論》頌正理。
孫正德老師著　出版日期未定　書價未定
59.**中觀正義**—註解平實導師《中論正義頌》。
○○法師（居士）著　出版日期未定　書價未定
60.**佛藏經講記**　平實導師述　出版日期未定　書價未定
61.**阿含經講記**—將選錄四阿含中數部重要經典全經講解之，講後整理出版。
平實導師述　約二輯　每輯300元　出版日期未定
62.**寶積經講記**　平實導師述　每輯三百餘頁 優惠價300元 出版日期未定
63.**解深密經講記**　平實導師述 約四輯　將於重講後整理出版
64.**成唯識論略解**　平實導師著　五～六輯　每輯300元　出版日期未定
65.**修習止觀坐禪法要講記**　平實導師述　每輯三百餘頁
將於正覺寺建成後重講、以講記逐輯出版　出版日期未定
66.**無門關**—《無門關》公案拈提　平實導師著　出版日期未定
67.**中觀再論**—兼述印順《中觀今論》謬誤之平議。正光老師著 出版日期未定
68.**輪迴與超度**—佛教超度法會之真義。
○○法師（居士）著　出版日期未定　書價未定
69.**《釋摩訶衍論》平議**—對偽稱龍樹所造《釋摩訶衍論》之平議
○○法師（居士）著　出版日期未定　書價未定
70.**正覺發願文**註解—以真實大願為因 得證菩提
正德老師著　出版日期未定　書價未定
71.**正覺總持咒**—佛法之總持　正圜老師著　出版日期未定　書價未定
72.**涅槃**—論四種涅槃　平實導師著　出版日期未定　書價未定
73.**三自性**—依四食、五蘊、十二因緣、十八界法，說三性三無性。
作者未定　出版日期未定
74.**道品**—從三自性說大小乘三十七道品　作者未定　出版日期未定
75.**大乘緣起觀**—依四聖諦七真如現觀十二緣起 作者未定　出版日期未定
76.**三德**—論解脫德、法身德、般若德。　作者未定　出版日期未定
77.**真假如來藏**—對印順《如來藏之研究》謬說之平議　作者未定 出版日期未定
78.**大乘道次第**　作者未定　出版日期未定　書價未定
79.**四緣**—依如來藏故有四緣。　作者未定　出版日期未定
80.**空之探究**—印順《空之探究》謬誤之平議　作者未定 出版日期未定
81.**十法義**—論阿含經中十法之正義　作者未定　出版日期未定
82.**外道見**—論述外道六十二見　作者未定　出版日期未定

正智出版社有限公司書籍介紹

禪淨圓融：言淨土諸祖所未曾言，示諸宗祖師所未曾示；禪淨圓融，另闢成佛捷徑，兼顧自力他力，闡釋淨土門之速行易行道，亦同時揭櫫聖教門之速行易行道；令廣大淨土行者得免緩行難證之苦，亦令聖道門行者得以藉著淨土速行道而加快成佛之時劫。乃前無古人之超勝見地，非一般弘揚禪淨法門典籍也，先讀爲快。平實導師著 200元。

宗門正眼—**公案拈提**第一輯：繼承克勤圜悟大師碧巖錄宗旨之禪門鉅作。先則舉示當代大法師之邪說，消弭當代禪門大師鄉愿之心態，摧破當今禪門「世俗禪」之妄談；次則旁通教法，表顯宗門正理；繼以道之次第，消弭古今狂禪；後藉言語及文字機鋒，直示宗門入處。悲智雙運，禪味十足，數百年來難得一睹之禪門鉅著也。平實導師著 500元（原初版書《禪門摩尼寶聚》，改版後補充爲五百餘頁新書，總計多達二十四萬字，內容更精彩，並改名爲《宗門正眼》，讀者原購初版《禪門摩尼寶聚》皆可寄回本公司免費換新，免附回郵，亦無截止期限）（2007年起，凡購買公案拈提第一輯至第七輯，每購一輯皆贈送本公司精製公案拈提〈超意境〉CD一片，市售價格280元，多購多贈）。

宗門正義—公案拈提第六輯：佛教有六大危機，乃是藏密化、世俗化、膚淺化、學術化、宗門密意失傳、悟後進修諸地之次第混淆；其中尤以宗門密意之失傳，爲當代佛教最大之危機。由宗門密意失傳故，易令世尊本懷普被錯解，易令世尊正法被轉易爲外道法，以及加以淺化、世俗化，是故宗門密意之廣泛弘傳與具緣佛弟子，極爲重要。然而欲令宗門密意之廣泛弘傳予具緣之佛弟子者，必須同時配合錯誤知見之解析、普令佛弟子知之，然後輔以公案解析之直示入處，方能令具緣之佛弟子悟入。而此二者，皆須以公案拈提之方式爲之，方易成其功、竟其業，是故平實導師續作宗門正義一書，以利學人。全書500餘頁，售價500元（2007年起，凡購買公案拈提第一輯至第七輯，每購一輯皆贈送本公司精製公案拈提〈超意境〉CD一片，市售價格280元，多購多贈）。

心經密意—心經與解脫道、佛菩提道、祖師公案之關係與密意。二乘菩提所證之解脫道，實依第八識心之斷除煩惱障現行而立解脫之名；大乘菩提所證之佛菩提道，實依親證第八識如來藏之涅槃性、清淨自性、及其中道性而立般若之名；禪宗祖師公案所證之眞心，即是此第八識如來藏；是故三乘佛法所修所證之三乘菩提，皆依此如來藏心而立名也。此第八識心，即是《心經》所說之心也。證得此如來藏已，即能漸入大乘佛菩提道，亦可因證知此心而了知二乘無學所不能知之無餘涅槃本際，是故《心經》之密意，與三乘佛菩提之關係極爲密切、不可分割，三乘佛法皆依此心而立名故。今者平實導師以其所證解脫道之無生智及佛菩提之般若種智，將《心經》與解脫道、佛菩提道、祖師公案之關係與密意，以演講之方式，用淺顯之語句和盤托出，發前人所未言，呈三乘菩提之眞義，令人藉此《心經密意》一舉而窺三乘菩提之堂奧，迴異諸方言不及義之說；欲求眞實佛智者、不可不讀！主文317頁，連同跋文及序文…等共384頁，售價300元。

宗門密意—**公案拈提**第七輯：佛教之世俗化，將導致學人以信仰作爲學佛，則將以感應及世間法之庇祐，作爲學佛之主要目標，不能了知學佛之主要目標爲親證三乘菩提。大乘菩提則以般若實相智慧爲主要修習目標，以二乘菩提解脫道爲附帶修習之標的；是故學習大乘法者，應以禪宗之證悟爲要務，能親入大乘菩提之實相般若智慧中故，般若實相智慧非二乘聖人所能知故。此書則以台灣世俗化佛教之三大法師，說法似是而非之實例，配合眞悟祖師之公案解析，提示證悟般若之關節，令學人易得悟入。平實導師著，全書五百餘頁，售價500元（2007年起，凡購買公案拈提第一輯至第七輯，每購一輯皆贈送本公司精製公案拈提〈超意境〉CD一片，市售價格280元，多購多贈）。

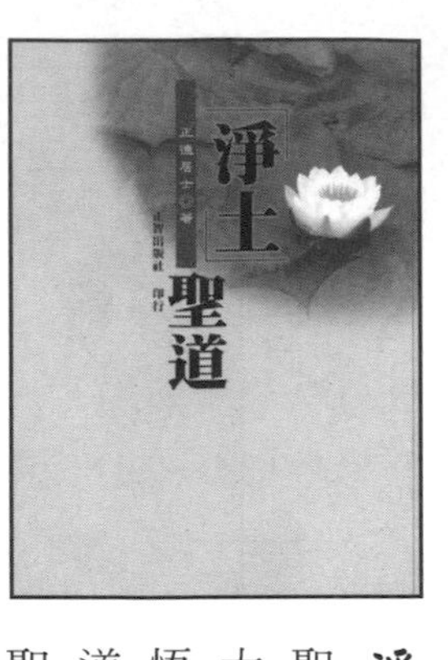

淨土聖道—兼評日本本願念佛：佛法甚深極廣，般若玄微，非諸二乘聖僧所能知之，一切凡夫更無論矣！所謂一切證量皆歸淨土是也！是故大乘法中「聖道之淨土、淨土之聖道」，其義甚深，難可了知；乃至眞悟之人，初心亦難知也。今有正德老師眞實證悟後，復能深探淨土與聖道之緊密關係，憐憫眾生之誤會淨土實義，亦欲利益廣大淨土行人同入聖道，同獲淨土中之聖道門要義，乃振奮心神、書以成文，今得刊行天下。主文279頁，連同序文等共301頁，總有十一萬六千餘字，正德老師著，成本價200元。

起信論講記：詳解大乘起信論**心生滅門**與**心眞如門**之眞實意旨，消除以往大師與學人對起信論所說**心生滅門**之誤解，由是而得了知眞心如來藏之非常非斷中道正理；亦因此一講解，令此論以往隱晦而被誤解之眞實義，得以如實顯示，令大乘佛菩提道之正理得以顯揚光大；初機學者亦可藉此正論所顯示之法義，對大乘法理生起正信，從此得以眞發菩提心，眞入大乘法中修學，世世常修菩薩正行。平實導師演述，共六輯，都已出版，每輯三百餘頁，售價250元。

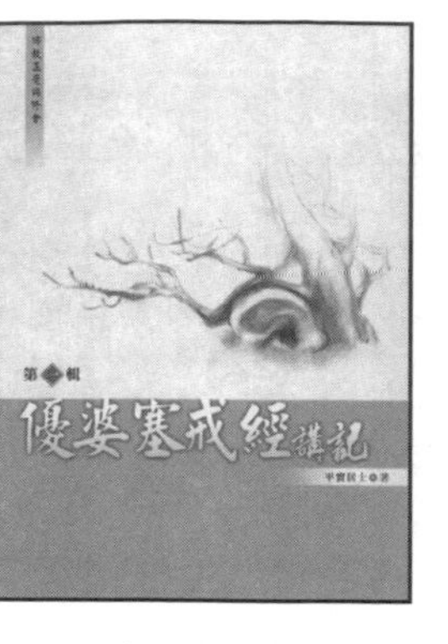

優婆塞戒經講記：本經詳述在家菩薩修學大乘佛法，應如何受持菩薩戒？對人間善行應如何看待？對三寶應如何護持？應如何正確地修集此世後世證法之福德？應如何修集後世「行菩薩道之資糧」？並詳述第一義諦之正義：五蘊非我非異我、自作自受、異作異受、不作不受……等深妙法義，乃是修學大乘佛法、行菩薩行之在家菩薩所應當了知者。出家菩薩今世或未來世登地已，捨報之後多數將如華嚴經中諸大菩薩，以在家菩薩身而修行菩薩行，故亦應以此經所述正理而修之，配合《楞伽經、解深密經、楞嚴經、華嚴經》等道次第正理，方得漸次成就佛道；故此經是一切大乘行者皆應證知之正法。平實導師講述，每輯三百餘頁，售價各250元；共八輯，已全部出版。

真假活佛—略論附佛外道盧勝彥之邪說：人人身中都有眞活佛，永生不滅而有大神用，但眾生都不了知，所以常被身外的西藏密宗假活佛籠罩欺瞞。本來就眞實存在的眞活佛，才是眞正的密宗無上密！諾那活佛因此而說禪宗是大密宗，但藏密的所有活佛都不知道、也不曾實證自身中的眞活佛。本書詳實宣示眞活佛的道理，舉證盧勝彥的「佛法」不是眞佛法，也顯示盧勝彥是假活佛，直接的闡釋第一義佛法見道的眞實正理。眞佛宗的所有上師與學人們，都應該詳細閱讀，包括盧勝彥個人在內。正犀居士著，優惠價140元。

阿含正義—唯識學探源：廣說四大部《阿含經》諸經中隱說之眞正義理，一一舉示佛陀本懷，令阿含時期初轉法輪根本經典之眞義，如實顯現於佛子眼前。並提示末法大師對於阿含眞義誤解之實例，一一比對之，證實唯識增上慧學確於原始佛法之阿含諸經中已隱覆密意而略說之，證實 世尊確於原始佛法中已曾密意而說第八識如來藏之總相；亦證實 世尊在四阿含中已說此藏識是名色十八界之因、之本—證明如來藏是能生萬法之根本心。佛子可據此修正以往受諸大師（譬如西藏密宗應成派中觀師：印順、昭慧、性廣、大願、達賴、宗喀巴、寂天、月稱、……等人）誤導之邪見，建立正見，轉入正道乃至親證初果而無困難；書中並詳說三果所證的**心解脫**，以及四果**慧解脫**的親證，都是如實可行的具體知見與行門。全書共七輯，已出版完畢。平實導師著，每輯三百餘頁，售價300元。

超意境CD：以平實導師公案拈提書中超越意境之頌詞，加上曲風優美的旋律，錄成令人嚮往的超意境歌曲，其中包括正覺發願文及平實導師親自譜成的黃梅調歌曲一首。詞曲雋永，殊堪翫味，可供學禪者吟詠，有助於見道。內附設計精美的彩色小冊，解說每一首詞的背景本事。每片280元。【每購買公案拈提書籍一冊，即贈送一片。】

鈍鳥與靈龜：鈍鳥及靈龜二物，被宗門證悟者說爲二種人：前者是精修禪定而無智慧者，也是以定爲禪的愚癡禪人；後者是或有禪定、或無禪定的宗門證悟者，凡已證悟者皆是靈龜。但後來被人虛造事實，用以嘲笑大慧宗杲禪師，說他雖是靈龜，卻不免被天童禪師預記「患背」痛苦而亡：「鈍鳥離巢易，靈龜脫殼難。」藉以貶低大慧宗杲的證量。同時將天童禪師實證如來藏的證量，曲解爲意識境界的離念靈知。自從大慧禪師入滅以後，錯悟凡夫對他的不實毀謗就一直存在著，不曾止息，並且捏造的假事實也隨著年月的增加而越來越多，終至編成「鈍鳥與靈龜」的假公案、假故事。本書是考證大慧與天童之間的不朽情誼，顯現這件假公案的虛妄不實；更見大慧宗杲面對惡勢力時的正直不阿，亦顯示大慧對天童禪師的至情深義，將使後人對大慧宗杲的誣謗至此而止，不再有人誤犯毀謗賢聖的惡業。書中亦舉證宗門的所悟確以第八識如來藏爲標的，詳讀之後必可改正以前被錯悟大師誤導的參禪知見，日後必定有助於實證禪宗的開悟境界，得階大乘眞見道位中，即是實證般若之賢聖。全書459頁，售價350元。

我的菩提路第一輯：凡夫及二乘聖人不能實證的佛菩提證悟，末法時代的今天仍然有人能得實證，由正覺同修會釋悟圓、釋善藏法師等二十餘位實證如來藏者所寫的見道報告，已爲當代學人見證宗門正法之絲縷不絕，證明大乘義學的法脈仍然存在，爲末法時代求悟般若之學人照耀出光明的坦途。由二十餘位大乘見道者所繕，敘述各種不同的學法、見道因緣與過程，參禪求悟者必讀。全書三百餘頁，售價300元。

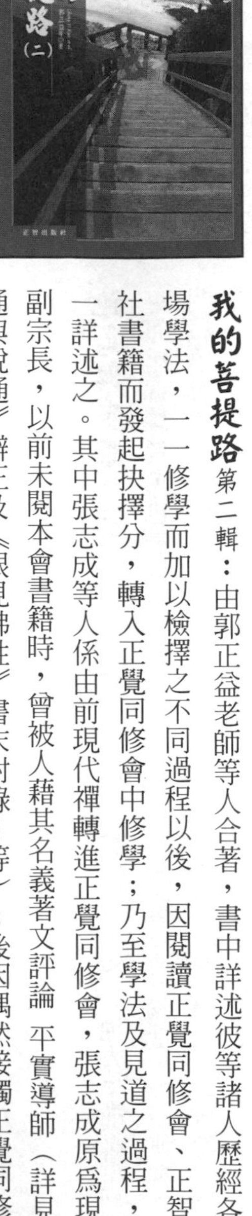

我的菩提路第二輯：由郭正益老師等人合著，書中詳述彼等諸人歷經各處道場學法，一一修學而加以檢擇之不同過程以後，因閱讀正覺同修會、正智出版社書籍而發起抉擇分，轉入正覺同修會中修學；乃至學法及見道之過程，都一一詳述之。其中張志成等人係由前現代禪轉進正覺同修會，張志成原爲現代禪副宗長，以前未閱本會書籍時，曾被人藉其名義著文評論 平實導師（詳見《宗通與說通》辨正及《眼見佛性》書末附錄…等）；後因偶然接觸正覺同修會書籍，深覺以前聽人評論平實導師之語不實，於是投入極多時間閱讀本會書籍、深入思辨，詳細探索中觀與唯識之關聯與異同，認爲正覺之法義方是正法，深覺相應；亦解開多年來對佛法的迷雲，確定應依八識論正理修學方是正法。乃不顧面子，毅然前往正覺同修會面見平實導師懺悔，並正式學法求悟。今已與其同修王美伶（亦爲前現代禪傳法老師），同樣證悟如來藏而證得法界實相，生起實相般若眞智。此書中尚有七年來本會第一位眼見佛性者之見性報告一篇，一同供養大乘佛弟子。全書共四百頁，售價300元。

維摩詰經講記：本經係 世尊在世時，由等覺菩薩維摩詰居士藉疾病而演說之大乘菩提無上妙義，所說函蓋甚廣，然極簡略，是故今時諸方大師與學人讀之悉皆錯解，何況能知其中隱含之深妙正義，是故普遍無法爲人解說；若強爲人說，則成依文解義而有諸多過失。今由平實導師公開宣講之後，詳實解釋其中密意，令維摩詰菩薩所說大乘不可思議解脫之深妙正法得以正確宣流於人間，利益當代學人及與諸方大師。書中詳實演述大乘佛法深妙不共二乘之智慧境界，顯示諸法之中絕待之實相境界，建立大乘菩薩妙道於永遠不敗不壞之地，以此成就護法偉功，欲冀永利娑婆人天。已經宣講圓滿整理成書流通，以利諸方大師及諸學人。全書共六輯，每輯三百餘頁，售價各250元。

真假外道：本書具體舉證佛門中的常見外道知見實例，並加以教證及理證上的辨正，幫助讀者輕鬆而快速的了知常見外道的錯誤知見，進而遠離佛門內外的常見外道知見，因此即能改正修學方向而快速實證佛法。游正光老師著。成本價200元。

勝鬘經講記：如來藏為三乘菩提之所依，若離如來藏心體及其含藏之一切種子，即無三界有情及一切世間法，亦無二乘菩提緣起性空之出世間法；本經詳說無始無明、一念無明皆依如來藏而有之正理，藉著詳解煩惱障與所知障間之關係，令學人深入了知二乘菩提與佛菩提相異之妙理；聞後即可了知佛菩提之特勝處及三乘修道之方向與原理，邁向攝受正法而速成佛道的境界中。平實導師講述，共六輯，每輯三百餘頁，售價各250元。

楞嚴經講記：楞嚴經係密教部之重要經典，亦是顯教中普受重視之經典；經中宣說明心與見性之內涵極為詳細，將一切法都會歸如來藏及佛性—妙真如性；亦闡釋佛菩提道修學過程中之種種魔境，以及外道誤會涅槃之狀況，旁及三界世間之起源。然因言句深澀難解，法義亦復深妙寬廣，學人讀之普難通達，是故讀者大多誤會，不能如實理解佛所說之明心與見性內涵，亦因是故多有悟錯之人引為開悟之證言，成就大妄語罪。今由平實導師詳細講解之後，整理成文，以易讀易懂之語體文刊行天下，以利學人。全書十五輯，全部出版完畢。每輯三百餘頁，售價每輯300元。

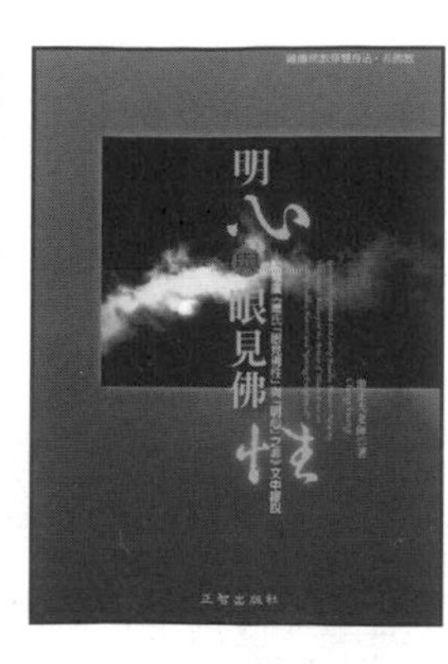

明心與眼見佛性：本書細述明心與眼見佛性之異同，同時顯示了中國禪宗破初參明心與重關眼見佛性二關之間的關聯；書中又藉法義辨正而旁述其他許多勝妙法義，讀後必能遠離佛門長久以來積非成是的錯誤知見，令讀者在佛法的實證上有極大助益。也藉慧廣法師的謬論來教導佛門學人回歸正知正見，遠離古今禪門錯悟者所墮的意識境界，非唯有助於斷我見，也對未來的開悟明心實證第八識如來藏有所助益，是故學禪者都應細讀之。游正光老師著　共448頁　售價300元。

菩薩底憂鬱CD將菩薩情懷及禪宗公案寫成新詞，並製作成超越意境的優美歌曲。1.主題曲〈菩薩底憂鬱〉，描述地後菩薩能離三界生死而迴向繼續生在人間，但因尚未斷盡習氣種子而有極深沈之憂鬱，非三賢位菩薩及二乘聖者所知，此憂鬱在七地滿心位方才斷盡；本曲之詞中所說義理極深，昔來所未曾見；此曲係以優美的情歌風格寫詞及作曲，聞者得以激發嚮往諸地菩薩境界之大心，詞、曲都非常優美，難得一見；其中勝妙義理之解說，已印在附贈之彩色小冊中。2.以各輯公案拈提中直示禪門入處之頌文，作成各種不同曲風之超意境歌曲，值得玩味、參究；聆聽公案拈提之優美歌曲時，請同時閱讀內附之印刷精美說明小冊，可以領會超越三界的證悟境界；未悟者可以因此引發求悟之意向及疑情，眞發菩提心而邁向求悟之途，乃至因此眞實悟入般若，成眞菩薩。3.正覺總持咒新曲，總持佛法大意；總持咒之義理，已加以解說並印在隨附之小冊中。本CD共有十首歌曲，長達63分鐘，附贈二張購書優惠券。每片280元。

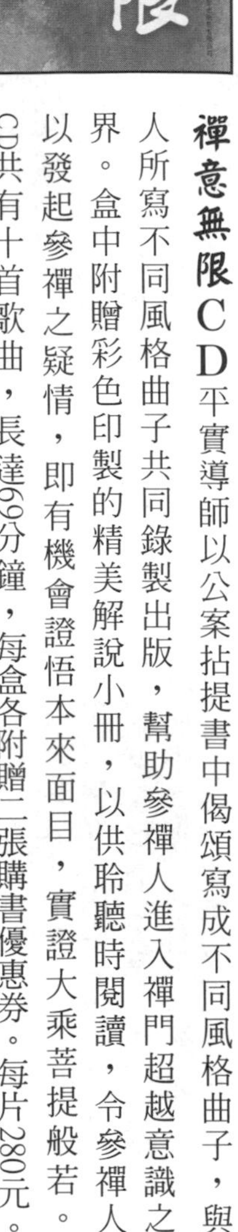

禪意無限CD平實導師以公案拈提書中偈頌寫成不同風格曲子，與他人所寫不同風格曲子共同錄製出版，幫助參禪人進入禪門超越意識之境界。盒中附贈彩色印製的精美解說小冊，以供聆聽時閱讀，令參禪人得以發起參禪之疑情，即有機會證悟本來面目，實證大乘菩提般若。本CD共有十首歌曲，長達69分鐘，每盒各附贈二張購書優惠券。每片280元。

金剛經宗通：三界唯心，萬法唯識，是成佛之修證內容，是諸地菩薩之所修；般若則是成佛之道（實證三界唯心、萬法唯識）的入門，若未證悟實相般若，即無成佛之可能，必將永在外門廣行菩薩六度，永在凡夫位中。然而實相般若的發起，全賴實證萬法的實相；若欲證知萬法的眞相，則必須探究萬法之所從來，則須實證自心如來—金剛心如來藏，然後現觀這個金剛心的金剛性、眞實性、如如性、清淨性、涅槃性、能生萬法的自性性、本住性，名爲證眞如；進而現觀三界六道唯是此金剛心所成，人間萬法須藉八識心王和合運作方能現起。如是實證《華嚴經》的「三界唯心、萬法唯識」以後，由此等現觀而發起實相般若智慧，繼續進修第十住位的如幻觀、第十行位的陽焰觀、第十迴向位的如夢觀，再生起增上意樂而勇發十無盡願，方能滿足三賢位的實證，轉入初地；自知成佛之道而無偏倚，從此按部就班、次第進修乃至成佛。第八識自心如來是般若智慧之所依，般若智慧的修證則要從實證金剛心自心如來開始；《金剛經》則是解說自心如來之經典，是一切三賢位菩薩所應進修之實相般若經典。這一套書，是將平實導師宣講的《金剛經宗通》內容，整理成文字而流通之；書中所說義理，迴異古今諸家依文解義之說，指出大乘見道方向與理路，有益於禪宗學人求開悟見道，及轉入內門廣修六度萬行。講述完畢後結集出版，總共9輯，每輯約三百餘頁，售價各250元。

空行母——性別、身分定位，以及藏傳佛教：本書作者爲蘇格蘭哲學家，因爲嚮往佛教深妙的哲學內涵，於是進入當年盛行於歐美的假藏傳佛教密宗，擔任卡盧仁波切的翻譯工作多年以後，被邀請成爲卡盧的空行母（又名佛母、明妃），開始了她在密宗裡的實修過程；後來發覺在密宗雙身法中的修行，其實無法使自己成佛，也發覺密宗對女性岐視而處處貶抑，並剝奪女性在雙身法中擔任一半角色時應有的身分定位。當她發覺自己只是雙身法中被喇嘛利用的工具，沒有獲得絲毫應有的尊重與基本定位時，發現了密宗的父權社會控制女性的本質；於是作者傷心地離開了卡盧仁波切與密宗，但是卻被恐嚇不許講出她在密宗裡的經歷，也不許她說出自己對密宗的教義與教制下對女性剝削的本質，否則將被咒殺死亡。後來她去加拿大定居，十餘年後方才擺脫這個恐嚇陰影，下定決心將親身經歷的實情及觀察到的事實寫下來並且出版，公諸於世。出版之後，她被流亡的達賴集團人士大力攻訐，誣指她爲精神狀態失常、說謊……等。但有智之士並未被達賴集團的政治操作及各國政府政治運作吹捧達賴的表相所欺，使她的書銷售無阻而又再版。正智出版社鑑於作者此書是親身經歷的事實，所說具有針對「**藏傳佛教**」而作學術研究的價值，也有使人認清假藏傳佛教剝削佛母、明妃的男性本位實質，因此洽請作者同意中譯而出版於華人地區。珍妮·坎貝爾女士著，呂艾倫 中譯，每冊250元。

霧峰無霧——給哥哥的信：本書作者藉兄弟之間信件往來論義，略述佛法大義；並以多篇短文辨義，舉出釋印順對佛法的無量誤解證據，並一一給予簡單而清晰的辨正，令人一讀即知。久讀、多讀之後即能認清楚釋印順的六識論見解，與眞實佛法之牴觸是多麼嚴重；於是在久讀、多讀之後，於不知不覺之間提升了對佛法的極深入理解，正知正見就在不知不覺間建立起來了。當三乘佛法的正知見建立起來之後，對於三乘菩提的見道條件便將隨之具足，於是聲聞解脫道的見道也就水到渠成；接著大乘見道的因緣也將次第成熟，未來自然也會有親見大乘菩提之道的因緣，悟入大乘實相般若也將自然成功，自能通達般若系列諸經而成實義菩薩。作者居住於南投縣霧峰鄉，自喻見道之後不復再見霧峰之霧，故鄉原野美景一一明見，於是立此書名爲《霧峰無霧》；讀者若欲撥霧見月，可以此書爲緣。游宗明 老師著　售價250元。

假藏傳佛教的神話—性、謊言、喇嘛教：本書編著者是由一首名叫「阿姊鼓」的歌曲爲緣起，展開了序幕，揭開假藏傳佛教—喇嘛教—的神祕面紗。其重點是蒐集、摘錄網路上質疑「喇嘛教」的帖子，以揭穿「假藏傳佛教的神話」爲主題，串聯成書，並附加彩色插圖以及說明，讓讀者們瞭解西藏密宗及相關人事如何被操作爲「神話」的過程，以及神話背後的眞相。作者：張正玄教授。售價200元。

達賴真面目—玩盡天下女人：假使您不想戴綠帽子，請記得詳細閱讀此書；假使您不想讓好朋友戴綠帽子，請您將此書介紹給您的好朋友。假使您想保護家中的女性，也想要保護好朋友的女眷，請記得將此書送給家中的女性和好友的女眷都來閱讀。本書爲印刷精美的大本彩色中英對照精裝本，爲您揭開達賴喇嘛的眞面目，內容精彩不容錯過，爲利益社會大眾，特別以優惠價格嘉惠所有讀者。編著者：白志偉等。大開版雪銅紙彩色精裝本。售價800元。

喇嘛性世界—揭開假藏傳佛教譚崔瑜伽的面紗：這個世界中的喇嘛，號稱來自世外桃源的香格里拉，穿著或紅或黃的喇嘛長袍，散布於我們的身邊傳教灌頂，吸引了無數的人嚮往學習；這些喇嘛虔誠地爲大眾祈福，手中拿著寶杵（金剛）與寶鈴（蓮花），口中唸著咒語：「唵．嘛呢．叭咪．吽……」，咒語的意思是說：「我至誠歸命金剛杵上的寶珠伸向蓮花寶穴之中」！「喇嘛性世界」是什麼樣的「世界」呢？本書將爲您呈現喇嘛世界的面貌。當您發現眞相以後，您將會唸：「噢！喇嘛．性．世界，譚崔性交嘛！」作者：張善思、呂艾倫。售價200元。

末代達賴——性交教主的悲歌：簡介從藏傳僞佛教（喇嘛教）的修行核心——性力派男女雙修，探討達賴喇嘛及藏傳僞佛教的修行內涵。書中引用外國知名學者著作、世界各地新聞報導，包含：歷代達賴喇嘛的祕史、達賴六世修雙身法的事蹟，以及《時輪續》中的性交灌頂儀式……等；達賴喇嘛書中開示的雙修法、達賴喇嘛的黑暗政治手段；達賴喇嘛所領導的寺院爆發喇嘛性侵兒童；新聞報導《西藏生死書》作者索甲仁波切性侵女信徒、澳洲喇嘛秋達公開道歉、美國最大假藏傳佛教組織領導人邱陽創巴仁波切的性氾濫；等等事件背後眞相的揭露。作者：張善思、呂艾倫、辛燕。售價250元。

第七意識與第八意識？——穿越時空「超意識」：「三界唯心，萬法唯識」是佛教中應該實證的聖教，也是《華嚴經》中明載而可以實證的法界實相。唯心者，三界一切境界、一切諸法唯是一心所成就，即是每一個有情的第八識如來藏，不是意識心。唯識者，即是人類各各都具足的八識心王——眼識、耳鼻舌身意識、意根、阿賴耶識，第八阿賴耶識又名如來藏，人類五陰相應的萬法，莫不由八識心王共同運作而成就，故說萬法唯識。依聖教量及現量、比量，都可以證明意識是二法因緣生，是由第八識藉意根與法塵二法爲因緣而出生，又是夜夜斷滅不存之生滅心，即無可能反過來出生第七識意根、第八識如來藏，當知不可能從生滅性的意識心中，細分出恆審思量的第七識意根，更無可能細分出恆而不審的第八識如來藏。本書是將演講內容整理成文字，細說如是內容，並已在〈正覺電子報〉連載完畢，今彙集成書以廣流通，欲幫助佛門有緣人斷除意識我見，跳脫於識陰之外而取證聲聞初果；嗣後修學禪宗時即得不墮外道神我之中，得以求證第八識金剛心而發起般若實智。平實導師 述，每冊300元。

黯淡的達賴—失去光彩的諾貝爾和平獎：本書舉出很多證據與論述，詳述達賴喇嘛不爲世人所知的一面，顯示達賴喇嘛並不是眞正的和平使者，而是假借諾貝爾和平獎的光環來欺騙世人；透過本書的說明與舉證，讀者可以更清楚的瞭解，達賴喇嘛是結合暴力、黑暗、淫欲於喇嘛教裡的集團首領，其政治行爲與宗教主張，早已讓諾貝爾和平獎的光環染污了。本書由財團法人正覺教育基金會寫作、編輯，由正覺出版社印行，每冊250元。

童女迦葉考—論呂凱文〈佛教輪迴思想的論述分析〉之謬：童女迦葉是佛世率領五百大比丘遊行於人間的歷史事實，是以童貞行而依止菩薩戒弘化於人間的大菩薩，不依別解脫戒（聲聞戒）來弘化於人間。這是大乘佛教與聲聞佛教同時存在於佛世的歷史明證，證明大乘佛教不是從聲聞法中分裂出來的部派佛教的產物，卻是聲聞佛教分裂出來的部派佛教聲聞凡夫僧所不樂見的史實；於是古今聲聞法中的凡夫都欲加以扭曲而作詭說，更是末法時代高聲大呼「大乘非佛說」的六識論聲聞凡夫極力想要扭曲的佛教史實之一，於是想方設法扭曲迦葉菩薩爲聲聞僧，以及扭曲迦葉童女爲比丘僧等荒謬不實之論著便陸續出現，古時聲聞僧寫作的《分別功德論》是最具體之事例，現代之代表作則是呂凱文先生的〈佛教輪迴思想的論述分析〉論文。鑑於如是假藉學術考證以籠罩大眾之不實謬論，未來仍將繼續造作及流竄於佛教界，繼續扼殺大乘佛教學人法身慧命，必須舉證辨正之，遂成此書。平實導師 著，每冊180元。

人間佛教—實證者必定不悖三乘菩提：「大乘非佛說」的講法似乎流傳已久，卻只是日本人企圖擺脫中國正統佛教的影響，而在明治維新時期才開始提出來的說法；台灣佛教、大陸佛教的淺學無智之人，由於未曾實證佛法而迷信日本人錯誤的學術考證，錯認爲這些別有用心的日本佛學考證的講法爲天竺佛教的眞實歷史；甚至還有更激進的反對佛教者提出「釋迦牟尼佛並非眞實存在，只是後人捏造的假歷史人物」，竟然也有少數人願意跟著「學術」的假光環而信受不疑，於是開始有一些佛教界人士造作了反對中國佛教而推崇南洋小乘佛教的行爲，使佛教的信仰者難以檢擇，導致一般大陸人士開始轉入基督教的盲目迷信中。在這些佛教及外教人士之中，也就有一分人根據此邪說而大聲主張「大乘非佛說」的謬論，這些人以「人間佛教」的名義來抵制中國正統佛教，公然宣稱中國的大乘佛教是由聲聞部派佛教的凡夫僧所創造出來的。這樣的說法流傳於台灣及大陸佛教界凡夫僧之中已久，卻非眞正的佛教歷史中曾經發生過的事，只是繼承六識論的聲聞法中凡夫僧依自己的意識境界立場，純憑臆想而編造出來的妄想說法，卻已經影響許多無智之凡夫僧俗信受不移。本書則是從佛教的經藏法義實質及實證的現量內涵本質立論，證明大乘佛法本是佛說，是從《阿含正義》尚未說過的不同面向來討論「人間佛教」的議題，證明「大乘眞佛說」。閱讀本書可以斷除六識論邪見，迴入三乘菩提正道發起實證的因緣；也能斷除禪宗學人學禪時普遍存在之錯誤知見，對於建立參禪時的正知見有很深的著墨。平實導師 述，內文488頁，全書528頁，定價400元。

見性與看話頭：黃正倖老師的《見性與看話頭》於《正覺電子報》連載完畢，今集結出版。書中詳說禪宗看話頭的詳細方法，並細說看話頭與眼見佛性的關係，以及眼見佛性者求見佛性前必須具備的條件。本書是禪宗實修者追求明心開悟時參禪的方法書，也是求見佛性者作功夫時必讀的方法書，內容兼顧眼見佛性的理論與實修之方法，是依實修之體驗配合理論而詳述，條理分明而且極爲詳實、周全、深入。本書內文375頁，全書416頁，售價300元。

中觀金鑑——詳述應成派中觀的起源與其破法本質：學佛人往往迷於中觀學派之不同學說，被應成派與自續派所迷惑；修學般若中觀二十年後自以爲實證般若中觀了，卻仍不曾入門，甫聞實證般若中觀者之所說，則茫無所知，迷惑不解；隨後信心盡失，不知如何實證佛法；凡此，皆因惑於這二派中觀學說所致。自續派中觀所說同於常見，以意識境界立爲第八識如來藏之境界，應成派所說則同於斷見，但又同立意識爲常住法，故亦具足斷常二見。今者孫正德老師有鑑於此，乃將起源於密宗的應成派中觀學說，追本溯源，詳考其來源之外，亦一一舉證其立論內容，詳加辨正，令密宗雙身法祖師以識陰境界而造之應成派中觀學說本質，詳細呈現於學人眼前，令其維護雙身法之目的無所遁形。若欲遠離密宗此二大派中觀謬說，欲於三乘菩提有所進道者，允宜具足閱讀並細加思惟，反覆讀之以後將可捨棄邪道返歸正道，則於般若之實證即有可能，證後自能現觀如來藏之中道境界而成就中觀。本書分上、中、下三冊，每冊250元，已全部出版完畢。

真心告訴您(一)——達賴喇嘛在幹什麼？這是一本報導篇章的選集，更是「破邪顯正」的暮鼓晨鐘。「破邪」是戳破假象，說明達賴喇嘛及其所率領的密宗四大派法王、喇嘛們，弘傳的佛法是仿冒的佛法；他們是假藏傳佛教，是坦特羅(譚崔性交)外道法和藏地崇奉鬼神的苯教混合成的「喇嘛教」，推廣的是以所謂「無上瑜伽」的男女雙身法冒充佛法的假佛教，詐財騙色誤導眾生，常常造成信徒家庭破碎、家中兒少失怙的嚴重後果。「顯正」是揭櫫眞相，指出眞正的藏傳佛教只有一個，就是覺囊巴，傳的是 釋迦牟尼佛演繹的第八識如來藏妙法，稱爲他空見大中觀。正覺教育基金會即以此古今輝映的如來藏正法正知見，在眞心新聞網中逐次報導出來，將箇中原委「眞心告訴您」，如今結集成書，與想要知道密宗眞相的您分享。售價250元。

實相經宗通：學佛之目的在於實證一切法界背後之實相，禪宗稱之爲本來面目或本地風光，佛菩提道中稱之爲實相法界；此實相法界即是金剛藏，又名佛法之祕密藏，即是能生有情五陰、十八界及宇宙萬有（山河大地、諸天、三惡道世間）的第八識如來藏，又名阿賴耶識心，即是禪宗祖師所說的眞如心，此心即是三界萬有背後的實相。證得此第八識心時，自能瞭解般若諸經中隱說的種種密意，即得發起實相般若——實相智慧。每見學佛人修學佛法二十年後仍對實相般若茫然無知，亦不知如何入門，茫無所趣；更因不知三乘菩提的互異互同，是故越是久學者對佛法越覺茫然，都肇因於尚未瞭解佛法的全貌，亦未瞭解佛法的修證內容即是第八識心所致。本書對於修學佛法者所應實證的實相境界提出明確解析，並提示趣入佛菩提道的入手處，有心親證實相般若的佛法實修者，宜詳讀之，於佛菩提道之實證即有下手處。平實導師述著，共八輯，全部出版完畢，每輯成本價250元。

法華經講義：此書爲平實導師始從2009/7/21演述至2014/1/14之講經錄音整理所成。世尊一代時教，總分五時三教，即是華嚴時、聲聞緣覺教、般若教、種智唯識教、法華時；依此五時三教區分爲藏、通、別、圓四教。本經是最後一時的圓教經典，圓滿收攝一切法教於本經中，是故最後的圓教聖訓中，特地指出無有三乘菩提，其實唯有一佛乘；皆因眾生愚迷故，方便區分爲三乘菩提以助眾生證道。世尊於此經中特地說明如來示現於人間的唯一大事因緣，便是爲有緣眾生「開、示、悟、入」諸佛的所知所見——第八識如來藏妙眞如心，並於諸品中隱說「妙法蓮花」如來藏心的密意。然因此經所說甚深難解，眞義隱晦，古來難得有人能窺堂奧；平實導師以知如是密意故，特爲末法佛門四眾演述《妙法蓮華經》中各品蘊含之密意，使古來未曾被古德註解出來的「此經」密意，如實顯示於當代學人眼前。乃至〈藥王菩薩本事品〉、〈妙音菩薩品〉、〈觀世音菩薩普門品〉、〈普賢菩薩勸發品〉中的微細密意，亦皆一併詳述之，開前人所未曾言之密意，示前人所未見之妙法。最後乃至以〈法華大意〉而總其成，全經妙旨貫通始終，而依佛旨圓攝於一心如來藏妙心，厥爲曠古未有之大說也。平實導師述　已於2015/5/31起出版第一輯，每兩個月出版一輯，共有25輯。每輯300元。

西藏「活佛轉世」制度—附佛、造神、世俗法：歷來關於喇嘛教活佛轉世的研究，多針對歷史及文化兩部分，於其所以成立的理論基礎，較少系統化的探討。尤其是此制度是否依據「佛法」而施設？是否合乎佛法眞實義？現有的文獻大多含糊其詞，或人云亦云，不曾有明確的闡釋與如實的見解。因此本文先從活佛轉世的由來，探索此制度的起源、背景與功能，並進而從活佛的尋訪與認證之過程，發掘活佛轉世的特徵，以確認「活佛轉世」在佛法中應具足何種果德。定價150元。

真心告訴您(二)—達賴喇嘛是佛教僧侶嗎？補祝達賴喇嘛八十大壽：這是一本針對當今達賴喇嘛所領導的喇嘛教，冒用佛教名相、於師徒間或師兄姊間，實修男女邪淫，而從佛法三乘菩提的現量與聖教量，揭發其謊言與邪術，證明達賴及其喇嘛教是仿冒佛教的外道，是「假藏傳佛教」。藏密四大派教義雖有「八識論」與「六識論」的表面差異，然其實修之內容，皆共許「無上瑜伽」四部灌頂爲究竟「成佛」之法門，也就是共以男女雙修之邪淫法爲「即身成佛」之密要，雖美其名曰「欲貪爲道」之「金剛乘」，並誇稱其成就超越於（應身佛）釋迦牟尼佛所傳之顯教般若乘之上；然詳考其理論，則或以意識離念時之粗細心爲第八識如來藏，或以中脈裡的明點爲第八識如來藏，或如宗喀巴與達賴堅決主張第六意識爲常恆不變之眞心者，分別墮於外道之常見與斷見中；全然違背　佛說能生五蘊之如來藏的實質。售價300元。

修習止觀坐禪法要講記：修學四禪八定之人，往往錯會禪定之修學知見，欲以無止盡之坐禪而證禪定境界，卻不知修除性障之行門才是修證四禪八定不可或缺之要素，故智者大師云「性障初禪」；性障不除，初禪永不現前，云何修證二禪等？又：行者學定，若唯知數息，而不解六妙門之方便善巧者，欲求一心入定，極難可得，智者大師名之爲「事障未來」：障礙未到地定之修證。又禪定之修證，不可違背二乘菩提及第一義法，否則縱使具足四禪八定，亦不能實證涅槃而出三界。此諸知見，智者大師於《修習止觀坐禪法要》中皆有闡釋。作者平實導師以其第一義之見地及禪定之實證證量，曾加以詳細解析。將俟正覺寺竣工啓用後重講，不限制聽講者資格；講後將以語體文整理出版。欲修習世間定及增上定之學者，宜細讀之。平實導師述著。

解深密經講記：本經係 世尊晚年第三轉法輪，宣說地上菩薩所應熏修之唯識正義經典，經中所說義理乃是大乘一切種智增上慧學，以阿陀那識—如來藏—阿賴耶識爲主體。禪宗之證悟者，若欲修證初地無生法忍乃至八地無生法忍者，必須修學《楞伽經、解深密經》所說之八識心王一切種智；此二經所說正法，方是眞正成佛之道；印順法師否定如來藏之後所說萬法緣起性空之法，是以誤會後之二乘解脫道取代大乘眞正成佛之道，亦已墮於斷滅見中，不可謂爲成佛之道也。平實導師曾於本會郭故理事長往生時，於喪宅中從初七至第十七，宣講圓滿，作爲郭老之往生佛事功德，迴向郭老早證八地、速返娑婆住持正法；茲爲今時後世學人故，將擇期重講《解深密經》，以淺顯之語句講畢後將會整理成文，用供證悟者進道；亦令諸方未悟者，據此經中佛語正義，修正邪見，依之速能入道。平實導師述著，全書輯數未定，每輯三百餘頁，將於未來重講完畢後逐輯出版。

佛法入門：學佛人往往修學二十年後仍不知如何入門，茫無所入漫無方向，不知如何實證佛法；更因不知三乘菩提的互異互同之處，導致越是久學者越覺茫然，都是肇因於尚未瞭解佛法的全貌所致。本書對於佛法的全貌提出明確的輪廓，並說明三乘菩提的異同處，讀後即可輕易瞭解佛法全貌，數日內即可明瞭三乘菩提入門方向與下手處。○○菩薩著　出版日期未定。

阿含講記—**小乘解脫道之修證**：數百年來，南傳佛法所說證果之不實，所說解脫道之虛妄，所弘解脫道法義之世俗化，皆已少人知之；從南洋傳入台灣與大陸之後，所說法義虛謬之事，亦復少人知之；今時台灣全島印順系統之法師居士，多不知南傳佛法數百年來所說解脫道之義理已然偏斜、已然世俗化、已非眞正之二乘解脫正道，猶極力推崇與弘揚。彼等南傳佛法近代所謂之證果者多非眞實證果者，譬如阿迦曼、葛印卡、帕奧禪師、一行禪師……等人，悉皆未斷我見故。近年更有台灣南部大願法師，高抬南傳佛法之二乘修證行門為「捷徑究竟解脫之道」者，然而南傳佛法縱使眞修實證，得成阿羅漢，至高唯是二乘菩提解脫之道，絕非究竟解脫，無餘涅槃中之實際尚未得證故，法界之實相尚未了知故，習氣種子待除故，一切種智未實證故，焉得謂為「究竟解脫」？即使南傳佛法近代眞有實證之阿羅漢，尚且不及三賢位中之七住明心菩薩本來自性清淨涅槃智慧境界，不知此賢位菩薩所證之無餘涅槃實際，仍非大乘佛法中之見道者，何況普未實證聲聞果乃至未斷我見之人？謬充證果已屬逾越，更何況是誤會二乘菩提之後，以未斷我見之凡夫知見所說之二乘菩提解脫偏斜法道，焉可高抬為「究竟解脫」？而且自稱「捷徑之道」？又妄言解脫之道即是成佛之道，完全否定般若實智、否定三乘菩提所依之如來藏心體，此理大大不通也！平實導師為令修學二乘菩提欲證解脫果者，普得迴入二乘菩提正見、正道中，是故選錄四阿含諸經中，對於二乘解脫道法義有具足圓滿說明之經典，預定未來十年內將會加以詳細講解，令學佛人得以了知二乘解脫道之修證理路與行門，庶免被人誤導之後，未證言證，干犯道禁，成大妄語，欲升反墮。本書首重斷除我見，以助行者斷除我見而實證初果為著眼之目標，若能根據此書內容，配合平實老師所著《識蘊眞義》《阿含正義》內涵而作實地觀行，實證初果非為難事，行者可以藉此三書自行確認聲聞初果為實際可得現觀成就之事。此書中除依二乘經典所說加以宣示外，亦依斷除我見等之證量，及大乘法中道種智之證量，對於意識心之體性加以細述，令諸二乘學人必定得斷我見、常見，免除三縛結之繫縛。次則宣示斷除我執之理，欲令升進而得薄貪瞋痴，乃至斷五下分結…等。平實導師述，共二冊，每冊三百餘頁。每輯300元。

總經銷： 飛鴻 國際行銷股份有限公司

231 新北市新店市中正路 501 之 9 號 2 樓

Tel.02－82186688（五線代表號） Fax.02-82186458、82186459

零售：1.**全台連鎖經銷書局：**

三民書局、誠品書局、何嘉仁書店

敦煌書店、紀伊國屋、金石堂書局、建宏書局

2.**台北市：**佛化人生 羅斯福路 3 段 325 號 6 樓之 4 台電大樓對面

3.**新北市：**春大地書店 **蘆洲**中正路 117 號 明達書局 **三重**五華街 129 號

4.**桃園市縣：**誠品書局 **桃園市**中正路 20 號遠東百貨地下室一樓

金石堂 **桃園市**大同路 24 號 金石堂 **桃園**八德市介壽路 1 段 987 號

諾貝爾圖書城 **桃園市**中正路56號地下室 巧巧屋書局 **蘆竹**南崁路 263 號

墊腳石文化書店 **中壢市**中正路89號 來電書局 **大溪**慈湖路 30 號

御書堂 **龍潭**中正路 123 號

5.**新竹市縣：**大學書局 **新竹**建功路 10 號 誠品書局 **新竹**東區信義街 68 號

誠品書局 新竹東區中央路 229 號 5 樓 誠品書局 **新竹**東區力行二路 3 號

墊腳石文化書店 **新竹**中正路 38 號 金典文化 **竹北**中正西路 47 號

6.**苗栗市縣：**萬花筒書局 **苗栗市**府東路 73 號

7.**台中市：** **瑞成**書局、各大連鎖書店。

詠春書局 **台中市**永春東路 884 號 文春書局 **霧峰**中正路 1087 號

8.**彰化市縣：**心泉佛教流通處 **彰化市**南瑤路 286 號

員林鎮：墊腳石圖書文化廣場 中山路 2 段 49 號（04-8338485）

9.**台南市：**博大書局 **新營**三民路 128 號

藝美書局 **善化**中山路 436 號 宏欣書局 **佳里**光復路 214 號

10.**高雄市：**各大連鎖書店、**瑞成**書局

政大書城 **三民區**明仁路 161 號 政大書城 **苓雅區**光華路 148-83 號

明儀書局 **三民區**明福街 2 號 明儀書局 三多四路 63 號

青年書局 青年一路 141 號

11.**宜蘭縣市：**金隆書局 宜蘭市中山路 3 段 43 號

宋太太梅鋪 羅東鎮中正北路 101 號（039-534909）

12.**台東市：**東普佛教文物流通處 台東市博愛路 282 號

13.**其餘鄉鎮市經銷書局：**請電詢總經銷**飛鴻**公司。

14.**大陸地區請洽：**

香港：樂文書店

旺角店 :香港九龍旺角西洋菜街 62 號 3 樓

電話 : (852) 2390 3723 email: luckwinbooks@gmail.com

銅鑼灣店 :香港銅鑼灣駱克道 506 號 2 樓

電話 : (852) 2881 1150 email: luckwinbs@gmail.com

廈門： 廈門外圖臺灣書店有限公司
地址：廈門市思明區湖濱南路809 號 廈門外圖書城3 樓 郵編：361004
電話：0592-5061658（臺灣地區請撥打 86-592-5061658）
E-mail：JKB118＠188.COM

15.**美國：世界日報圖書部：** 紐約圖書部　電話 7187468889#6262
洛杉磯圖書部　電話 3232616972#202

16.**國內外地區網路購書：**

正智出版社 書香園地 http://books.enlighten.org.tw/
（書籍簡介、直接聯結下列網路書局購書）

三民 網路書局 http://www.Sanmin.com.tw

誠品 網路書局 http://www.eslitebooks.com

博客來 網路書局 http://www.books.com.tw

金石堂 網路書局 http://www.kingstone.com.tw

飛鴻 網路書局 http://fh6688.com.tw

附註： 1.請儘量向各經銷書局購買：郵政劃撥需要十天才能寄到（本公司在您劃撥後第四天才能接到劃撥單，次日寄出後第四天您才能收到書籍，此八天中一定會遇到週休二日，是故共需十天才能收到書籍）若想要早日收到書籍者，請劃撥完畢後，將劃撥收據貼在紙上，旁邊寫上您的姓名、住址、郵區、電話、買書詳細內容，直接傳眞到本公司 02-28344822，並來電 02-28316727、28327495 確認是否已收到您的傳眞，即可提前收到書籍。 2.因台灣每月皆有五十餘種宗教類書籍上架，書局書架空間有限，故唯有新書方有機會上架，通常每次只能有一本新書上架；本公司出版新書，大多上架不久便已售出，若書局未再叫貨補充者，書架上即無新書陳列，則請直接向書局櫃台訂購。 3.若書局不便代購時，可於晚上共修時間向正覺同修會各共修處請購（共修時間及地點，詳閱**共修現況表**。每年例行年假期間請勿前往請書，年假期間請見共修現況表）。 4.郵購：郵政劃撥帳號 19068241。 5.正覺同修會會員購書都以八折計價（戶籍台北市者爲一般會員，外縣市爲護持會員）都可獲得優待，欲一次購買全部書籍者，可以考慮入會，節省書費。入會費一千元（第一年初加入時才需要繳），年費二千元。 **6.尚未出版之書籍，請勿預先郵寄書款與本公司，謝謝您！** 7.若欲一次購齊本公司書籍，或同時取得正覺同修會贈閱之全部書籍者，請於正覺同修會共修時間，親到各共修處請購及索取；**台北市讀者**請洽：103 台北市承德路三段 267 號 10 樓（捷運淡水線 圓山站旁）請書時間：週一至週五爲 18.00~21.00，第一、三、五週週六爲 10.00~21.00，雙週之週六爲 10.00~18.00 請購處專線電話：25957295-分機 14（於請書時間方有人接聽）。

敬告大陸讀者：

大陸讀者購書、索書捷徑（尚未在大陸出版的書籍，以下二個途徑都可以購得，電子書另包括結緣書籍）：

1.廈門外國圖書公司：廈門市思明區湖濱南路 809 號 廈門外圖書城 3F
　郵編：361004　電話：0592-5061658　網址：JKB118@188.COM

2.電子書：正智出版社有限公司及正覺同修會在台灣印行的各種局版書、結緣書，已有『**正覺電子書**』陸續上線中，提供讀者於手機、平板電腦上購書、下載、閱讀正智出版社、正覺同修會及正覺教育基金會所出版之電子書，詳細訊息敬請參閱『正覺電子書』專頁：http://books.enlighten.org.tw/ebook

關於平實導師的書訊，請上網查閱：

成佛之道　http://www.a202.idv.tw

正智出版社 書香園地　http://books.enlighten.org.tw/

中國網採訪佛教正覺同修會、正覺教育基金會訊息：

http://big5.china.com.cn/gate/big5/fangtan.china.com.cn/2014-06/19/content_32714638.htm

http://pinpai.china.com.cn/

★ 正智出版社有限公司售書之稅後盈餘，全部捐助財團法人正覺寺籌備處、佛教正覺同修會、正覺教育基金會，供作弘法及購建道場之用；懇請諸方大德支持，功德無量。

★ 聲　明 ★

本社於 2015/01/01 開始調整本目錄中部分書籍之售價，以因應各項成本的持續增加。

＊ 喇嘛教修外道雙身法、墮識陰境界，非佛教 ＊

＊ 弘揚如來藏他空見的覺囊派才是真正藏傳佛教 ＊

售後服務──換書啓事（免附回郵）　　2012/09/24

《楞嚴經講記》第 14 輯初版首刷本免費調換新書啓事：本講記第 14 輯出版前因 平實導師諸事繁忙，未將之重新閱讀而只改正校對時發現的錯別字，故未能發覺十年前所說法義有部分錯誤，於第 15 輯付印前重閱時才發覺第 14 輯中有部分錯誤尚未改正。今已重新審閱修改並已重印完成，煩請所有讀者將以前所購第 14 輯初版首刷本，寄回本社免費換新（初版二刷本無錯誤），本社將於寄回新書時同時附上您寄書回來換新時所付的郵資，並在此向所有讀者致上最誠懇的歉意。

《心經密意》初版書免費調換二版新書啓事：本書係演講錄音整理成書，講時因時間所限，省略部分段落未講。後於再版時補寫增加 13 頁，維持原價流通之。茲爲顧及初版讀者權益，自 2003/9/30 開始免費調換新書，原有初版一刷、二刷書籍，皆可寄來本來公司換書。

《宗門法眼》已經增寫改版爲 464 頁新書，2008 年 6 月中旬出版。讀者原有初版之第一刷、第二刷書本，都可以寄回本社免費調換改版新書。改版後之公案及錯悟事例維持不變，但將內容加以增說，較改版前更具有廣度與深度，將更能助益讀者參究實相。

換書者免附回郵，亦無截止期限；舊書請寄：111 台北郵政 73-151 號信箱 或 103 台北市承德路三段 267 號 10 樓 正智出版社有限公司。舊書若有塗鴨、殘缺、破損者，仍可換取新書；但缺頁之舊書至少應仍有五分之三頁數，方可換書。所有讀者不必顧念本公司是否有盈餘之問題，都請踴躍寄來換書；本公司成立之目的不是營利，只要能眞實利益學人，即已達到成立及運作之目的。若以郵寄方式換書者，免附回郵；並於寄回新書時，由本社附上您寄來書籍時耗用的郵資。造成您不便之處，再次致上萬分的歉意。

正智出版社有限公司 启

國家圖書館出版品預行編目資料

勝鬘經講記／平實導師述. – 初版. – 臺北市：
正智，2008.11-
冊； 公分
ISBN 978-986-83908-8-1（第 1 輯：平裝）
ISBN 978-986-83908-9-8（第 2 輯：平裝）
ISBN 978-986-6431-00-5（第 3 輯：平裝）
ISBN 978-986-6431-01-2（第 4 輯：平裝）
ISBN 978-986-6431-02-9（第 5 輯：平裝）
ISBN 978-986-6431-03-6（第 6 輯：平裝）
1.方等部
221.32　　　　97021428

勝鬘經講記——第一輯

著述者：平實導師
音文轉換：劉惠莉
校　對：章乃鈞 陳介源 蔡禮政 傅素嫻
出版者：正智出版社有限公司
電話：〇二28327495 28316727（白天）
傳眞：〇二28344822
111台北郵政73-151號信箱
郵政劃撥帳號：一九〇六八二四一
正覺講堂：總機〇二25957295（夜間）
總經銷：飛鴻國際行銷股份有限公司
231新北市新店區中正路501-9號2樓
電話：〇二82186688（五線代表號）
傳眞：〇二82186458 82186459
初版首刷：二〇〇八年十一月三十日 二千冊
初版四刷：二〇一六年五月 二千冊
定　價：二五〇元